U0936232

粤港澳大湾区规划与发展：地理学者与规划师的对话

张虹鸥　林初昇　叶玉瑶　李小玲　主编

科学出版社

北京

内 容 简 介

本书分为三个部分，第一部分由“粤港澳大湾区规划与发展国际高峰论坛”主题报告整理而成，集合了各位专家对于粤港澳大湾区的由来与评价、发展的历史经验、城市群的规划和实施、大战略与国土空间格局优化、治理与财政问题、机遇与挑战等方面的观点；第二部分主要为圆桌讨论中关于粤港澳大湾区城市群规划中的重要问题及解决方法的整理；第三部分为论文专辑，主要包含粤港澳大湾区城市群发展规划、粤港澳大湾区发展的新阶段与新挑战、中国香港与东盟的关系、贸易促进下的一体化发展、粤港澳大湾区经济发展的时空演变特征及影响因素、土地利用效率的时空特征及影响机制等内容。

本书可供区域经济、城市地理、经济地理、社会地理等相关领域的学者、科研人员和政府部门相关人员阅读参考。

图书在版编目（CIP）数据

粤港澳大湾区规划与发展：地理学者与规划师的对话/张虹鸥等主编. —北京：科学出版社，2020.3

ISBN 978-7-03-064622-4

Ⅰ. ①粤… Ⅱ. ①张… Ⅲ. ①区域发展战略-研究-广东、香港、澳门 Ⅳ. ①F127.65

中国版本图书馆 CIP 数据核字（2020）第 039803 号

责任编辑：郭勇斌 彭婧煜/责任校对：王 瑞
责任印制：张 伟/封面设计：众轩企划

科学出版社出版
北京东黄城根北街 16 号
邮政编码：100717
http://www.sciencep.com

北京凌奇印刷有限责任公司印刷
科学出版社发行 各地新华书店经销

*

2020 年 3 月第 一 版 开本：720 × 1000 1/16
2020 年 3 月第一次印刷 印张：13
字数：249 000

POD定价： 88.00元
（如有印装质量问题，我社负责调换）

本书编委会

主　　编：张虹鸥　林初昇　叶玉瑶　李小玲

编　　委：许学强　杨汝万　特里·麦吉　房庆方
樊　杰　刘　志　亚历山大·墨菲　吴维平
陈　雯　黄慧明　唐曦文　龚蔚霞
王长建　周　晴　黄耿志　曾　刚
李　郇　李立勋　周春山　马向明
朱孟珏　修清慧　杨忠振　吴旗韬
金利霞　张玉玲　王　洋　吴康敏

前　　言

党的十九大报告提出“以粤港澳大湾区建设、粤港澳合作、泛珠江三角洲区域合作等为重点，全面推进内地同香港、澳门互利合作”，赋予了粤港澳大湾区新时代下的新使命，并为“9+2”的世界级城市群发展带来千载难逢的历史机遇。作为代表国家参与全球竞争的重要空间载体，粤港澳如何携手打造国际一流湾区，建立其自身的道路自信、理论自信、制度自信、文化自信，需要社会各界从经济、社会、生态、文化、体制机制上积极探索创新。在这样的背景下，我和我的团队，以及香港大学的林初昇教授共同策划组织了“粤港澳大湾区规划与发展国际高峰论坛”（以下简称论坛），并在《热带地理》杂志组织了一期粤港澳大湾区的专刊（部分收录在本书第三部分）。论坛汇聚国际国内知名专家学者，聚焦粤港澳大湾区发展与规划问题，从理论到实践，从区域到城市，开展地理学者与规划师的高峰对话，为粤港澳大湾区城市群的发展与规划集思广益，出谋献策。讨论的问题主要包括：粤港澳大湾区在国内和国际城市群版图上的特色和战略定位应该是什么？粤港澳大湾区的城市与区域性基础设施（港口、铁路、公路、机场）如何整合？粤港澳大湾区内生产要素（人才、资本、自然资源、技术）如何改善以实现高效流通？粤港澳大湾区的创新产业应该如何规划和布局？粤港澳大湾区跨境的环境保护及区域可持续发展等方面有哪些难题，如何应对？粤港澳大湾区城市群规划如何有效对待文化遗产的保护、活化、开发和利用？

2017 年 12 月 16 日论坛在广州成功举行，多名国内外知名专家学者围绕粤港澳大湾区的议题展开研讨，在响应国家“一带一路”倡议、探索指导理论、树立发展理念、推进制度改革等方面达成共识。论坛既呈现了一场精彩的学术盛宴，也为促进国际国内交流合作搭建了一个重要平台，对粤港澳建立国际一流湾区的道路自信、理论自信、制度自信、文化自信起到积极推动作用。

本书的主要内容为论坛的会议纪实及论文集。为最真实地记录论坛，还原各位专家学者对于粤港澳大湾区规划与发展的精彩论点与真知灼见，我们主要基于会议录音，统稿过程中在保持发言特色的基础上，为使文章更准确、精练，根据发言者原意稍做修改。全书分为三个部分。第一部分为论坛主题报告，由叶玉瑶、黄耿志、金利霞、陈伟莲、王长建、王洋编辑整理。第二部分为圆桌讨论，由龚蔚霞、周晴、叶玉瑶编辑整理。第三部分为论文专辑，由李小玲、吴康敏、叶玉瑶编辑整理。在此，对他们的辛勤付出致以深深的谢意！书中难免有疏漏之处，敬请各位同仁批评指正，不胜感激！

张虹鸥

2019 年 8 月

目　录

专家观点集锦

许学强（中山大学教授，曾任广东省高等教育厅厅长）：走“一国两制”下的区域协调、持续发展之路

粤港澳大湾区在世界三角洲中极具特色，应遵循历史演变规律，实现三方相互尊重、相互学习，共走区域协调、持续发展之路。体制机制创新是关键，正如《深化粤港澳合作推进大湾区建设框架协议》所提及，国家发展和改革委员会、广东省人民政府、香港特别行政区政府、澳门特别行政区政府四方每年定期召开磋商会议，协调解决大湾区发展中的重大问题和合作事项。四方每年提出推进粤港澳大湾区建设年度重点工作，由国家发展和改革委员会征求广东省人民政府和香港、澳门特别行政区政府以及国家有关部门意见达成一致后，共同推动落实。大湾区可借鉴“河长制”，设立一个更高等级的常设机构，并赋予融资权利，负责基础设施建设。协调中应更加注重市场的作用，政府主要在一些关键问题上做决定。

特里·麦吉（Terry McGee，英属哥伦比亚大学教授）：建设生态文明，响应“一带一路”倡议

粤港澳大湾区作为一种扩展型大都市区，在推动经济增长的同时，也给区域生态系统带来巨大压力。未来需要引入“软规划”思维，建立一种有助于促进环境可持续发展和经济增长协同发展的体制性框架，充分利用区域生态资本来实现可持续性框架下的经济社会发展目标，并建立一种生态文明以提升生活质量和保障环境可持续性。粤港澳大湾区应更好地响应“一带一路”倡议，从国家增强其全球影响力和经济安全的角度思考角色和职责，发展成一个宜居、高度发达、可持续发展的城市群。

房庆方（广东省住房和城乡建设厅原厅长）：将生态环境建设放在首要位置

改革开放40年来，广东多次编制珠江三角洲城市群规划，持之以恒地推动实施，成为我国区域规划有效实施的范例。从“生态敏感区”到“区域绿地”再到

“绿道网”，在省委省政府的坚强领导下，大家齐心协力，为广大市民提供更多生活、游憩空间，真正体现了“在发展中保护，在保护中发展”的理念。珠江三角洲绿道网已达8900多公里，与城市慢行系统有效衔接，成为改善环境、造福市民的重要绿色基础设施，并将和香港郊野公园及游步径等一并成为粤港澳大湾区生态文明中具有国际意义的标志性工程和实现健康发展的重要基石。

樊杰（中国科学院地理科学与资源研究所研究员）：打造我国三大战略核心区之一

粤港澳大湾区国家战略地位独特而突出，应该打造成为与我国京津冀城市群、长江经济带并列的三大战略核心区之一。未来，它要在企业为创新主体方面继续发挥全国“领头羊”作用，通过科技创新网络提升科技进步对经济社会发展的核心驱动能力；在民营经济“走出去”成为“海上丝绸之路”建设主力军方面发挥“领头羊”作用，通过制造业“走出去”拉动现代服务业后方基地建设和产业结构转型升级；发挥港澳地区在资源节约、环境友好型社会体系建设方面的示范作用，优化人居环境和投资环境，成为我国城市群生态文明建设的“领头羊”。

亚历山大·墨菲（Alexander Murphy，美国俄勒冈大学教授）：借鉴欧洲经验推动区域一体化

通过区域一体化推进粤港澳大湾区建设，可借鉴欧洲跨境合作经验：一是发展创新型产业集群，二是加强跨行政区的经济联系；而个别跨境合作倡议挫败的主要原因在于不同利益体之间缺乏有效沟通，且恶意竞争、权利失衡。粤港澳大湾区的“一国两制”和跨行政区划带来的法律、体制等空间隔离的复杂程度远远高于欧洲，将来应注重加强跨境合作，简化通关流程，建立一体化的政策法规体系，形成强有力的行政领导机制。

杨汝万（香港中文大学教授）：厘清香港在粤港澳大湾区中的角色

粤港澳大湾区最重要的使命是成为国际一流湾区，其架构举世少有，城市各具特点、各有所长，也有各自应扮演的角色。香港有国际化优势和良好的发展基础，回归祖国之后，在整体区域规划方面，包括港口、机场等基础设施上都有很大的提升，是实现上述目标非常重要的助力者。

张虹鸥（广东省科学院广州地理研究所所长）：引导形成相互尊重和信任的区域联动发展格局

粤港澳大湾区的发展是自然演变和人为引导相互作用的双重过程，人为引导是关键。可从湾区角度加强区域融合与一体化，降低要素流动门槛，建立共同目标，谋求共同利益，形成良好的竞争与合作关系，并更加关注社会、生态、文化等方面，形成相互尊重和信任的区域联动发展格局。

刘志（北京大学-林肯研究院城市发展与土地政策研究中心主任）：建立区域治理构架和财政体系

粤港澳大湾区是世界上规模最大的城市区域，给其治理构架、规划、财政、服务、社会政策等带来前所未有的挑战。目前其治理构架总体上适应未来发展要求，但财政体系相当复杂。跨行政边界基础设施的债务融资渠道单一，土地出让收入可持续性弱，将成为障碍。建议珠江三角洲九市率先改革土地出让制度以增强土地增值回收的可持续性，在区域层面实施可交易的土地开发权，并制定珠江三角洲基础设施投资规划与中长期财政规划，以合理安排资金和控制债务风险。

林初昇（香港大学讲座教授，英国社会科学院院士）：粤港澳大湾区城市群发展规划之可为与不可为

为确保规划实效性和可操作性，提出不可为者：不可片面偏袒粤港澳三方中某一方的利益，不可舍长远利益而谋眼前利益，不可弃自然利益而谋人类利益；三地政府可为者：可为其规划定制目标，可为达到既定目标作情景分析并勾画路线图，可为达成既定目标创造有利基础和制度环境，可为规划和实施创造跨境合作的体制和机制，可采取广泛咨询、落实公众参与的决策制度，可为地区资源的永续发展公平利用定下规则。

唐曦文（深圳市城市空间规划建筑设计有限公司常务副院长）：以南粤古驿道建立粤港澳大湾区文化自信

对南粤古驿道进行保护和活化利用，将极大地促进广东省文化强省战略的实施，使陈列在南粤大地上的文化遗产活起来，对建立文化自信、带动全民健身、提升古驿道沿线特别是贫困乡村的经济发展等方面具有精准的现实意义和深远的历史价值。保护好、利用好粤港澳大湾区积聚的大量古驿道历史文化资源，将有利于凝聚人心、促进“一国两制”背景下的文化认同，为其迈向世界级湾区提供坚实的文化和空间实体上的支撑。

吴维平（哥伦比亚大学城市规划系教授）：促进更包容和可持续的城市化

粤港澳大湾区面临农民工市民化、土地利用破碎化导致的耕地流失、土地财政不可持续及城市社会空间不平等等问题，需要政府发挥更大作用，重视已脆弱的人地关系，通过培育可持续的生活和实践推动城市发展和改善，走出一条更加包容和平等的城市化之路。

陈雯（中国科学院南京地理与湖泊研究所研究员）：建立健全区域合作制度

市场规律在区域合作中起决定作用，但需要政府力量以“有形之手”去平衡、协调城市之间关系，按照成本共担、利益共享的一体化机制，进一步建立健全合作互信、对话协商、利益共享、监督约束等区域合作制度。粤港澳大湾区可借鉴长江三角洲城市政府形成的共享型、损益型、比较利益型等三种合作博弈模式的制度安排。

黄慧明（广州市城市规划勘测设计研究院总规划师）：深入剖析珠江三角洲城市群以制定协同规划与政策

珠江三角洲城市群在新时代面临的主要问题是网络体系不均衡化、产业空心化、人口与土地红利危机，应从中央与地方关系、地方政府治理、政府与企业关系三个角度制定策略，可建立湾区城市联盟，以湾区为单位建立绩效考核机制，并建立重大基础设施共建共享与维护管理、重大产业与科研平台协作、要素自由交流与人员流动、重大问题协调处理等机制。

第一部分　主 题 报 告

许学强/总结历史经验，协调持续发展——也谈粤港澳大湾区发展

特里・麦吉/21 世纪中国城市未来的“软规划”：建立生态文明（译文）

房庆方/珠江三角洲城市群的规划和实施——粤港澳大湾区可持续发展的重要基石

杨汝万/粤港澳大湾区的由来与评价（译文）

樊杰/粤港澳大湾区大战略与我国国土空间格局优化

刘志/粤港澳大湾区治理与财政问题探讨

亚历山大・墨菲/粤港澳大湾区的机遇与挑战：来自欧洲跨境合作的经验（译文）

吴维平/中国的城市转型：愿景与矛盾

唐曦文/线型文化遗产的保护与活化利用——广东省南粤古驿道线路总体规划

陈雯/长江三角洲地区的城市合作与成本——收益博弈机制

黄慧明/竞争与协作——粤港澳大湾区城市发展的辩证思考

总结历史经验，协调持续发展
——也谈粤港澳大湾区发展

许学强

（中山大学）

各位嘉宾，非常高兴有机会出席这次会议。首先我想简单说一下珠江三角洲与其他三角洲的不同之处。从地理的角度，它不同在什么地方？它是在大湾区里多个三角洲叠加起来的三角洲，包括东江三角洲、西江三角洲，确实是一个大湾区。它既有良田，也有山丘、河流、湖泊，这也是在全球的三角洲里面很少见的。另外，珠江三角洲的潮汐动力相对比较弱，这与长江三角洲不同，珠江三角洲是外推生长的。粤港澳大湾区一个最大的特点是“一国两制”，这在我们国家，甚至世界上都是少有的特点。

一、粤港澳大湾区空间格局的演变

粤港澳大湾区空间格局的演变可概括为四个阶段。

第一个阶段是以广州为中心，即公元前 214—1553 年。广州的兴起比上海建制早了 1 500 年，在很长的历史时期，广州作为岭南地区的政治、经济、文化中心，从来没有变过、间断过和衰弱过，但不等于它的地位没有相对的升降。第一次是在 20 世纪，抗日战争时期，香港地位的上升，使广州地位有所下降，是相对下降。第二次是改革开放以后，自下而上的城市化使得珠江三角洲的许多小城镇形成当时所谓的广东“四小虎”，使广州的地位有所下降。第三次地位下降是因为深圳的崛起使广州的地位相对下降。

第二阶段是广州跟澳门并肩发展的阶段，这是由于当时广州被开发为航运港，广州成为航运中心。当时是帆船时代，广州港口的泥沙淤积，水深有限。有一段时间广州跟澳门同时发展。

第三个阶段是广州、香港双中心时代。鸦片战争以后，香港的崛起形成了一个双中心的时代，这个双中心时代也持续了较长的时间，广州和香港在相当长的一段时间内成为重要的外港。

第四个阶段是多中心时代，也有人称三足鼎立时代，三足鼎立时代的中心就是广州、香港、深圳。但是多中心也包括澳门，澳门虽然小，但极具特色，珠江三角洲还有其他城市，如东莞、佛山都是发展很不错的城市，所以我称其为多中心时代。

二、遵循历史演变规律，走一条协调、持续发展之路

把这四个阶段总结一下，是什么力量在起作用呢？

第一，粤港澳大湾区的历史是一段人地共生、共存、共荣的和谐史。自然的资源，就好像是一个人的天赋，是其发展的基础。它是在这样一片国土、这么好的自然环境下发展起来的。人和自然和谐相处，在这里曾经出现过很多生态农业，如桑基鱼塘：池塘养鱼，塘基种桑，这是一种共生、共存、共荣的生态环境。

第二，粤港澳大湾区的历史是一部城市与交通网络相伴而生、相伴而行的历史。就像人一样，自身要努力，为自己创造新的环境，因此，城市通过修筑自己的道路，扩大自己的腹地，来发展自己。比如广州，在秦统一南岭之后建成，背山面海，如果不解决出路，是发展不起来的，所以广州为了发展，就要打通到北面的通道。在早期，中国的政治中心在长安（今西安）一带，就形成了湘赣通道。隋唐时期，随着经济中心、政治中心向东移，开通了大运河，形成了以北江通道、大庾岭通道为主的南北通道，打通了内陆通道。广州向北打通南岭，扩大自己的腹地；向南有海上丝绸之路，最初的丝绸之路有 15 000 公里，可到达西欧、北非。

第三，粤港澳大湾区的历史是一部抓住重大变革和事件而发展自己的历史。一个城市，在它的发展过程当中，要善于抓住机遇，抓住相关政策，充分利用、发展对自身有利的政策，通过一些机会来充实自己、发展自己。就像人一样，在成长的过程当中是有很多机遇的，要把握住机遇，则需要努力。

第四，粤港澳大湾区的历史是一部南越文化及中原、西方文化长期交融发展的历史。粤港澳大湾区向海、开放。第一次文化冲击来源于中原农业文化，它对珠江三角洲、大湾区的商业文化是一个冲击。第二次文化冲击是东西方文化的交流，珠江三角洲是我国较早实行改革开放的地区，中西文化频繁交流。广州成为

中国近现代民主革命的策源地，与它的文化有关，中西方文化的交流也起了很大的作用。

总之，一个区域就像一个人一样：第一，要有天赋；第二，个人要努力，只有天赋是不够的，个人必须努力，开拓自己的发展空间，如修路，这是给下一代的“天赋”；第三，必须抓住一些机遇，抓住机遇才能发展；第四，要加强自身的文化修养，优化提升自己，使自身能够得到全面的发展。

三、全面准确贯彻“一国两制”，走“一国两制”框架下的区域协调、持续发展之路

第一，我们要理解“一国两制”的重大意义。设想，如果没有“一国两制”，粤港澳大湾区可能上升不到国家层面的战略，港澳地区也很难维持繁荣。

第二，在粤港澳大湾区发展中既要认识到在“一国两制”前提下，我们协调发展它有利的一面，也要看到它确实有一些不便和障碍。粤港澳大湾区是一个地理单元，多年来同俗同语，人际往来非常频繁，唇齿相依，同饮珠江水，同胞三地分。这是我们在“一国两制”下进行协调发展的基础。另外，可能确实存在一些问题，因为多年来，港澳地区同内地在政治制度、经济制度、司法制度、价值观念、生活方式，甚至在人与人之间的交际范式等方面都有一些不同，如果这些问题处理不好，就有可能成为协调发展的障碍。比如决策程序，内地的决策经过省委讨论，再上报给中央，中央批准就贯彻执行，雷厉风行。港澳地区是行政长官提出，公众咨询，然后报立法会讨论，通过了，最后才能实施。港澳地区的公众参与度非常高。但这样的决策比内地慢几拍，就存在一些问题。再一个是表达的问题，我们喜欢用诸如“打造”“大干”“快上”之类的词语。但是香港人，他们不常用这些字眼。我在网络上看到一些观点，如反对“打造”，粤港澳大湾区不是打造出来的，粤港澳大湾区已经是世界几大湾区之一，是客观规律发展的结果。这些都会影响我们的协调。

如何解决或破解制度等方面的问题？有以下几个意见。

第一，由习近平总书记见证签订的《深化粤港澳合作 推进大湾区建设框架协议》提出，国家发展和改革委员会、广东省人民政府、香港特别行政区政府、澳门特别行政区政府四方每年定期召开磋商会议，协调解决大湾区发展中的重大问

题和合作事项。四方每年提出推进粤港澳大湾区建设年度重点工作，由国家发展和改革委员会征求广东省人民政府和香港、澳门特别行政区政府以及国家有关部门意见达成一致后，共同推动落实。这当然是很好的，这是一个大前提，在这个大前提下，是不是还可以再进一步？比如说我们借鉴一些机制，如“河长制”，一条河有一个河长，由河长来管理。我们大湾区能否设立一个更高等级的常设机构，并且它有一定的融资权力，负责共同的基础设施的建设。

第二，我们在协调过程当中，应该更加注重市场的作用，减少政府的干预，政府只是在一些关键问题上做出决定，大多由企业、市场进行决定。

第三，如何破解制度的问题，我想这个制度无外乎是游戏规则，需要包容、等待，不能操之过急，要尊重它们的程序。

第四，关于习惯或经济社会和其他方面的规定，凡是符合市场规律，符合实用与社会发展的事物，应该学习，相互学习，相互尊重，以达到一致。政治上一致，在经济、社会、生态上也可以成为一体。这样我们可以在“一国两制”的条件下合作得更好。

谢谢大家！

21 世纪中国城市未来的“软规划”：建立生态文明（译文）

特里·麦吉

（英属哥伦比亚大学）

离我第一次来到广州，已差不多有 50 年时间。我非常高兴参加过广州的广交会。众所周知，中国在加入世界贸易组织之前，广交会是中国的商业窗口，它不断推动中国的贸易发展。来到广东广州，我最喜欢的是广州的历史，广州一直在不断发展。昨天我参观了广州的城市规划展览，这个新的展览充分展示了广州在贸易文化发展过程中的历史。从历史上来讲，广州是世界历史非常重要的部分。

今天我想要探讨的问题是，21 世纪中国城市的“软规划”和生态文明建设。在中国，珠江三角洲城市群一直都非常令人瞩目，从全球角度来看亦如此。这次大会让我们更好地了解粤港澳大湾区未来的一些城市规划，以及包括广州在内如何在这个趋势中实现自己的目标。由此提出的问题是在推进大湾区发展中广州应该怎么做。广州需要在基础设施方面进一步大量投资。

中国的“一带一路”倡议有两条线路。第一条线路是从西安一直延伸到荷兰的鹿特丹。鹿特丹是欧洲地区最大的运输港，这条是陆上丝绸之路。第二条线路是从广东通过东南亚的海上丝绸之路，它跟陆上丝绸之路差别非常大。据我所知，很多旅居国外的华人来自广东，他们主要是在东南亚国家和中国之间经商，所以中国和东南亚的贸易一直都没有断过。这条线路还延伸到非洲、欧洲、地中海的一些城市，一直到罗马尼亚，深入到欧洲大陆的内陆国家，到威尼斯和欧洲其他地区。在中东地区，也有几个非常重要的驿站，这个就不多谈论。我想对于许多现代人而言，对这一块的内容已经非常了解，尤其是来自广东地区的人。所以我将关注点放在广东的特点上，即在“一带一路”倡议之下，广东应该发挥怎样的作用。这个问题涉及很多方面的内容。

我尝试从一个角度来定义广东的地位，即在中国这样一个巨大的腹地及新时代“一带一路”倡议的背景中去定义，涉及几点认识。

第一，城市化，这是非常重要的一点。中国的城市化非常迅速，已经为未来的发展提供了足够多的条件。2016 年，中国的城市化率已经达到 57.4%，意味着中国在未来将会成为一个非常重要的城市社会。因此在未来的规划中，一定要认识到这个事实，即城市化发展非常迅速，已经达到规模城市化的程度。

第二，中国幅员辽阔，是世界范围内的人口大国。中国有悠久的历史，同时也可以看到中国不同地区气候类型不同。在过去，黄河三角洲发挥了非常重要的作用，在长时期的历史发展过程中，黄河三角洲地区的农业生产效率非常高，现在因为气候变化和可持续发展问题，它已经不再是重要的农业产区。在中国，这种现象并不罕见。因此，在未来的发展规划中，一定要对气候条件进行综合考量。气候变化，尤其是气候变暖会影响农业的产出，影响我们的粮食产量及更加深远的经济活动。

第三，必须要有一个足够强大的财政体系来支撑经济活动发展。在 1997 年的亚洲金融危机中，广东的工业受到冲击，广州也深受影响。从目前来讲，中国必须时刻把粮食作为一个非常重要的国家安全议题来考虑。在城市化发展过程中，中国越来越向世界开放，这要求同时做好自身体系的建设。和 1997 年相比，中国的金融体系已经有很大提升，这点非常重要。中国在不断地发生变化，也一直不断地调整城市化的步伐。在未来，环境因素扮演的角色会越来越重要，比如说饮用水、粮食等各方面都需要良好的支持和保障体系。中国有大量的资金投向世界其他地方，但同时不能忘记在有这么大的面积、这么多人口的地方，必须要考虑如何提升农业生产力以保证国家安全，至少在未来的 50 年中不能出现任何危险。

朱镕基持有类似看法，即认为中国不能简单照搬其他国家的城市化模式，而必须走有中国特色的城市化道路，根据国情和自身条件去调整方向。也就是走中国式的城市化道路，而不能够照搬他人的经验。此外，城市化发展所需要的服务也必须能够自给自足。世界上许多国家或地区可能是向外采购服务，如新加坡、纽约，但中国不一样，因为中国拥有众多的人口和巨大规模的城市化。所以，在我看来，中国是可以以自己的步伐和自己的节奏走出一条具有中国特色的城市化发展道路。

发展经济的过程中，我们不能忘记内陆地区，否则就无法实现区域的整体可持续发展。换言之，沿海地区和内陆地区的关系必须要加以妥善处理，因为内陆地区是发展的基石和靠山，在发展过程中一定不能割裂内陆和沿海地区。中国国家主席习近平也讲到，我们要“努力走向社会主义生态文明新时代”。这一点是许多人共同关心的议题，谷歌上提供的一些信息对于中国的政策决策者有重要的参考价值。现在中国应该放眼世界，看看世界其他地方的城市化工作是如何进行的，从而能够更好地指导本国的城市化工作。

我还想讲三点：第一，广东在城市化过程中积累了怎样的全球经验；第二，广东所处的环境及它的发展背景如何影响未来发展的方向；第三，现有的这些发展基础，如何能够协助广东，尤其是粤港澳大湾区在未来取得更好的发展。

此外还包括生态文明方面的内容。需要说明的是，中国的变化日新月异，我只能从一个外人的角度剖析中国，包括粤港澳大湾区未来的发展，同时我的想法还不成体系。

毫无疑问，“一带一路”倡议中非常重要的一个环节是，广东省及粤港澳大湾区的发展如何能够更好地服务于21世纪海上丝绸之路的建设。珠江三角洲已经形成了大都市区，包括佛山、东莞、深圳、珠海等，都市区将在未来提供很大的市场基础。同时，来自这些城市的产品在未来可能很容易地就出口到非洲。现在在肯尼亚，在许多小市场里面有中国商人和中国产品，中国产品物美价廉，如中国生产的日用品，在那里有非常大的市场潜力。在“一带一路”倡议之下，广东如何利用专业的生产知识和巨大的生产能力，在工业生产上进一步发挥它的特长是重要的问题。

在中国之外，有两种城市化认识。第一种是普遍性的认识，认为城市化的发展是一种现行发展，是不可逆的、基于终端发展的社会。因此，一旦一个城市的发展轨迹已经形成，我们将很难改变它。特别是从行政上或者从体制上去改变一个已经处于城市化进程规律之下的城市，是很难做到的，因为城市化的发展有不同的模式和路径。这是非常重要的一种预测，说明城市化需要机制性的框架，最终才能进一步带来城市的发展和经济繁荣。这是强有力的概念，对大部分科学家、经济学家来讲是最重要的一点。我们应该对城市的环境和发展进行进一步的评估，以确定城市处于什么样的阶段，需要什么样的机制性框架。第二种是基层认识，这种认识能够让我们更好地了解基层的发展情况，如村级、镇级，包括小的村镇中的基层单位，它们对于村镇、乡镇府，一直到上层市政府，以及更广阔的国家机制体制的信息。之前的一位演讲者提到我们要从文化的角度了解本地的文化发展，这能够帮助我们更好地了解整个变化流程，以及变化所产生的实际认识。由于这些信息比传统所提到的城市化发展的宏观模型更加重要，这里我特别提到普遍性认识和基层认识。对于上述两种城市化的认识，在西方国家有很多的探讨和争论。

最后，我们需要更好地了解目前的城市发展。像广东省这样的一个特定情景当中，我们该如何有效地进行策略研发，以支持城市和经济的可持续发展，同时能够保证环境的可居住性。在这里，我提出七种资本，其中包括生态资本。我们一般比较常见的资本包括经济、认知、文化、体制性、空间和人力等资本。认知资本是我们对科学文化的了解，科学文化是我们本地的历史文化发展和现有文化的发展。在广东省可以看到非常明显的体制性资本，包括社会资本，社会资本就是大家如何能够形成合力，通过政府各个层级的通力合作，最终达成我们需要的结果。同时我们有空间资本和人力资本等，这些资本都能够最终帮助我们形成或者是带来所谓的生态资本。

到目前为止，中国的“一带一路”倡议已经开始涉及我刚才所提到的矛盾。我们在不断地发展城市化的过程当中，需要提高我们的城市居民生活质量，创造有效的生活居住空间，同时保证城市的可持续发展和相应的弹性。更为重要的一点是，在我们的非城市化区域当中，我们不应该将非城市化地区边缘化，不是说这些地区就不能进行发展，而是应该有更好的弹性政策覆盖到非城市区域。我提到“软资本”或者“软规划”，它是政府机构在制定政策当中特别需要的。我们必须要更好地了解城市发展过程中基础设施的实体投资量。中国在过去几年当中，有大量的“软资本”，还有像教育行业资本的提升。

总之，我们必须要建立起一种生态文明，这种生态文明能不断夯实非城市化地区的生活质量，不断提升我们对于城市的服务能力，同时不断地提升环境的可持续性。与此同时，在可持续的城市发展过程中，我们还必须能够更好地响应国家的“一带一路”倡议。只有通过这种方式，才能够帮助我们把所有的元素纳入考虑范围之内，才能够真正带来一个可居住的、高度发达的、同时是可持续发展的中国城市群。当然，广东是其中非常重要的一个部分，广东在“一带一路”倡议中确实扮演非常重要的角色。希望通过我的演讲，能够把我的基本知识跟大家进行相关的分享。谢谢大家！

珠江三角洲城市群的规划和实施——粤港澳大湾区可持续发展的重要基石

房庆方

（广东省住房和城乡建设厅）

今天和大家交流的内容，主要是关于珠江三角洲城市群的规划和实施。论及区域规划实施，我们从事区域规划工作的人，有时有些底气不足。区域规划，在很多方面是很含糊的，实施多少无法明确表达。珠江三角洲的规划，同样也存在这个问题。规划是规划，但实施了什么，这个问题非常重要。我从中山大学毕业之后，一直在城市规划部门工作，一直没有离开过这个岗位，时间比较长，将近 40 年。因此，我参与过，也组织过珠江三角洲城市群的规划，并推动它们的实施。应该说这 30 多年来，我是这个过程的见证人，所以今天我想和大家来分享。

今天讨论的议题是粤港澳大湾区，粤港澳大湾区其实和珠江三角洲这个区域是高度重合的，刚才两位演讲者已经说到这个问题，这是没什么可质疑的。接下来我想重点跟大家介绍一下珠江三角洲城市群的规划，我们是如何实施的，哪些地方已经实施了。

珠江三角洲地区面积达 5.6 万平方公里，人口有 6 000 多万。近 40 年来，广东的规划界和学术界长期耕耘着珠江三角洲，而且多次编制珠江三角洲城市群的规划，并推动它们的实施。许学强老师以及中山大学、广州地理研究所、广东省建设委员会，包括广东省城乡规划设计研究院的学者们都做了很多工作。我们一直在持续地推进珠江三角洲城市群规划的实施，规划编制了很多次，但是实施的过程非常艰难，每编制一次规划，可能只是推进了一步。但回顾这些规划，我们的实施还是有成就、有成效的，而且为我们现在的粤港澳大湾区的可持续发展提供了重要的基础。

珠江三角洲城市群的规划，包括了很多部门、很多专业编制的规划。经济部门的规划在很大程度上是决定不了，因为它是市场因素决定的。比如产业、科技，是由市场因素决定的。但是空间规划，主要还是靠政府部门推动实施。20 世纪 80 年代以来，广东省规划界做了不懈的努力，我算是见证人之一，20 世纪 80～90 年代，中山大学、广东省建设委员会和广州地理研究所编制了一系列规划，这些规划都是关于珠江三角洲城市群的规划。我要请大家关注的是三个规划，这三个规划，我认为是有里程碑意义的，而且对珠江三角洲城市群的规划实施起到重要作用。

第一个是 1995 年编制的《珠江三角洲经济区城市群规划——协调与持续发展》，第二个是 2004 年编制的《珠江三角洲城镇群协调发展规划（2004—2020）》，第三个是 2010 年编制的《珠江三角洲绿道网总体规划纲要》。三个规划都是省委省政府的主要领导组织编制的，权威性很高，经法定批准和推进，务实性很强，直指问题，提出对策，在空间上有落实。找到共赢点，放大受益区，抑制冲突点。

1995 年的《珠江三角洲经济区城市群规划——协调与持续发展》，提出了建设“一个整体——珠江三角洲有机协调的城市群，一个核心——广州市中心城区，三个大都市地区——中部和珠江口东岸、西岸都市地区”的城市群空间发展战略。该规划的最大创新之处在于划定了一个很重要的区域——生态敏感区。当时的珠江三角洲发展很快，主要因为香港的“三来一补”，乡镇企业都发展起来了，珠江三角洲出现了建设用地连绵的特征，因此规划提出划定生态敏感区，这些区域不再开发，而是将其保护起来。这个规划跟城市总体规划也有衔接，对各个市也提出了划定生态敏感区的要求。这个规划最后由省政府批准实施，规划首次提出生态敏感区的概念，将关注点从建设用地的拓展到非建设用地的保护，提出警示，我认为这是这个规划的创新点。

2004 年的《珠江三角洲城镇群协调发展规划（2004—2020）》，这是时任省长的张德江组织编制的。这个规划最大的创新点是分区管制，提出九类政策分区，用不同的政策、不同的管制办法进行分区管制。其中的一类就是区域绿地。区域绿地其实就是生态敏感区概念的延续，这个区域需要保持、保护一块绿地，这块绿地是不能被破坏的，而且这块绿地是省一级管理，要开发这块绿地必须经过省政府的批准。九类政策分区，使区域规划变成公共政策。

另外一个创新点是分级管制。一级管制区，如区域绿地和区域的交通廊道，管制最严，一经划定不能随意改变用途，由省级管理。下面的二级、三级、四级就是市级管理。对各个市，比如中部、东岸、西岸城市群，哪些是区域绿地，哪些是交通廊道，怎么协调发展，在区域里都做了规定。

这个规划为什么规格高？经过省政府批准，省人大专门出台了《珠江三角洲城镇群协调发展规划实施条例》。有这个规划之后，各个市就知道广东省要发展哪些区域、控制哪些区域。各市的规划要和省的规划相协调，如果不协调的话，各市的规划就需要经过省政府的批准。这个意义很重大。

1990 年以后，珠江三角洲城市群发展很快，1990 年珠江三角洲建设用地 734 平方公里，1995 年是 2 000 平方公里，2005 年是 4 037 平方公里，个别市的建设用地的增长已经达到本市面积的 30%，我们认为建设用地不能再发展了。在这个时候，我们编制了《珠江三角洲绿道网总体规划纲要》。绿道网是继生态敏感区、区域绿地之后的又一创新。2009 年在城乡一体规划的时候，我们提出区域绿道网的概念，绿地不仅要保护起来，更要用起来。区域绿地被动的保护不行，倒不如主动出击。建设好绿道网之后，民众开始使用它，之后想要“侵占”它就不容易了，当时我们就提出区域绿道网的构想。时任广东省委书记的汪洋接受了我们这个意见，说要进行珠江三角洲绿道网建设，而且要求我们“一年基本建成，两年全部到位，三年成熟完善”，将珠江三角洲绿道网打造为全省乃至全国的标志性工程。

我们建设了六条绿道，又配套了一些设施，如驿站、服务设施、标识系统等。相当于将绿道网的建设作为一个工程来实施，将区域规划落实到空间上，变成一项工程。当时我在广东省住房和城乡建设厅工作，相当于施工员，将区域规划落实到工程上。珠江三角洲各个市都有这些标识系统，在广州市就可以见到，而且还有一些指引。

绿道，不但生态环保，而且与以人为本这个概念是相通的。1995 年的规划，我认为它是最具创意的，它将生态敏感区这个概念提出来，也是最具权威的。最具实效的就是绿道网的建设，现在珠江三角洲地区大约有 9 000 公里的绿道。

通过规划实施，珠江三角洲各个市做城市规划时，会自觉与珠江三角洲的规划相协调。省政府也是根据法定依据来进行协调。同时珠江三角洲规划的实施也使区域绿道网逐步形成。这是区域规划落在空间上的一个非常典型的案例。这同时也为未来粤港澳大湾区的建设和持续发展奠定了重要的基础。如果我们没有这些规划，粤港澳大湾区的发展基础可能就不是如此，如果没有绿地的格局，城市跟城市可能就连成一片。现在道路上是联系起来，但是有很多区域绿地是相对隔开的。当然我们对现状也不够满意，希望规划建设能做得更好，但是没有之前的区域规划建设，现在面临的情况会更加糟糕。

粤港澳规划合作研究，因为粤港澳大湾区是“9+2”，我们和香港、澳门有长期合作，相应也做了很多规划。对于大湾区，我建议市场化的事物就由市场去决定，政府少干预，如经济领域、金融领域、创新领域。有些地方政府的事权由地方政府去运作，其实也不用太担心，重点应该放在跨地域的合作和推进方面。就空间规划而言，我觉得需要注意以下几点。

第一，区域交通网络，包括港口、高铁、道路、大桥等。港珠澳大桥这个工程也是珠江三角洲、粤港澳大湾区的一个重要节点。

第二，环境资源的协同和品质的提高。比如香港、澳门的水都是由广东提供的，还有大气、绿地系统。刚才我们谈论的绿道网与香港的郊野公园，应该是同一类的事物，我们应该共同发展。

第三，我们要向智慧城市、智慧区域迈进。

粤港澳大湾区的由来与评价（译文）

杨汝万
（香港中文大学）

大家早上好！我今天在这里想和大家分享的议题，是一个非常重要的国家决策，这也是由我们的中央政府所做出的决定，就是将粤港澳打造成为世界级湾区的决策。

纵观全球，根据世界银行的数据，我们可以看到全球 60% GDP 都是来自湾区，当然这包括世界上不同的大陆和不同国家的湾区。所以我们意识到在这样一个发展框架下，粤港澳大湾区的决策是非常重要的。粤港澳大湾区最重要的使命，就是要成为世界领先的或者是非常知名的湾区，这是我们之前没有探讨到的目标和愿景。

香港在粤港澳大湾区规划当中扮演非常重要的角色。香港和其他城市相比确实是有一些很独特的地方，能够不断地推动粤港澳大湾区战略最终成为现实。如果我们纵观过去 30 多年的发展，会发现香港和整个珠江三角洲地区，一直都是紧密相连的，而且各自发展都非常快。当然在这个过程当中，也存在一些比较大的挑战。过去 20 年，在我的论文当中就特别地关注了香港的三大问题，其中一个问题是从地区化发展走向国家化发展的政策。在过去的 30 年间，香港一直都非常繁荣，并且是与珠江三角洲合作下的繁荣。一开始大家可能都没有预料到这种共同繁荣的程度，至少我第一次来广州时，没有想到广州可以成为如此发达的大城市。广州现在也成了整个珠江三角洲地区的核心城市，这确实令人瞩目。对比中国的很多大城市和各个地区城市的发展，广州所展示出来的这种发展成绩和成就，是非常令人震惊和印象深刻的。

在过去的 30 年间，香港及广东之间的发展是怎样的？我觉得谈论这点内容特别重要。早期中央做出经济特区的发展规划，我相信这是完全超出我们整个城市规划者的期望和想法。但是经济特区的发展模式确实特别成功，尤其是深圳这座城市。深圳以前是一个偏僻的小渔村，不到 3 万人。但是现在深圳已经有 1 252 万常住居民，这样的发展速度，确实是前所未见的，同时在全球范围内也是前所未闻的。中国一直都在不断地创造奇迹，我相信接下来我们要共同创造的一个奇迹，就是要共同携手努力让我们的粤港澳大湾区从概念落到实地，最终能够超越纽约、旧金山、东京湾区。纽约、旧金山、东京都是世界上非常知名的湾区城市，香港、深圳、广州，这三个城市完全有实力联合超越其他的湾区城市。由于时间关系我不展开讨论，我论文的第一部分就是进行概述，回顾香港和珠江三角洲地区的合作，当然是最近 30 年的合作，我们的成果和成就是举世瞩目的。

现在的粤港澳大湾区，有接近 7 000 万人口，它的 GDP 占中国 GDP 的 12% 以上，从这个角度来讲，粤港澳大湾区是一个非常重要的部分。我们一直在不断地研究香港和珠江三角洲合作的历史进程，特别是我们探讨深圳特区，开始的时候，很多人都质疑它的可行性，但是它必须是一块处女地。当时没有人认为它可以成为一个特区，在过去 30 年当中，深圳就成为一个奇迹。

这些成就都是改革开放造就的，因为这个区域的经济开放程度非常高，人力资源、资讯和其他资源的流动非常迅速。有许多新的想法都是在深圳率先提出来并进行实践。如果这些想法能成功实践，就会在其他地区推广。深圳同样也促进了其他地区的发展，包括对其他经济特区的带动作用。虽然都在珠江三角洲区域，但是有不同的发展阶段。珠江三角洲九大城市再加上澳门、香港，这样一个合作架构，是在过去长期的经济发展中形成的，特别是在香港和澳门回归祖国以后，粤港澳区域合作进入一个新的历史阶段。值得赞赏的是，这样的一个架构在世界上其他地方是很难看到的，11 个不同的城市，各有特点，各有所长，也有各自应该扮演的角色。

许多关于香港的研究都以此为研究重点，基于一些原则及宏观定位，研究如何去看待粤港澳大湾区未来的六大宏观定位，其中也涉及八大范畴，这个内容是我最近参加的一次会议当中所提到的想法。有关粤港澳大湾区的会议，时不时都会举行，我们非常地关注粤港澳大湾区这个概念，是希望能够让香港进入全新的发展阶段。但是我们也看到了很多执行上的挑战。从区域合作提升到国家发展战略的层面，中央政府希望香港未来发挥更加重要的作用。

香港将在未来成为国家发展战略当中非常重要的一环。当然，我们看到在过去的 20 年里，我们的发展遭遇一些波折，但同时也有一些重要的里程碑事件，最重要的就是 1997 年香港回归祖国，香港是怎样回归的呢？香港和澳门的回归是在

20 世纪 80 年代最终达成一致的安排。那个时候香港人有些焦虑，当时美元和港币的汇率达到 1∶10，是港币出现的第一次贬值，可以说是反映了香港人的不安情绪。港币汇率在回归框架确定以后就没有出现大的波动。香港的发展也是经历过许多坎坷，尤其是 2003 年“非典”的暴发，“非典”疫情给香港带来很大的影响，尤其是经济层面的打击，如半岛酒店，当时一个星期只有六间房有客人入住，这也可以反映出香港受到了沉重的打击。此外，还有亚洲金融危机。每一个重要的里程碑事件都在某种意义上塑造了香港的今天，香港如何能够发展得更好，是人们应该要思考的问题。

进入 21 世纪以后，香港和内地有了更紧密的合作，如《内地与香港关于建立更紧密经贸关系的安排》（CEPA），这个协议是 2003 年确定的，也就是内地和香港之间要进行更紧密的经贸合作。2001 年，中国加入世界贸易组织。中国加入世界贸易组织以后，有人担心香港会失去自己传统中间人的地位。但最后结果还是乐观的，因为内地帮助香港实施了一系列经贸关系框架下更紧密的安排。

2008 年我们推出了《珠江三角洲地区改革发展规划纲要（2008—2020）》，在这当中香港和澳门都扮演了各自的角色。我们希望能够把香港纳入到《珠江三角洲地区改革发展规划纲要（2008—2020）》中，但是想法各异，有人认为不应该由广东规划，香港应该要有自己的声音。在制定框架规划的时候，香港人并没有积极地参与，许多香港人认为自己应该要表达、关注，要发出自己的声音。过去 20 年里，香港回归祖国以后有很大的发展，但是在政策的执行方面，确确实实造成一些问题，这并不是我们想要看到的。尤其是大湾区或者是大珠江三角洲地区，如果我们要真正推行这一系列框架政策，我必须要厘清香港的角色，尤其要关注香港年轻人的想法。香港的年轻人，他们现在比较担心未来的命运。所以粤港澳大湾区的概念和想法，本身是非常不错的，但是如果要赢得香港年轻人的参与，我们应该还有更多的工作要做。

我想香港有自身的优势，包括它的国际化，以及过去的良好基础。我们希望有更好的基础设施来提升生活水平。过去 30 多年的发展中，在这方面取得了很大的成就。在香港回归祖国之后，我们也看到整体区域规划，包括港口的设施，还有机场等的基础设施都有很大的提升，也有助于提高人们的生活水平。

因此，机遇和挑战是并存的，希望这 11 个城市在粤港澳大湾区新的框架之下能够形成合力。同时我们可以看到，包括中央政府、各地方政府签署了相关的框架性协议，也举办了大量的会议进行协调和沟通，当然现在工作还在不断推进的过程当中。我们也希望共同探讨如何能够将粤港澳大湾区打造成为一个成功的典范。我们看到在过去的珠江三角洲发展过程当中存在一些问题，但是现在我们正在走向一个新的开始，我相信这个开始将会为我们带来更加乐观的结果。我们所有人都会从中学习，我们应该为这样的合作深感骄傲。

谢谢大家！

提问环节

现场提问（龚红棉）：我从四个报告中学到很多东西，我请教一下房庆方厅长一个问题。从您的报告里面可以看到，珠江三角洲规划很多方面都是硬件规划，比较强调绿化、生态敏感区。美国很多以前的老城市，也有一些开始衰落而引起社会问题。如果中国的相关规划能更加注重人文、社会的因素，就可以避免像印度、南美洲的一些国家一样出现城市贫民窟等问题。由此可见人文、社会因素在规划中的重要性。我的问题是，珠江三角洲的规划在人文关怀方面，除了共享单车方面，还有其他哪些方面呢？

房庆方：珠江三角洲的规划不仅只是硬件的规划，刚才我已经讲到，规划提出了政策分区，并形成了法律条例，依法进行分区管理。你刚才说的社会上面有不同的层次，如何协调发展的问题，我本人也认为这是我们的弱点。比如广州有不少的城中村，我家附近也有一个城中村，我时不时去城中村走一走。城中村居住了不同层次的人，一个社会是需要不同层次人群互相补充的，不能完全都是白领。因此，广州在改造一些城中村的同时也会保留一些城中村。关键在于如何改造它，使得它在一些城市中心区也能够存在。我认为这方面需要加强，社会需要不同层次的人，且要有一定的比例，需要互相协调，这样社会才会更加和谐。广州的城中村充满着生活气息，我觉得挺好，我认为要保留。广州市市长温国辉也说要推进这方面实现更好的协调发展。

许学强：针对这个问题我说几点，刚才房厅长介绍了珠江三角洲规划，在我们漫长的时间当中我们做的规划是偏实体规划，在区域规划这个层次上，一般是以实体规划为主，它有一个框架。如果它是旧城改造规划，或者是城市更新规划，或者是一个城市小区域的规划，它会体现人文关怀，会体现社区的人的活动以及他们的活动规律。在那个层次的规划中，你刚才提的问题会得到充分的重视。李郇教授做的就是社区规划。房厅长讲的是大区域的规划框架，珠江三角洲框架要形成，没有这个框架，大家没有分工，那就会混乱。房厅长他们决定的就是框架，他最得意的是绿道系统的形成，现在几千公里的绿道，那是非常了不起的成绩。如果说具体的来研究绿道在哪一段、哪个方面体现人文关怀，如绿道该怎么走，该在哪里设驿站，怎么样使得旅行者更加舒畅、舒服，在这个尺度，就会考虑这些人文需求。

现场提问（林初昇）：我是香港同胞，所以我想请教一个关于香港的问题，请教许学强老师和房庆方厅长。我们做规划，第一步就是定功能和定位，粤港澳大湾区的互动、各自的地位作用到底是怎样的？请教许学强教授和房庆方厅长，从历史层面、空间层面，想象三五十年后，广东、香港和澳门这三个地方大概是一个什么样的格局？我提出三种可能性，第一种是香港还是一个主导的城市，第二种香港停滞不前，第三是香港走下坡路。

许学强：你这个问题牵涉香港发展的前景问题。中央的政策大局，应该是我们要努力使得香港繁荣富强，要确保它的国际地位不变，这是中央的一贯方针。我相信不管怎样变，香港的地位作用不会轻易改变，只会越来越好！我觉得应该告诉香港的年轻人，应该持乐观的态度，起码我是这样来看的。中央为什么要设立粤港澳大湾区？实际上它就是要确保在“一国两制”的框架下，维护香港、澳门的繁荣和国际地位。

当然香港人自己也要争气，我跟杨汝万教授之前相谈甚欢，他保留了很多过去的照片，可以让大家都知道香港过去是怎样、现在是怎样、将来会是什么样，所以应该充满信心。我觉得珠江三角洲都是一家，何必分大小，你大我小又有啥关系，你大就大贡献，我小就小贡献，这个没有关系的。我觉得这需要有一个过程，理解也是需要有一个过程的。但是我想一个大的前提是不能够动摇的，我相信香港明天会比今天更好。虽然可能有起伏，广州也有升降，为什么香港就不可以有升降呢？降的时候，就努力发奋；升的时候，就多发挥一点作用。大家都是一家，同胞一家亲。我刚才讲了同胞三地分，大家是一样的。这是我的看法。

粤港澳大湾区大战略与我国国土空间格局优化

樊 杰

（中国科学院地理科学与资源研究所）

我的报告是从全国国土空间优化的角度探讨粤港澳大湾区的发展战略问题。随着国家进入新时代，区域协调的总体战略和“一带一路”倡议在国家层面上的重要作用不断提升，粤港澳大湾区成为我国区域发展的一大重要战略，粤港澳大湾区将和京津冀城市群、长江三角洲城市群、环渤海经济圈一起成为我国四大经济圈。

这四大经济圈以京津冀地区、长江三角洲地区、环渤海地区、珠江三角洲地区作为顶点地区，在空间结构上组成一个菱形。在我国过去的发展过程中，这个菱形区域发挥了非常重要的作用。分析这四个顶点区域和菱形区域在全国国土开发中的格局变化，对我们理解和思考下一步粤港澳大湾区战略和路径的选择有重要意义。从人口占比来看，菱形区域有四个顶点区域。具体分析，人口进一步向顶点区域集聚，这是人口流动的重要趋势，而在整个菱形区域内部人口流动却是呈下降趋势。大城市、城市群集聚是我国人口流动的主要趋势，对比 GDP 的占比，整个区域，包括四个顶点区域在全国 GDP 的占比呈下降趋势，下降幅度最大的区域就是四大城市群的顶点区域。中部地区和菱形区的内部，GDP 在全国呈上升趋势。

经济区域发展格局处于均衡化过程中，人口向顶点区域集聚。导致的结果是代表经济发展水平的人均 GDP 在四个顶点区域呈下降趋势。这带来一个趋势和启示，未来提升顶点区域的过程当中，我们将会采取什么样的方略。再看这几个顶点区域和菱形区域内部在功能区的基本构成。很明显，顶点区域是城市化水平最高的区域，未来城市化支撑中国功能分工的核心地区依然是顶点区域。问题在于如果我们对这些区域的资源承载环境进行评价，可以发现，顶点区域的人口规模处于超载和临界超载的比重远远大于全国的平均值和国家中部地区。在我国，顶点区域的资源超载已经成为这些区域可持续发展的极端挑战。分析它超载的核心因素，首要的因素是环境容量的超载，水环境污染的严重程度是四个顶点区域城市共同面临的问题。

第二大超载却是有所不同的，京津冀地区是以水资源超载为主导，而对于珠江流域为主的粤港澳大湾区，其土地承载能力则是处于临界阶段。如果我们把如何协调人口和经济的空间均衡作为未来思考粤港澳大湾区大战略中的一个重要背景，我们还要面临的一个问题是如何协调人口经济与资源环境的问题，也就是绿色发展的问题，不仅仅是要协调人口经济与资源环境在数量上的超载与不超载的矛盾关系问题。

这是从全国空间结构上的一个分析，应该说是国家下一步在推进区域协调发展中的一些重要战略考虑，这是判断粤港澳大湾区战略地位的一个重要依据。从国家的总体战略来讲，未来要全面实现现代化，首先顶点区域要进一步极化，需要在调整过程中率先成为现代化的地区。这要求顶点区域要从节点城市走向真正意义上的城市区域，实现全域城市化。中国的人口密度，包括四个顶点区域和广大平原地区是欧洲同类型土地上人口密度的 3.6 倍，我国显然不能采取欧洲过去走的一般城市化的方式。欧洲、美国、日本、韩国三轮城市化的过程中，主要是以工业化作为核心驱动力，也就是说城市化形态是与工业化企业生产所需要的基本规模经济和集聚经济相适应的。然而对于我们国家的新型城市化，工业显然不是唯一的驱动力，现代化也是驱动力。之所以可以实现全域城市化，其背景就在于流空间产生的机遇和挑战，如何抓住这样的机遇和挑战，对这个区域来讲就是下一步战略选择的重要方面。

下一步支撑国家整体现代化重要战略的就是协调发展。中部崛起是进一步提升的重要战略。我们再分析一下，很容易得到这样的结论。四个菱形边的外围区域，即以福建为主导的东南部、以广西和贵州为主的西南部，这两个菱形区域外围在战略区位上、经济发展基础上、自然环境条件上的相对优势远比东北、西北两个区域更明显。为什么要做这样的比较？四个顶点区域的未来发展前景，在很大程度上要放在一个更广阔的区域内进行调整优化，才能衬托出这个区域未来能够调整的前景。珠江三角洲地区恰恰是处于国家区域发展条件最好的核心地带。分析国家整体空间格局，有助于考虑粤港澳区域的未来发展。中国未来的南北差距可能会大于东中西的差距，南部整体的发展、未来的整体态势可能会变得更加有利。在区域协调大背景下，京津冀地区和长江三角洲地区面临的一系列问题应该不如粤港澳大湾区复杂。再进一步看，中国未来的空间格局将会有很大的调整，这是主体功能区所造成的。粤港澳大湾区是要加大和粤东、粤西的联系，还是要加大和它近邻的海峡西岸和北部湾、西南纵深腹地的联系，是值得深入思考的问题。

粤港澳大湾区要重视向两侧的辐射和带动作用，但是其中肯定有重要区域和重点区域。从“一带一路”倡议走出去的环临海国家地区，可能是未来“一带一路”倡议要走出去的重点区域，特别是“海上丝绸之路”走出去的重要核心区域。着眼于“海上丝绸之路”覆盖于全球范围的发展趋势分析，粤港澳大湾区如何成为海上丝绸之路后方的强有力的基地，特别是现代服务业支撑体系的建构，是新一轮“走出去”的重要战略。比如说民营企业是我们“走出去”的“领头羊”，那就要将粤港澳大湾区打造为它们的后方现代服务业的支撑体系，形成真正意义上的一、二、三产业共同结盟的一种网络结构，这是符合这个区域发展的重大战略结构。

刚才提到体制问题，地理学总讲尺寸转换和截面界限，不同制度形成的人文界限对空间的流会产生一些主次作用、折射作用、反射作用，当然我们更期待它有放大的作用。这里究竟如何去理解体制的问题，就是如何理解多中心城市群合理性的问题。城市群的扁平化发展形成多极中心，在这样的流规模条件下，是否允许多中心的存在，或者在多中心建设过程当中，应该适应于一种怎样的分工合作机制。

对于粤港澳大湾区来说更大的一个难点就是区域功能的整体提升，怎么打造一个高品质的国土面貌，未来这个地区 50 年、100 年的国土面貌和高效率的国土空间格局应该是什么样的？这是粤港澳大湾区的梦，我们的梦能不能有一个清晰的表达？这句话背后的意思显然是对现在的国土品质和国土效率存在很大的质疑。珠江三角洲以优越的条件成为国际制造业基地，如果再发展二三十年，整个珠江三角洲地区是不是也进入了产业调整阶段，空间结构也要重塑。问题是哪些产业在这个过程中将以新的面貌出现？

从重要的一些战略路径上来说，科技驱动转型已经成为国家在下一轮发展过程当中必须实现的发展模式转型。对珠江三角洲和粤港澳大湾区来说，原创能力在国家的几大三角洲里面是比较薄弱的。但是它有其突出的优势，充分体现在企业作为创新主体的功能和定位方面。所以未来粤港澳大湾区依然要以企业作为创新的领跑者，但是必须要通过产学研全系列的网络来补创新高地的短板。

再一个是环境问题，即如何控制开发强度。我们做广东省国土规划的时候，提出珠江三角洲建设用地零增长，生产空间零增长。未来珠江三角洲能不能打造生态文明的示范区？我最近分析了海峡两岸城市品质差距，珠江三角洲和香港的城市品质相比，客观来讲还是有差距的。珠江三角洲地区如何打造生态文明示范区，如果把香港、澳门纳入其中，珠江三角州地区能否成为中国生态文明示范区？按照习近平总书记提到的，“城市双修”工程，现在就要做区域“双修”。一是如何利用桑基鱼塘、景观体系打造成富有魅力的区域。二是珠江三角洲的文化，这个文化显然不是传统文化的简单修复和传承，而是智能化。如何把智能、产业、服务、社会相结合，打造智能高地，这是下一步需要思考的重要方面。

前途无量，难度不小，粤港澳大湾区的治理能力和治理体系的现代化能否走在全国前列，成为大湾区发展的重要问题。谢谢大家！

粤港澳大湾区治理与财政问题探讨

刘　志

（北京大学-林肯研究院城市发展与土地政策研究中心）

感谢广州地理研究所给我这个机会来这里和大家交流，向大家学习。这个机会非常难得，这里有我的老师——许学强老师，还有我的同班同学和许多我认识的学者。

今天我讲的这个题目，跟大家报告的主题可能有些不同。在座都是经济地理、区域规划、城市规划的专家学者。由于我在世界银行工作过很多年，在不同的国家，实际操作了很多大型基础设施项目，在操作的时候，首先要考虑的是财政，且这些项目也是通过政府的系统来实施的，所以我注重治理体系的研究。接下来我首先讨论巨型城市区域的国际研究和经验；其次对粤港澳大湾区的治理构架，做一个点评；然后就是讨论粤港澳大湾区的财政问题，即在现有的财政体系里如何打造我们的大湾区，这是我的报告重点；最后就粤港澳大湾区治理与财政问题提几点政策建议。

巨型城市区域，实际上还是一个相当新的课题，对于它，学界有很多的定义。关于都市地区，学界讨论了多年，巨型城市概念也随之产生了，在中国把它叫作城市群，是经济上一体化的城镇体系。实际上还有一个问题，就是城市群边界怎么定义？今天我们讨论粤港澳大湾区的时候，大家都在质疑为什么把肇庆归入粤港澳大湾区？国际上有几种定义，按功能区划分来定义，按每天通行、出行圈来定义，还有用夜间的灯光来定义。用夜间灯光定义的方法我不同意，因为看到灯光，并不等于他们在一块工作并有联系，他们只是地理上离得近而已。另外，林肯土地政策研究院的院长写的一篇文章，把城市地区定义成一个空间上一体的劳动力和住房市场。

去年北京大学举办了一个论坛，其中有一个子论坛就是专门讨论巨型城市，我们邀请了国际上 33 位来自各个研究领域和政府部门的演讲者，讨论世界巨型城市遇到的各种问题，涉及美国、英国、日本、韩国、巴西、印度尼西亚的巨型城市及中国三大城市群。讨论得出的主要观点是：巨型城市不仅仅是一个空间现象，更是带来效益和代价的空间过程，巨型城市给治理构架、规划、财政、社会政策等方面带来前所未有的挑战。当经济发展超越区域边界的时候，巨型城市内部协调就成为一个主要问题，包括治理构架松散，产权、空间过程贵族化与贫民边缘化，以及非正规居住区的蔓延等问题。如何解决这些问题，让巨型城市区域运行良好？论坛讨论没有标准答案，这需要一个综合的整体解决方案。但在广东省，在房庆方厅长和许学强老师的领导下，我们的方案是走在国际前列的。

这里提到一个问题，究竟是做一个粤港澳层面的治理构架，还是运用现有的治理构架搭建一个管理体系。区域层面的规划，前面几位专家说了很多。区域交通、基础设施，这是大区域发展支撑的基础。接下来的问题就是资金从哪里来？我们也讨论土地增资回收，这可能是将来主要考虑的方向。现在的住房政策，一般都是以城市为单位来考虑。但从区域发展来讲，我们需要有一个区域住房政策。比如现在深圳房价那么高，它一定会影响惠州、东莞。同时粤港澳大湾区管理的复杂性和抗风险能力，这些都要从区域层面来考虑。

粤港澳大湾区城市区域是自然形成的，不是打造出来的，但制度环境是可以打造的。中国应该在区域经济发展规律的基础上，通过政策创新打造协调的制度环境，让大区域效率更高。需要注意的是城市里面都是经济协作范围，包括目前的范围和我们将来预料到的范围，这是我们定义大区域的前提。但是在这个大范围里面，事实上劳动力市场和住房市场并不匹配，这是大湾区有可能会碰到的重要问题。这个区域从图面上来看是一个整体，但是从劳动力、住房市场来看，它是有分工的问题，还有产权分配的问题。目前关于这方面的研究不多。

让各个行政区域都发挥作用，一个很关键的问题就是区域的治理和财政。“十三五”规划对粤港澳大湾区提出了一些要求。粤港澳大湾区很大，对比全世界的城市区域，它是最大的，它相当于荷兰一个国家那么大，人口还比荷兰多出 2 倍。行政区也多，“9+2”城市群，“一国两制”，从地理单元来看，它是最复杂的区域。区域内发展不平衡，有发达城市和不发达城市。

将来，流进这个区域的人口会不断地增加，给这个区域带来很大的人口压力和住宅压力。区域内的人口也会频繁地迁移，如肇庆的人希望去深圳生活，中山的人希望去香港生活，区域内的人口流动会变得很频繁。劳动力市场和住房市场随着交通条件的改善，在空间上向外扩展。要实现大湾区区域发展一体化，有几件事情需要做，如经济发展的空间规划、交通基础设施规划，环境和资源保护，以及人口管理。这个区域受户籍制度的约束，但能否打破户籍制度，完全开放人口的自由流动，在“一国两制”的框架里面，这个问题需要做更多的讨论。

土地利用也是一个重要的问题。将来大湾区要整体上发展，应该有适当的土地补偿机制，如农用地开发异地补偿。如深圳没有合适的可开发建设用地，可在惠州选一块地进行开发，让惠州和深圳合作。通过在土地利用上的转换和交易建立补偿机制，这是将来大湾区会遇到的问题，也是区域发展的特点。

研究分析发达国家在大都市地区的治理模式，发现国际上有这三种治理构架，第一种是自然形成的城市区域，它完全是地方政府松散的构架；第二种是一层政府构架，但也有合作；第三种是双层制政府构架即城市-省两级构架。但是研究发现，有区域性的管理机构和没有区域性的管理机构，在区域特征上是有差异的。有区域管理机制的大区域人口密度更高，人均收入更高，区域更有吸引力。在经济上，治理构架越松散，区域的人均生产率就更低。经济上连成一体的经济区域，有必要建立一个区域性的管理构架或者是区域性的管理机构。效率方面，每一种模式，它在各个绩效衡量上都有不同，如可及性与问责性、经济效率、外部性、规模经济、区域协调、公平等绩效指标。双层制政府构架既能保障地方政府对解决当地问题的快速反应，就是可及性和问责性，上层政府对于外部性、规模经济又可以发挥积极作用。

粤港澳大湾区的治理是非常复杂的，一方面，因为有香港、澳门地区，就必然有中央的介入；另一方面，又有广东省，有珠江三角洲 9 个城市。从全世界其他国家或地区来看，没有一个这样的构架。如果把这个研究透的话，在世界上会是非常有引领性的治理构架。另外，粤港澳大湾区的财政体系更复杂，内地实行分税制，香港、澳门是财税独立，香港有它独立的财税体系，澳门也有它的财税体系。在内地省级以下还有市级政府，省、市、县、乡镇，这个层级是全世界最多的。一般世界上其他国家都是三层财政，政府间的关系一般都是三层：联邦、省、县。我们的层级比较复杂，包括中央有五个层级。这将会是粤港澳大湾区在财政体系里面碰到的纠结问题。将来在协调的时候，可能会遇到一些需要更高层面协调的问题。

珠江三角洲有 9 个地级市，下面有 40 个城市区，有 60 个县级市和 7 个县。东莞市和中山市是地级市，下面没有县级单位，就到了乡镇、街道层面。这个构架是复杂的，将来财政关系要理顺也不容易。

再看粤港澳大湾区现在的财政情况，深圳排在首位，广州紧随其后，但末尾的肇庆与两者差距非常大。现在，城市建设和基础设施建设的资金主要来自于土地出让金，或者以土地出让金为支撑的银行借债。我们再从这个视角来看看交通基础设施的供给问题，主要包括两类基础设施，一类是大湾区层面需要的基础设施，另一类是各个城市内部需要的基础设施。城市内部需要的基础设施就由各个城市负责，这很容易理解。关键就是大湾区层面的交通基础设施，它是需要不同的行政部门、行政地区共同来提供的。现在投融资的模式是不是合适？目前交通基础设施投融资的模式，在内容上主要包括交通专项、税费、燃油税、贷款修路、收费还贷等，在形式上主要包括中央投资、地方投资、社会融资、利用外资等。对于跨行政区交通基础设施投资管理模式，基本模式是相关的地方分摊建设运营成本。省政府有的时候提供补贴，由企业来运营。这个模式在中国，从模式的构架来讲，还是做得非常好的，起码与大部分发展中国家相比，我们的投融资模式都是比较合理的。

资金来源，有政府的财政收入，还有政府性的债务融资。以前是城市建设投资公司，现在是政府和社会资本合作（PPP）。PPP 有两种，一种是以这个项目的长期的每年都有的现金流做支撑的 PPP，还有一种是靠政府财政做支撑的 PPP，后者可能是粤港澳大湾区未来的主要资金来源。从我们现在的治理构架和财政模式来看，我认为，整个大的治理构架和交通基础设施建设投融资的模式是适应大湾区交通基础设施未来发展的，这是我通过与其他国家对比之后得出的结论。但是这种投融资模式的短板在哪里？

第一，20 多年前的城市发展都是靠地方平台公司，通过土地做质押，到商业银行借钱，投资建设基础设施。近些年这种方式不允许了，PPP 就应运而生。最近我做调研发现，实际上在 PPP 市场上还是以国企为主。国企做的 PPP，绝大部分是以财政为支撑。现在有说法 PPP 是变相的城市建设投资、借债投资。以前落后地区利用平台借债，让地方政府负债累累的情形，现在基本上控制住了。但是假如这些地方政府用 PPP 模式继续去做大规模的基础设施投资，它的债务风险是非常大的。像江苏南京有些相当好的项目，地方政府也有足够的财政支持，因为地方政府不能借债，城市建设投资公司也没有了，他们就变成 PPP。政府出台的《关于规范政府和社会资本合作（PPP）综合信息平台项目库管理的通知》（财办金〔2017〕92 号），不让国企通过 PPP 模式借太多的钱来支撑基础设施建设，以降低地方负债的风险。我个人的看法是要分类处理。那些财力确实雄厚的地方，如深圳、江苏一些城市，区域条件好、财政收入比较理想的地方，这种做法是唯一的债务融资方法。当然这种分类管理、分类处理的政策，可能要下一步才能出台。政府主要担心的还是金融风险。

第二，土地出让金能不能持续？土地出让是广东学习香港，后来推广到全国的。但是我们没有把香港的经验 100%学过来，在土地价格体系里面，只有土地出让金，没有工地出租的租金，也没有房地产税。像粤港澳高度发达的地区，房地产、土地增值很快，这个增值里面有很大分量是因为公共服务的提高而带来的增值。但是我们没法通过土地价格体系把这部分增值可持续的回收，然后形成一个可持续的基础设施和城市发展的投融资，这是我们面临的问题。

第三，在交通服务一体化方面，基本上是重投资，轻服务，还有轻维护的模式。将来珠江三角洲的 9 个城市在基础维护方面能做得像香港那么好，这就是我们在大湾区合作框架里面的一个回报，毕竟我们还有很多地方要向香港学习。

第四，规划和财务的联系，这是一个短板，也是一个断裂，这是全国遇到的情况。

最后我就这几个问题提三点政策建议：第一，希望珠江三角洲九市和香港、澳门能够率先改革土地价格体系，率先实施房地产税。实际上深圳的房地产评估体系，现在是世界上最好的。技术都已经有准备了，应该可以率先去做。第二，建议空间规划和融资规划之间能有机衔接。国际上常用的做法，一个是基础设施投资规划，更为重要的是中长期的财政规划，现在地方上做预算的时候，基本上没有财政规划支撑。借钱后，还钱基本上是十几年后，很多地方政府知道五年的还钱高峰，不知道未来的还钱高峰是什么时候？这是我们很大的短板，财政部要求各个地方进行规划，珠江三角洲可以尽快规划起来。第三，要把所有的基础设施看成一个庞大的资产体系，建立现代的基础设施资产管理体系，将来做投资、维护，才能够投入最少，作用最大。

提问环节

现场提问：我来自广东省城乡规划设计研究院，今天两个报告非常精彩，一个是从国家宏观层面，另一个是从实操层面，都很有亮点。我想请教刘老师关于美国高速公路的问题。美国一次性建设了全国的高速公路系统，而高速公路系统的维护运营由各个州负责，联邦政府会向州政府返还维护费用，但是这个费用是不够的。其中一部分维护费用来自燃油税，这么多年，美国用于高速公路维护的18美分燃油税一直没有变，导致现在美国基础设施维护的资金不足。目前美国的基础设施建设也在探讨建设—经营—转让（BOT）的方式。中国未来是不是有可能也通过一个介质来推动基础设施维护?

刘志：美国各州高速公路的维护费主要是来自燃油税，一直实施了很多年。维护的钱越来越少，因为燃油税是联邦政府收的，每个州有多少高速公路，联邦政府就按照高速公路的规模返还给各个州用于维护。这个钱是不够的，怎么办? 20多年前我在美国开车，大部分地方都不收费。现在去纽约，开始收费了。我个人给交通运输部的建议是，收费公路还贷之后还是要继续收费，收的费用要涵盖高速公路的运营和维护费，否则燃油税远远满足不了中国公路的维护。这还得向美国人学习，路烂了，大家交点钱。这是国际经验，但是中国老百姓不一定能看到这点。

粤港澳大湾区的机遇与挑战：来自欧洲跨境合作的经验（译文）

亚历山大·墨菲

（美国俄勒冈大学）

大家下午好！我的研究工作集中在政治地理领域，尤其是在欧洲，过去的二三十年里，我们看到政治地理领域涌现了很多新趋势和新发展。我觉得可以从欧洲的跨境合作借鉴一些经验。同时，我自己是美国人，美国地理学家，我也可以跟大家分享我们在美国所做的一些研究。

刚刚也有许多嘉宾讲到粤港澳大湾区的发展，这些基本的信息我不再赘述。在关于粤港澳大湾区的最新规划资料中，可以看到在这里已经形成一个产业生态系统，潜力非常巨大，也有各种不同的因素在其中起连接作用。9 个城市加上香港、澳门，可以说具有一个非常特殊的发展条件。粤港澳大湾区有非常多的资源，包括外商直接投资等。因此这个区域的人均 GDP 比全国人均水平要高许多。

这个区域的发展可以放到更大的背景当中，包括全球范围内的“一带一路”倡议。在“一带一路”倡议当中，粤港澳大湾区的角色及地位将会得到进一步的加强，我也将提出相关的观点。

我们应该采取一个怎样的角度来看待这个问题？我们对比一下，粤港澳大湾区和世界上其他湾区的不同。在定位上面，我们有什么样的特点呢？与纽约湾区、东京湾区、旧金山湾区有什么差别呢？我们可以看到，粤港澳大湾区可以说非常特别。但是我们单纯地做比较还不够，很明显从政治地理学的视角来讲，这个地方有一个特点，即在中国“一国两制”的特殊政治框架下。因此，湾区发展的重点在于怎样进行跨境合作。欧洲可能是一个有意义的参考，因为欧洲是有边境、国境的。最近这几十年来，我们也看到在欧盟的框架之下形成了大量的跨境合作。我们在看待粤港澳大湾区的时候，应该看看欧洲的发展是怎样的。

大家可能知道，欧洲跨境合作在过去的几十年当中，可以说是经历了一个非常重要的机制变化。它构建了一个区域，这个区域由统一的政府管理，货物与人员自然流动。当然我们也看到欧盟最近可能出现了一些麻烦、难题，但不管如何，我们发现随着欧盟的建立，这个区域的融合发展越来越明显，我们看到“欧盟 2020 计划”也凸显了这个区域的融合发展方向。

给大家举一个例子，卢森堡、法国、德国、比利时，它们在服务功能上是融合的，比如机场的共享等，这些对于我们是有一定的借鉴意义。但是作为地理学家，我对区域差异非常敏感。在比利时发生的事情，我们不能照搬到广东。我们可以看到欧洲的融合、跨境管理，非常依赖于机制，这个机制非常复杂，需要不同层面的透明度才能实现。在整个跨境合作当中，遇到了一些什么困难呢？欧洲到底会发生怎样的变化？并不是说完全没有限制的，我们来参考一下，我们需要做机制的创新。

显然，粤港澳大湾区要解决经济方面的问题，希望带来更加丰富的物流、人流。今天早上我们也讲到在发展水平上面，每个城市的能力都不一样，GDP 也不一样，还有不同的货币，不同的外资投资框架等。这些地区之间也会形成一定的竞争关系。大家可能会觉得经济发展是最重要的一个推动力。但在欧洲，我们的经验是这样的，它不仅是经济层面的联系，而且在政治文化及制度层面也有相应的联系和相互的制约和影响。这也是为什么我觉得在欧洲，欧盟确实是做出了一些机制上的创新，才实现了这个区域的发展。

欧洲的经验如何借鉴到粤港澳大湾区呢？我们可以看到，在欧洲，城市群是最为重要的。但是在许多欧洲国家内部，它们自身也有自己的城市群，而且这个城市群是多中心的城市区域，像阿姆斯特丹。城市群有着非常活跃的经济，这些区域的重要性不言而喻，包括法国、德国、比利时、英国，我们把它叫作“创新经济带”。这个多中心的城市区域，是一个环形的曲线区域，有着非常活跃的经济活动。在这里面有几个不同的国家交界，像卢森堡、法国、德国、比利时。其中的挑战是什么呢？我们发现跨区域的合作首先带来的一个问题是，尽管人们非常鼓励这种合作关系，但是合作本身又受到来自地域差异的诸多挑战。例如，在欧盟的边境管理上面也遇到了一些挑战，这些挑战包括不同的行政架构、财政、立法，以及不同的空间规划、环境、货币兑换、垃圾处理模式等。

欧洲的跨境合作，事实上是数十年之前就开始了。从机制、体制角度，边界如何影响相关的人员、物品的流转。这些挑战是真实存在的，目前在我们国家内部也有类似的问题。

跨境合作的最大问题是什么呢？即使是通过非常有效的合作方式，它最终仍然没有办法帮助我们实现最终的跨境合作的框架目标。

有一位学者做了一个框架，这个框架是用来专门分析欧洲跨境合作和跨境协调的。他不仅研究经济问题，同时还研究政治、文化、地缘方面的问题。他的框架主要是关于物资的运输、劳动力的迁移，根据他的四大议题，我做了进一步的优化。经济层面，不管经济互补性在欧盟各国是否存在，来自于其他区域的竞争依然是很大的问题。政治层面，有权力不对等，包括行政管理上的差异等问题。文化层面亦是如此，比如说信任，还有语言上的差别。地缘层面，我们已经提到了的人员的沟通、人力的迁移、物资的运输等。

我们应该要真正思考这些问题，对于粤港澳大湾区来说，我们的优势到底在哪里？如何把这些优势结合在一起，从而形成能超越传统的欧盟地区的途径和方式。粤港澳大湾区的优势在哪里？在大量的案例当中，我们看到经济的互补性。特别是在最近，在整个大湾区，我们更好地了解了每个城市产业的互补性。其中，内地作为制造业和相关服务业的生产者，香港作为金融中心。同时我们还有相关的交通设施的建设，最近交通设施越来越便捷，可以看到本地区的金融发展也非常快速。

语言是粤港澳大湾区的优势之一，粤语和本地人使用的语言，已经远远超过欧洲和欧盟可以实现的跨境交流方式。我们在欧盟的调研中发现语言依然是阻碍区域合作的一大因素。比如，奥地利和德国说德语，但是在其他国家就未必是说德语。相比于欧洲，我们有很强的优势，如在欧盟国家之间有很明显的经济文化差别及政治的非稳定性，包括行政层面的差别。我们主要是关注经济和政治方面，相对来说整个西欧地区之间具有非常明显的经济、政治的差别，大部分国家是议会制的民主国家。如果使用欧盟的测量数据看它们的差别，就是所谓的老中欧式的差别，这种差别比粤港澳大湾区要解决的差别小一些。

北欧和南欧的差别很大，人们非常关心和担心跨境方面的立法和政治差别。通过建立起一个跨境合作合约，这个合约最终就某些方面带来一定的改进措施。但与此同时仍然面临很大的挑战。仔细研究下有关信用的问题，单从信用来讲，信用可能是我们现在最大的问题。在欧洲的一个调研当中，他们会相信跨境合作伙伴，这种信任来自何处？他们认为跨境的人员可以是理事、同事、工作人员、合作伙伴，这就轻松地向大家展示出，欧洲具有最大的优势就是人和人之间的合作。在整个欧洲地区，竞争非常激烈，因为有很多来自于其他国家的经济政治的竞争。但是在粤港澳大湾区，竞争并不是特别的明显。

相对于欧洲，我们确实有一些优势，同时也有挑战，这些挑战在粤港澳大湾区发展过程当中，必须要以非常严肃的态度去面对。同时，要看到存在的这些挑战并不仅仅只是经济上的挑战，还有其他的问题，包括文化等方面的差异。要真正解决这些问题，回到我们今天早上一位演讲者所讲到的，我们必须要加强我们本地的融入性，让双方或者三方的人民能够更好地、真正地看到我们的利益，同时能够从更加宏观的角度实现共同携手。此外，一位年轻的学者和我们特别提到的，其中最为重要的一点就是社会文化一致性。要达到这一点，最重要的是实现分步式的发展、去中心式的发展。从我个人的角度来说，它应该是一种自下而上的自发式的发展能力，就像一种自下而上的方法，而不是自上而下的。

希望大家能够通过我的演讲了解四大点。

第一，必须要不断地夯实我们的经济文化发展，同时不断加强跨境合作和协调。

第二，要不断降低行政门槛，同时能更好地建立起一种一致性的地区性合作机制，这需要现有行政体系进行不断地调整。这个问题是没办法避免的。

第三，以一种更加简化的方式减少通关的流程，这仍然是非常重要的一个方面。

第四，要形成一个强有力的领导体系，这样才能实现去中心化的规划。地区性合作会直接影响到一个机制的形成，最终会帮助实现相应的城市群的孵化，只有通过不断的孵化，才能达到最好的效果。

中国的城市转型：愿景与矛盾

吴维平

（哥伦比亚大学）

我今天讲的内容主要是关于目前中国城市化发展过程当中的一些焦点问题。今天我们都谈论政府的作用有多大，市场的作用有多大。从历史来看，广州的贸易在很大程度上是由市场主导的。在汉朝至唐朝的陆地贸易中，广州一直是重要的中心。1949 年以后，中国的发展出现了一些变化，出现了以政府为主导的城市化过程。因此，我今天讲的一个主题是政府可以在大湾区的发展过程中发挥更大的作用。

在中国的城市化发展过程中，市场是政府的一个工具。中国政府在城市化过程中所起到的作用是非常突出的，特别是跟世界上其他发展中国家相比。从中国收入水平的角度来看，城市体系这么均衡的国家还是比较少的。例如，在拉丁美洲、非洲、南亚、东南亚，都可以看到首位城市非常突出。中国的几大城市群都有各自的特色和作用，所以在很大程度上，政府引导城市化过程的作用是非常重要的。但是这种作用也有一些离心力。今天刘志老师也谈到，钱是不是跟着口号走，现在中国的发展还是存在一些脱节的状况。在财政方面，实际上地方自主权非常大。未来财政上的“剪刀差”在粤港澳大湾区的继续发展中会面临一些挑战。

中国的城市化有很多独特的方面。从区域层面看，粤港澳大湾区有三个比较重要的焦点问题。政府应该更关注这些焦点问题。这些问题可以说是市场化以后逐渐形成的，但是政府的重视还不够。这些问题或者说短板是很多国家在城市发展中遇到过的。中国在城市化过程中还是完全有能力来纠正这些问题，从而引导城市向更好的方向发展。

第一个问题是不完全的城市化，包括地域的不完全城市化和人口的不完全城市化。第二个问题是城市社会空间，不光在城市之内，还包括空间不平等，现在这个不平等越来越大。第三个问题是在目前的城市化过程中，原有的发展方式开始慢慢受到制约。

地域的不完全城市化，如果看世界银行和亚洲银行的数据，2000—2001 年，中国有 680 个城市，而其他的东亚城市不到 300 个。在中国的大城市中，地区级城市有 200 多个，超一半的城市的土地增长率比人口增长率快。这不是说老区增长快，而有可能是新区增长快。从总的土地发展来讲，土地的发展比人口的发展要快，这与东亚其他国家的城市发展趋势正好相反。其他东亚国家只有 20 多个城市，土地比人口发展快。也就是说中国现在虽然土地很紧缺，但是城市所占据的土地面积之大、发展速度之快，相比东亚其他国家是非常令人震惊的。

从长远角度来讲，人和环境之间的关系，会更往持续性方向走。但看中国的城市和城市群，实际上不是人越来越密，而是地占得越来越多，说明在中国比较大的城市中，人口密度相对世界上其他国家的人口密度平均值而言是比较低的。我对广州不是特别了解，但看得出与北京和上海不一样。在中心区域的人口密度很大，但是整个平均下来以后，实际上密度不是很大。我原来是搞建筑的，现在也在建筑学院，我们就讲容积率，广州市中心的容积率不超过 5%。如果从市中心往外走，不到 20 公里，容积率就只有 2%。但是，纽约曼哈顿的容积率是 10%—12%，平均是 7%—8%，郊区是 4%—5%。也就是说，平均下来大城市的人口密度不是很大，与小城市的密度或者其他国家的小城市密度相比则更高。因此，在用地效率方面，中国还是有一定的欠缺。世界银行也做过一些相关的报告，中国土地的可持续发展还须继续加强。

人口的不完全城市化，主要指流动人口和进城务工人员，但是现在越来越多的是由于农地、耕地规整化，大规模用于农业运作之后，很多自然村被聚集到新农村，导致产生很多不完全城市化的现象。这个现象当然不是发生在粤港澳大湾区，而是我在江浙一带做调研见到的现象。几十个自然村变成一个新区之后，它的生活方式从农村到城市的过渡非常快。我们的研究显示，从真正的城市化过程看，包括生活素质的变化、就业程度的变化及人际交往方式的变化，很多农村居民的城市化都不完全。人虽然住在城市环境中了，但是生活方式、交往方式和其他利用城市空间的方式都保持原来的农村传统。不完全城市化，现在又多加了一个层次，即除了流动人口、进城务工人员之外，还有所谓的城乡接合部，大片农地征用所引起的农村拆迁也是可持续发展中很重要的一个方面。

农村拆迁之后的发展，在体制上也有很大变化。比如城中村，这在广州、深圳比较多一些，土地的拥有方式和治理模式，基本上属于原农村的治理模式，属于集体性的。整村完全拆迁后，从农村集体式用地迅速转为城市国有用地，导致生活方式也经历突然的转变。这种从农村转为城市的压缩式变化，应该说是中国最近一段时间城市发展过程中比较重要的问题。自新城市规划以后，以人为主的城市化进程是一个比较重要的问题。

今天好几位学者讲到，不同城市的收入水平和设施水平都存在很大的差距。但不仅在城市之间，城市内部的差距也是越来越大，空间上的不平衡格局也越来越显著。从住房角度来讲，这种空间不平等的表现力非常强。中国城市的房价非常高，人们住在城市哪个区，标志着其所在的生活阶层。应该怎么继续向前走？粤港澳大湾区应该在这方面给予一定的关注。

我是从事城市规划工作的，从很多角度来讲，城市是一个多年形成的自然体，未来我们究竟应该怎样尊重和保护城市不同阶段所形成的不同街区、不同居住方式，我也没有很好的答案。但这在珠江三角洲是非常明显的挑战。从密度方面来讲，人口的密度可能更高，建筑密度也可能更高。城市怎么才能够包容不同社会阶层，不同时间段所形成的城市街区？这是城市继续向前发展面临的一个很大挑战。

最后，土地扩张的方式不仅对自然环境构成挑战，土地财政所引起的影响也是一个很大的挑战。土地财政的挑战，各位学者讨论得比较多，我提出一些想法。现在粤港澳大湾区往前走，不能完全靠工业化，而要靠全面的现代化。但是可以看到大部分中国城市的工业用地比重比较高，大概是27%，而全球平均值是15%，香港和首尔不到10%。我们在用地安排上给予非居住用地很多的份额，导致了居住用地不足，这在某种程度上不可避免地使房价高涨。

广州、上海、天津、北京都属于特大城市，意味着用地的需求量比较大。现在需要用土地财政来填补的财政缺口比较大。我们都知道用财政拨款建设基础设施是比较有限的，都是靠土地出让金和财政以外的融资方式进行城市基础设施建设。但在这些大城市中，继续用土地出让金填补基础设施融资的可能性越来越小。刚才一位学者提到的房地产税，是一个很迫切的问题。可能一些边缘的城市和省区，土地财政还有一定的余地，但是基本上再过10—15年就不能满足继续建设的需求了。

用土地财政来建设基础设施的方式，在中国还是很特殊。从基础设施的融资来看，包括与发展中国家和发达国家的融资方法比较来看，中国都是一个特例。一个是我们不太用房地产税，另一个是我们也很少在资本市场上集资。现在土地财政模式能不能够通过改革走向资本市场运营，或者通过实施房地产税来改变现有融资模式，是政府可以起到很大作用的着力点。

中国城市化的过程，政府的作用很大，政府利用市场作为有效的工具来推动发展。实际上我讲的三点，就是从城市化的完整性，到城市内部空间的不平等性，到土地财政不能持续地支持基础设施和其他城市设施建设。在这三大问题上，政府的作用一直是很大的，但经过二三十年的发展，有些方向没有得到完全的重视。城市内部的分化，以及人和环境之间的关系，应该是粤港澳大湾区今后发展需要关注的方面，今天几位学者也提到这点。

线型文化遗产的保护与活化利用——广东省南粤古驿道线路总体规划

唐曦文

（深圳市城市空间规划建筑设计有限公司）

讲到古驿道，可能大家心目中都有一个印象，就是平常我们说的茶马古道。今天我跟大家分享一下广东古驿道。我的报告内容主要是关于如何把依存在线型空间上的整个历史遗迹挖掘出来，为今天所用。这也是整个南粤古驿道工作的目的。

文化遗产保护，从国家层面的决策思想来看，习近平总书记提出“像爱惜自己的生命一样保护好文化遗产”。今年广东省政府工作报告提出要加强文化遗产保护利用，许瑞生副省长高度重视古驿道活化利用工作，多次参与南粤古驿道实地调研、定向大赛与博物馆展览等活动。

了解广东省的地形对理解整个南粤古驿道的体系是有帮助的。广东内陆有三条江——西江、北江、东江。我们通过大量的史籍调查和田园实际调查，把每条南粤古驿道线路在空间上的分布进行大体梳理。从历史来看，北面古驿道基本上是在秦汉时期形成的，就是秦军向南越进军的路线。实际上以前楚国就有这些小路，秦军进军南越的时候，基本上就这几条路。到东汉时，逐渐修成了几条驿道。

隋唐时期，整个驿道中心东移。这段线路非常短，但非常重要，这是沟通长江、赣江、东南的经济通道。这一时期，开辟了湘粤茶亭古道，经东陂镇、茶亭村、丰阳镇至湖南蓝山县，并开凿梅关古道、郴州路、桂州路来联系湘粤地区。另外，开辟了粤西驿道，成为广州联系高雷地区的陆上通道。

到宋朝，之前的道路基本保留，又另外拓展了沿海线路。从宋朝一直到明朝，福建泉州、漳州进口业务非常发达。明朝，因为有倭寇袭扰，沿海地区建设了很多围城。到清朝就没有更多的建筑了。

1913 年北洋政府正式裁撤驿路系统，把驿道全部归入邮政系统。整个南粤古驿道系统到 1913 年就结束。古驿道的作用，它的最终目的，按中山大学陈忠生教授的话来说，是为了国家行政统一，这跟罗马古道的作用是一样的。

到目前为止，真正的南粤古驿道遗存 202 处，总长 480.6 公里，分为水路部分和陆路部分。南粤古驿道主要有三个特征。一是“陆—江—海”联运，通过几个主要的出海口和海上丝绸之路出去，这是广东相对于其他省来说不一样的地方，其他省的古驿道没有“陆—江—海”连通。二是沟通南北，是海上丝绸之路的重要载体。广东是历史最长、港口最多、航线最广的省份，作为海外贸易重要出海口，主要通过驿道与港口码头进行交通联系。三是文化内涵丰富，呈现多样文化景观。古驿道的线路上面有很多的故事，包括军事文化（如秦汉国家版图南拓线路）、民系文化、海丝文化、宗教文化和宦游文化。宦游文化是我们中国特有的文化，它可以反映官员被贬线路，如韩愈被贬至潮州，而苏东坡一路沿海走到海南。

南粤古驿道内涵很丰富，但规划怎么做，做成什么样？

我们的规划充分借鉴欧洲自行车文化之旅、古罗马之旅、欧洲盐运古道文化之旅、美国国家历史游径、日本古道的相关做法，在历史保护、遗产活化、管理维护等诸多方面汲取经验，探索适合广东自身情况的南粤古驿道文化线路综合规划。

在分析古驿道的遗存，学习人家的经验之后，回顾自身，南粤古驿道应该怎么构成？首先我们有很多资源可以利用，包括 480.6 公里的古道和 820 公里绿道。我们的线型空间应该想办法串联起来，把整个体系基本保留下来。我们将古道、绿道、风景道、古驿道这些资源并联在一起，最终能够连得起来的体系是 11 230 公里。但是，并不是说每段古驿道都要修，而是在线型空间将这些遗存串起来之后，形成一个大的网络体系。

最后归纳一下南粤古驿道体系的空间结构。我们构建了六条文化线路。第一条是粤北秦汉古驿道文化线路；第二条是北江—珠江口古驿道文化线路，这是主要进行商品交易、文化交流、中原南迁的线路，是与中原地区联系最重要的线路；第三条是东江—韩江古驿道文化线路，这条路在三国、晋时期就已经开辟；第四条是潮惠古驿道文化线路，这基本上是沿海贸易建立起来的潮惠古驿道；第五条是西江古驿道文化线路，是广府文化的发展带；第六条是肇雷古驿道文化线路，是古代海上丝绸之路的重要段落。除了这六条之外，还有四个重要节点，包括江门台山海口埠、徐闻海丝始发港、汕头樟林古港、广州黄埔古港。

此外，我们还建立了标识系统。因为很多古驿道不是实地上现存的，而是以前存在过，但现在被道路、村庄、建筑覆盖住了。我们通过古驿道标识，告诉大家古驿道的存在。2017 年广东省政府主要推动八个示范段的建设。2017 年底，南粤古驿道规划已经编制完成，而示范段有些也已经建设完成。

最后，介绍一下利用方式，这些古驿道不是仅仅用来观赏的，还可以举办户外运动，2016—2017 年，广东省在古驿道沿线传统村落共举办 18 站“南粤古驿道定向大赛”。除了定向大赛，还有铁人大赛、骑行大赛，我们的目标是要发展古驿道户外体育运动产业带。沿着古驿道不仅可以锻炼身体，还可以体会广东的深厚文化，并且带动乡村振兴、扶贫。古驿道沿线有很多贫困村，如何带动贫困村的经济、文化，都可以围绕古驿道展开。

涉及粤港澳大湾区的古驿道有两个，一个是珠江口西岸，主要是把孙中山、林则徐的足迹跟岐澳古道结合起来，形成完整的体系。目前这个工作进展非常快。另一个是珠江口东岸，但这里的古驿道工作相对来说缓慢一点。实际上，珠江口东岸的资源也非常多，沿海边的海防线，从深圳一直到汕尾都有所城。另外，这里的古驿道跟香港也有关系。从广州到虎门、深圳南头，再到香港元朗，都是原来海上丝绸之路，我们可以把它理解为水上古驿道的重要节点。这些节点之间如何利用好，串成我们可以体验、观赏、参与到其中的线路，这是下一步的工作。做古驿道工作非常有意义，今天讲了很多经济、政策层面的内容。我们做古驿道的工作，对广东摆脱以前这种文化贫弱的状况有很大的帮助。

长江三角洲地区的城市合作与成本——收益博弈机制

陈 雯

（中国科学院南京地理与湖泊研究所）

我来自长江三角洲地区，我今天报告的题目是“长江三角洲地区的城市合作与成本——收益博弈机制”，希望长江三角洲的合作发展案例对粤港澳大湾区合作有启示意义。

区域一体化是将区域作为有机整体，通过集聚和互补的地域功能分工，促使整体效益最大化的状态和过程。首先，区域合作是否都可以成功？地区之间的合作实际上是一种权力的交换，需要支付交换成本。正是因为这样，区域合作要怎么样才能成功？到底应该通过什么机制，才能真正成功？无论是政府跟政府之间合作还是地区跟地区之间合作，到底以什么方式、机制使合作成功？要采取怎样的合作框架？合作是有合作成本的，同时也有合作收益。

合作的成本有生产成本、治理增加成本、谈判协商成本、制度调整的成本。合作的收益有来自经济、政治、社会的收益。合作以后，社会收益，可以使大家资源共享，使大家都享受到发展的红利。在这个过程里面，实际上我们要看到，如果地区跟地区之间能够合作成功，有两个条件，合作收益要大于合作成本，合作的净收益要大于不合作的净收益，这时候才能合作成功。

长江三角洲城市群包括 16 个城市，进行了大量的合作机制的探索。很多专家做区域规划和城市群规划都提出来，我们要构建一个架在长江三角洲各个市上面的规划。在整个协调机制里有几个层面，省层面，每年省委书记的座谈会，会就重要事情进行讨论；城市层面，由上海市人民政府合作交流办公室发起，每年开一次会议，现在有 30 个城市加入进来，讨论协调问题，这在国内区域一体化中应该是非常经典的。另外，在长江三角洲区域里面还有都市圈，还有同城化的协调问题。

在合作的过程中，会遇到什么问题，如何才能成功？举几个案例，第一个是跨界水污染治理的案例，它是一种典型的损益型合作模式。苏州的工厂排污，致使嘉兴的水污染非常严重，在此过程中发生了 1995 年的臭鱼堵门事件、2001 年沉船筑坝事件、

2002 年酒精厂污染事件等。在合作之前，实际上苏州市是低成本的，不需要支付污染成本，但是嘉兴市要支付很多的污染治理成本。通过协调合作之后，上游的苏州要增加治理成本，它必须要做治理，否则它就要赔偿，嘉兴就降低了污染治理成本。通过这样的博弈达到均衡，这个时候成本的逼迫，实际上是实现均衡的唯一路径。

第二个案例是长江三角洲地区提出来的无障碍旅游圈。2003 年“非典”的暴发，旅行社都没有生意，应该怎么办？如果还是省跟省的关卡，各省旅行社都没有生意。这时候大家提出要建设无障碍的旅游圈。通过这样的合作，市场的力量就开始推动，整个竞争就走向合作。合作就会带来好处，品牌树立起来了，大家的市场做得更大，收益也就更多。这样的合作方式，是通过市场方式增加收益来激励各方，形成合作之势。

第三个案例是关于交通方面的，大家在合作里面都会碰到这样的案例。我们把这种模式叫做比较利益型的合作模式，大家都能得到利益，但是大家的利益是不平衡的。如湖州想修一条高速公路，从上海到湖州途经吴江，并写入重点规划当中。但是建设的时候，吴江不愿意动工了，吴江也在打它的“小算盘”，如果湖州跟上海的联系方便了，那吴江的优势就没有了。这个时候，人民代表大会发挥了作用，提出了省际协调建议提案。这个过程，其实都是通过省之间的谈判，以及 30 个城市的协调会来进行协调。实质利益博弈，促使你从不合作走向合作。在不同的合作方式里面，我们可以用不同的博弈模型去构架这种框架。

再看看这种博弈模型对粤港澳大湾区合作有什么启示。尽管我对粤港澳大湾区不是很熟悉，但是我相信我们的合作经验、机制是有共性的。粤港澳大湾区作为我国“一带一路”倡议的南大门和世界进入中国市场的门户枢纽之一，其深度合作无疑是我国更好参与全球竞争，融入全球价值链的关键所在。无论城市性质和级别如何，城市间的合作长久有效，都需要建立成本共担利益共享机制，使系统中的互补和对抗这两种力量达到均衡。

一般来说，在初期的合作都是于我有利则为之，于我无利则不为。在艰难乃至漫长合作谈判协商的过程中，市场规律固然起决定作用，但更需要政府以“有形的手”来平衡、协调城市之间的关系，构建有助于合作实现的制度安排。我经常会说“这两个区域，你们为什么都建那么多的平台机制”，这样的平台机制，实际上很多是让两个地方能够坐下来协商、博弈、谈判，最后达到一致的重要手段。

竞争与协作——粤港澳大湾区城市发展的辩证思考

黄慧明

（广州市城市规划勘测设计研究院）

最近我看到网络上形容“京津冀是父子关系，长江三角洲是兄弟关系，珠江三角洲是合伙人投资关系”。合伙人的定义为以其资产进行合伙投资，参与合伙经营，依协议享受权利、承担义务，并对企业债务承担无限或有限的责任。

在粤港澳大湾区国家战略背景下，政府层面对其的支持不断加强。之前深圳举办了一个论坛，大家有一个焦虑，粤港澳大湾区是不是国家战略，无论如何我们认为是。政府不断推进粤港澳大湾区的建设，比如通道建设，珠江口现在已经有八条通道，并且还有一条即将开建的。除此之外，还有珠江三角洲港口群的整合、城际铁路的提速、环湾新区的建设等，都在不断推进。

习近平总书记在中央城市工作会议上指出“第一尊重城市发展规律。城市发展是一个自然历史过程，有其自身规律。第二统筹空间、规模、产业三大结构，提高城市工作全局性。第三统筹规划、建设、管理三大环节，提高城市工作的系统性。”

第一个方面，珠江三角洲城市群的形成是在逐步开放的市场经济体制下，产业竞争和分工协作的结果。

第一个阶段，1979—1980 年，香港确实是属于投资人，GDP 相当于整个珠江三角洲 GDP 的 80%。这时候，香港资本的输出主要是面向提供要素资源的许多小城镇。从 20 世纪 80 年代到 90 年代的统计数据来看，珠江三角洲的城镇数量增长是非常快的，是整个 30 年中增长最快的一个时期。这个时期实际上跟 1978 年的第三次全国城市工作会议上所提出的“控制大城市规模，发展中小城镇”的城市工作基本思路是一致的。以顺德为例，当时顺德是一个县，逐步以镇为单位，形成产业分工和协作，包括乐从塑料、陈村机械等。这时只是雏形，而这些雏形都慢慢形成良好的产业分工。《珠江三角洲经济区城市群规划——协调与持续发展》之前的规划，我们的发展是向下倾斜的，我们在这版规划中还是构建了十个城市群，这些城市群更多是以地级市为核心的，或者是以地区为核心而形成的个体组织模式。

第二个阶段开始出现一些大都市的空间碎片化发展。这个时间主要集中在1991—1995 年。这时候全国各地实行“设市热”。在这样的版图之下，城市的单中心扩展是必然的。在这种扩展的过程中，中心城市所带来的交通服务和高端服务业进一步加强。分税制和 1988 年土地出让制逐步建立之后，许多地方政府被赋予土地使用的权利。顺德这种以县域经济为主体的城市开始转型，特别是政府从市场退出，转变为对土地的经营。在那时，包括像科龙、美的这批企业成功了，逐渐变成适应现代社会发展的企业。在第一个基础之上，由于这种要素的进一步集聚和分工协作的不断发展，这个层面的城镇群更加丰富，而且它的协作更加快速。例如，美的要生产一个电风扇，在周边就可以找到所有的配件。用狄更斯的话说，这是一个最好时代，也是最坏的时代。在没有土地资源管制下，土地的耗损非常快。1979—2014 年，珠江三角洲的建设用地增长了 10 倍。这时候，珠江三角洲经济区规划开始针对这种经济组织所带来的城市群关系设置自上而下的管制。

第三个阶段是大都市区划与多中心。从 1995 年开始，中央出台了 50 多项法律法规，明确中央和地方管辖权限。在这样的情况下，由于中心城区的经济实力和能量不断增强，在达到一定的能级以后，2000 年初期，开始了撤市设区，如广州有 3 个县级市逐步变成区。在乡村层面上，开始了中心镇合并村镇的工作。统计数据显示，这一时期广东省的乡镇一共合并了 31 个。这个时期，珠江三角洲与香港、澳门之间经济力量对比也发生了比较大的变化，珠江三角洲地区的几个中心城市的地位不断上涨。2004 年广州和深圳的 GDP 分别占粤港澳经济总量的16.3%、13.5%，而香港是 46.4%，到 2016 年，广州、深圳和香港的 GDP 分别占粤港澳经济总量的 21%、20%和 23%，势均力敌。所谓协作，基础就是我们有对话的平台，我们可以进行同一个语境下的谈判。在这种情况下，我们可以提出粤港澳协作的概念了。

利用大数据统计手段和经济普查数据，我们可以看到珠江三角洲城市网络的构建。香港、澳门对内地的投资，10 年前广东省的占比约为 70%，到现在只占 20%。POI 数据也显示了珠江三角洲地区网络化的协作和最终形成的产业分工：以广州为主形成以生产性服务业和一般服务业为主导的地区；深圳形成以技术密集型、资本密集型为主的地区；劳动密集型产业在环珠江三角洲无处不在。从与西江流域及泛珠江三角洲地区的联系来看，广州的交通枢纽地位不断提升。区位熵的研究表明广州长期以来金融业发展比较弱，但近十年，民间资本发展比较快。广州民间储蓄特别多，但是使用率并不像深圳那么高。因此，广州的区位熵从原来的0.64%不断上涨。

总结起来，有几点结论：①珠江三角洲城市群的形成源自于开放市场化下的经济组织。自下而上的城镇协作是其强大的内生动力。②中心城市的功能导向是市场要素选择下的分工结果，是城镇历史并合形成的结果，而不全是政府意志的体现。我们做了很多版的总体规划和战略规划，提出要打造什么、建成什么，其实并不是规划出来的，而是经济分工、功能决定的结果。③香港、澳门协作是内地城市发展到与其足够对话阶段时的议题。④要尊重历史规律。现在国家的资本很强大，但国家资本和行政干预也要在尊重历史规律既有的体系下进行，过度的干预可能会破坏 30 多年形成的平衡性。

第二个方面是新时代珠江三角洲城市群的问题。

一是不平衡、不均衡的问题。尽管我们的网络是开放的，但由于要素的配置，特别香港的投资，导致西岸与东岸的差距不是在缩小，而是在增加。

二是经济动力的问题，包括以下几个方面：①“三来一补”的空心化带来巨大的阵痛。②土地出让取代实业税收成为地方财政的支柱。广州 70%的税收要上交，深圳的城市发展建设资金有 3 300 多亿，广州只有 1 300 多亿，这也造成广州对于自我发展的支撑更加高。③人口红利的问题。这几年，珠江三角洲地区人口依然保持一定的增长量，2017 年仍然达到全国流动人口的 6%。据统计，广州 2016 年人口增长了 40 多万。人口流入，会给中心城市就业带来挑战，对于如何善待和留住多元化人口提出很高的要求。据统计，广州约有 900 多万外来人口，享受市民化待遇，按照官方测算的人均成本 29 万元来计算，广州要掏出 2.6 万亿元实现外来人口市民化待遇。④土地红利的问题。北京和上海都提出要减量，广州压力很大。从中央与地方关系、地方政府治理、政府与企业的关系来看这一趋势。中央与地方关系充分加强管控，北京、上海提出减量，其他城市怎么办？我们还有 1 000 亿需要靠土地财政来支撑。以国家新区、试验区、自贸区为载体的深度放权，在投入以后，大量的资源要往这里倾斜。从我们对三个国家级自贸区的对比结果来看，客观地说，前海不发展起来也很难，因为它有 15%的税收，还有大量金融政策的返还。如果南沙也实行同样的政策，南沙也一样能够发展起来。

三是地方政府的协作的问题。跨区域的行政要求越来越高，省里面提出的三大经济区，各种跨界协议，如广佛肇经济圈、市长联席会议等。市长经常要开市长碰头会，还包括一体化的会议。

四是部门的协作问题。首先是基础设施方面的协作，要建设一个非常复杂的枢纽，涉及铁路、轻轨、地铁等，必须形成一个新的机制，理清协作关系。其次是政府与企业的协作。对于我们这代人，采用何种方式去做，有几个方向可以探讨。①湾区城市联盟的过程。前面有很多机制去协调，但始终没有什么效果。因为我们的绩效考核机制仍然是以每个城市为主的，应该设计一个整体考核机制。②建立重大基础设施的共建共享维护管理机制。如广东珠江三角洲城际轨道交通有限公司经营理念不太科学，缺乏后续运营、管理的有效模式和经验，所以广州才成立广州铁路投资建设集团有限公司，所有的轻轨由广州来运营和管理。因此，需要建立重大产业与科研平台协作机制。

最后，我们希望在这样的背景下，我们不再是做一个传统的区域型规划，不仅要关注点轴面，而且更多的是要针对城市联盟政策进行规划。例如，纽约湾区的几版规划，针对这种区域性的战略规划，更多的是从政治方面协调解决一些问题。基础设施的运营，广州的港口现在正在整合。机场最大的问题是我们空域的问题，我的观点是先搁置争议，先跟空军谈，把空军的空域谈好了再划分自己的空域。轻轨更多的是经营管理的问题，要消除基础设施一体化对于个别基础设施的博弈化。如果我们的目标体系一致，就不存在以个别城市为博弈对象进行个体考量。还包括一些示范区的建设，如自由贸易港的建设等。

广州的城市化是城市不断发展的基础，不应该脱离城镇去谈城市群。但在现代化的经济组织当中仍然要考虑城镇在产业分工协作当中的一些做法，如对于顺德、中山、东莞的区域经济，在这个时代需要深入研究。

提问环节

现场提问：谢谢各位专家的精彩演讲！请问黄总，现在广州市正在做总体规划，刚才讲到城市的大趋势，现在广州市每年增长40多万人，我们现在的城市战略是抑制大城市，主要是担心“大城市病”，因此针对广州、深圳提出减量规划，但是人的流动规律还是向最高等级的城市走。在这次广州总体规划里面，我们大概是怎样的导向，对于减量规划的应对是怎样的？如果不往外拓展，就是往中心城区做旧城更新和改造，旧城更新改造难度更大。对此，总体规划怎样应对？

黄慧明：从我个人的观点来看，目前是一个循环，可能是一个负面的循环，是不断地在往不好的方面走。在这种情况下，我个人认为，第一，要溯源，按照这个数来看，大量的政府资金都投入公共设施等领域，比如地铁建设等。在这个时候应该减少广州对于上一级政府和国家转移支付的缴纳。我们现在可以使用的钱实在是太少了，大概只有25%能留存下来，所以不得不依赖于土地财政。在这种情况下，我们可以提出对原有的分税制、国家和地方的体系进行重新地商讨。第二，在这种情况下，国家提出控制土地的政策，这个是可以执行的。因为我们现在有一半的资金，特别是建设资金是依靠土地财政。如果能解决土地财政的问题，无论是减量还是微增量都可以在几个特大城市当中实现。广州现在的存量建设用地是560平方公里，有条件进行改造的大概是328平方公里左右。充分利用这个空间，按照现在每年耗地大概是20多平方公里计算，用10年是没有问题的，但这是控制成本的问题。第三，人口控制问题，这是伪命题。按照经济要素统计，上海增加到6 000万人都没有问题。人口数量的控制应该要和土地的控制剥离，土地的控制又要返回到既有的分税和土地财政的原罪当中来。

主持人：谢谢，这是一个非常重要的减量规划的问题。

现场提问：我来自长江三角洲。从国家战略来看，粤港澳建设的目标在于提升国力，以及进一步提升该区域的世界竞争力，同时还要带动其他区域的发展。“粤”，顾名思义是整个广东省，但是在今天整个报告里面，我都没有听到粤北。请问黄总和上午报告的房厅长，做粤港澳地区，特别是珠江三角洲规划的时候，是否考虑了粤北的发展？是否考虑了对它们的影响，以及对它们有哪些正面和负面的影响？

房庆方：粤港澳包括整个广东省，粤港澳大湾区，这个湾区就变成“9+2”城市群，是沿着珠江三角洲。

主持人：我理解这个问题，更重要的是看区域发展不平衡不充分的问题，希望下一步能以整个珠江三角洲发展带动周边的发展。

许学强：你刚才那个担心，作为一个外来人是很实在的，是完全可以提出这个问题。今天都没有讲到粤港澳大湾区跟周边的关系，其实粤港澳大湾区只是我们广东的核心地区，还有粤东、粤北、粤西三大区域。今天的题目，讨论的是粤港澳大湾区。怎么样通过这个湾区的发展来带动粤东、粤北、粤西，这是广东省未来很重要的任务。跟江苏比，广东最大的劣势是区域差异太大。最富的地方在广东，最穷的地方也在广东。但是江苏不同，江苏相对来说比较均匀、平衡一点。我们需要重视粤港澳大湾区的发展如何来带动整个广东，甚至是整个华南地区的发展的问题。当然，关于这个问题有另外的规划，我们曾经做过粤港澳大湾区周边地区的规划，粤东、粤北、粤西的规划等。实际上，对于这个问题，广东省着急，中央也很着急。

主持人：谢谢许老师！

现场提问：今天非常高兴参加会议，我是来自广州大学的老师。请问陈雯老师，长江三角洲我去过很多次，长江三角洲是跨省问题市的，包括江苏、浙江、上海。为什么长江三角洲，包括江苏、浙江，省内的差异比广东要小。我看有关资料，实际上珠江三角洲和外围粤北、粤西的差距是越来越大，广州、深圳的虹吸效应越来越大。区域发展不平衡这是制约广东经济协调发展的主要问题之一。长江三角洲是怎么协调的？

陈雯：简单谈两点。第一点，长江三角洲，它与京津冀地区和珠江三角洲地区最大的不同是，大家认同上海这个“大哥”，上海就是最大的核心，所有城市都认同这点，所以很容易号召起来，大家都愿意从上海那里获取发展资源，哪个城市跟上海靠得近，跟上海合作得好，就发展得越快，当年的昆山、嘉兴都是这样的。第二点，长江三角洲内部也是有区域差异的，但为什么不像广东这么大，我想可能是自然地理条件决定的。长江三角洲以平原为主体，相对来说各省市的自然条件差异不是很大。李强曾任浙江省委副书记、省长，现在是上海市委书记。

他曾在浙江省推行一个生态经济保护区，就是一部分地区要采取生态经济发展的模式，走不同的路径去实现不同的现代化。

主持人：谢谢陈老师的回答！区域发展不平衡的问题，是地理学和规划的永恒问题。我们掌声再次感谢下午五位演讲者的精彩演讲！

第二部分　圆 桌 讨 论

主持人	林初昇	香港大学
嘉　宾	李　郇	中山大学
	龚红棉	美国纽约城市大学
	李建平	广东省城乡规划设计研究院
	刘云刚	中山大学
	刘玉亭	华南理工大学
	千庆兰	广州大学
	佘之祥	中国科学院南京地理与湖泊研究所
	杨汝万	香港中文大学

主持人：我是香港大学的林初昇。今天有很多来自海外的朋友，孔夫子有一句话“有朋自远方来，不亦乐乎”，我想借此机会感谢令今天学术盛宴成为现实的两批人。第一批是我们邀请到的海外嘉宾，第二批是我们广州地理研究所的工作团队，非常感谢！论坛安排出于两个目的，其一是希望创造一个规划师与地理学者对话的平台；其二是想邀请大家对“粤港澳大湾区城市群的发展与规划”这个专题进行讨论，同时我们应该“跳”出框架探讨这个问题。基于上述目的，今天有些专家发言及讨论的内容不一定谈的是粤港澳大湾区，这正是我们期待的。我们从不同的角度来讨论这个问题，像特里·麦吉教授从理论高度谈了他的想法，杨汝万教授从香港的角度谈粤港澳合作的过程，樊杰教授从国家层面来看粤港澳大湾区战略，刘志教授谈到政府管制、财政安排，亚历山大·墨菲教授谈到欧洲的情况，等等。我想问大家几个问题。你觉得粤港澳大湾区城市群规划中最关键、最棘手、最迫切需要解决的问题是什么？是交通基础设施、跨境合作、创新产业、环境保护，还是文化产业保护等？另外，你觉得解决问题最关键的因素是什么？解决问题的途径是什么？在众多观点中，你觉得最受启发的是什么？你最不同意的是什么？

佘文祥：凡是一个重大的国家政策，一个重大的发展规划提出来以后，必然会遇到挑战。对于粤港澳大湾区，听了今天的报告后，我认为这个地区非常有发展前景，但同时又非常复杂。可能国际上没有一个湾区像这个地区这么复杂。首先是政治制度上的“一国两制”，其次在其内部存在发展不平衡的问题。如何使它更加有效发展起来，我个人认为要靠两条：第一条是创新，这个区域有没有发展的创新动力，能不能创新。如果在科学技术和基础设施建设上面没有创新，就不会有发展。这个经验在长江三角洲、珠江三角洲及其他地区都可以证实。第二条是合作。因为体制上的不同，要真正达到合作并且取得效益比较困难。特别是内地在曾经长期计划经济的情况下要转入市场经济，是不容易的。我来自长江三角洲地区，太湖流域地区是农业精华所在地。这个地方在发展过程中洪涝旱灾频繁。技术层面上这个问题容易解决，但水利问题解决了，新的问题又出现了，那就是环境问题。因此在不同的阶段，地区发展会出现不同的矛盾。同理，粤港澳地区如果要建设一项重大基础设施，如港珠澳大桥，技术上并不困难，但是这个议题从提出到实施起码有十年以上。在今后的发展过程中，需要从三个层面入手：

第一，需要政府的宏观调控，这是必不可少的。如果没有一个好的政策、好的宏观调控，就很难有指导性意见。实际上现在中央提出规划粤港澳大湾区，就是一个明确的指示。第二，需要有专家的支持。长江三角洲建立上海经济区的时候，要做太湖规划，既有政府的搭桥，又有专家委员会。专家委员会不带任何偏见，而且提供资讯。第三，需要企业家的参与，长江三角洲凡是企业家有动力合作的事务，就容易取得成功，在政府搭桥的层面上，企业家可以取得成效。在粤港澳大湾区同样如此，如果这几个层面能够实现，我相信会得到很大的发展。

李建平：今天很高兴有机会探讨粤港澳大湾区的建设。目前我们对这个地区的认识已经越来越聚焦。最近也看到很多学者，包括中山大学的李立勋教授把粤港澳合作定义为三个阶段：第一阶段是前期的“前店后厂”，第二阶段是以CEPA为标志的更紧密的经贸合作；第三阶段是自贸区政策下的合作，制度创新和自贸区的建设又进一步拉近空间，进入粤港澳 3.0 合作时代。粤港澳大湾区即将进入 4.0 时代，这是开启粤港澳地区再次起飞发展的一项千年大计。我们早在 2006 年、2007 年开始研究这个地区的发展，提出“大珠江三角洲”概念，一个地区以同样的名称去推进发展，形成了很好的共识。在此背景下，出台了一系列 CEPA 协议，成立了广东与港澳地区的粤港澳合作组织，各地共同推进该区域的发展。对于这个地区的发展，最重要的一条是共识。未来我们的发展能不能形成更好的共识，营造更好的共识，是这个地区发展的第一步。北方有雄安新区，南方有粤港澳大湾区。我大致梳理了一下各行各业在粤港澳大湾区提出后做了什么。今年的火热现象超过往年，初步的统计，现在各种行业，包括人大、政协、商界到目前开的会议大概有 40 多场。大家在议论、探讨这个地区未来的发展走向是怎样的？

政府是在谋定位；行业是在做调研，开研讨，提建议；研究机构是在开展研讨、调研、出报告；人大、政协也是类似的；企业比我们动作更快，它们在谋市场、谋项目、谋未来，即粤港澳地区未来的发展前景，尤其是我现在关注到包括重庆、上海、武汉的一些公司纷纷在广州设立南方总部。从这可以看出，市场的动作比行业的研究，包括政府的行动要快。这说明我们的规划确实跟不上市场的节奏，我们这个地方确实有市场机制，但还要更充分调动其发挥作用，这也是珠江三角洲的独特优势，我们要将其发挥得更好。

对于香港问题，我们对香港发挥的作用认识不够深刻。虽然我们有很好的联席会议制度，但是香港提出来的议题，内地不感兴趣，内地提出来的议题，香港又不感兴趣。这次提出的区域一体化课题，希望能够解决“一冷一热”的问题，国家希望我们这个地区团结一致，建立区域的命运共同体。我们还要反思，为什么早期香港对内地有独特的吸引力，这要追溯到20世纪80年代，包括港台流行歌曲对内地文化的重大影响和对内地年轻人的重大影响。但是30多年过去了，香港对我们有吸引力、有冲击力的事物减少了，所以我们感觉距离拉开了。过去的乡土人情的故事，可能已经在慢慢淡化。随着老一辈的离开，对内地的怀念和情怀，可能会少一些。这也可以反映出整个乡村文明为什么会丢失，其实是一样的道理，我们离开那个地方，没有了依恋和想念。“一国两制”是这个地区发展的一个独特性制度安排。对“一国”的认识，大家是统一的，在一个中国之下，两种制度在运行，两种制度如何配合得更好？这个地区与其他地区最大的不同就在这里，目前我们对“两制”的认识和运用不够充分。未来在某些方面要寻找突破，突破是什么？最近热议的是科技创新问题。为什么科技创新会成为粤港澳三地之间合作的新引擎？从大学、科研院所的世界影响力可以看出，香港的大学世界影响力确实还是比内地的高。但是它的科技研发输入到珠江三角洲地区是不够的；我们的技术研究不够，但香港和澳门的技术研究可以弥补我们这方面的不足。

杨汝万：我们大家都同意从中央政府层面设计的新的框架。粤港澳大湾区战略，把香港包含在内，香港有责任带动周围区域的发展，粤港澳大湾区能够成为世界上首屈一指的区域。

龚红棉：在粤港澳大湾区里，香港与其他城市相比较，其优势在于服务业已经优先发展多年，可以起带动作用。我来自纽约，纽约及其周边地区就是著名的纽约湾区。我看过一些数据，现在粤港澳大湾区跟其他湾区相比，一个很大的差距在于其产业性的服务业、现代服务业，以及创新产业的比例相对低很多。像纽约湾区，其服务业基本上占GDP的90%，旧金山湾区和东京湾区也能占到80%，但现在粤港澳大湾区的比例，我看到的数据大概还不到56%，这里面很大一部分还是香港的贡献。香港现代服务业比例比较高，拉高了粤港澳大湾区的比例。在这个方面，粤港澳大湾区还有很大的空间可以提升，在经济上还有很大的发展空间。香港能够起到带动的作用，因为高端服务业不是钱就可以解决的，还与人力资源有关，而香港有足够的人力资源来推动高端服务业，几年前我还曾参加过“生产性服务业”的论坛，这是我要谈的第一点。

第二点，纽约是三个州形成的纽约大都市区，没有统一的政府机构。美国有一个很特别的东西，直译过来叫特区，但跟中国的特区是完全不同的。它是单功能的，或者是二三种功能的特区，是跨地区的协调区。比如纽约州、新泽西州、康涅狄格州，它们管理所有的机场、大桥、道路、地铁，它们可以提高票价，甚至可以征税。粤港澳大湾区想建立一个统一的政府机构来管理这个湾区几乎是不现实的，而且也没有必要，但是像交通这些基础设施就可以统一规划，如航空、大桥及高速公路等，一步步来做还是比较现实可行的。粤港澳大湾区可以先建设一些单功能的地区协调机制。

第三点，一个地方的经济发展，并不一定非要发展实体经济。目前，珠江三角洲有一些制造业、实体经济已经转向一些劳动力成本更低的地区，比如印度、越南，我认为没有必要非要强调实体经济。应该关注一些比较高级的服务业或者创新产业，这些创新产业不单是服务业，也包括比较高级的制造业。以前传统的经济地理学没有解释这个问题，从西方发展理论来看，随着经济发展，随着人均收入的增加，这几乎是一个必然的经济发展道路。曾经有一些国家没有按照这个道路发展，直接从农业社会到服务型社会，跳过以制造业为主的社会发展阶段。像印度制造业不是很发达，还有南美洲一些国家，制造业很不发达，就出现了很多城市发展问题：很多人从农村到城市，但因为没有制造业而找不到工作，也不可能过上正式的城市生活。中国经历过城市化的过程，所以这方面的问题相对比较少。但是下一个阶段，应该重点发展服务业。教育方面，我们作为老师，也应该向学生讲授这些经济发展的理论，他们将来就会将理论应用到实践中。此外，我在大数据方面也做了很多的研究，在科学界现在正在发生理论模式的转变，从以前的计量地理体到大数据甚至是人工智能。现在人工智能已经自己培养出一个模式来处理数据，数据越多，它就越聪明，分析的结果就越好。我们也应该向学生阐述理论方面的改变，学术方面的改变，这样才能支持产业和城市发展。

刘玉亭：今天从宏观到微观学到很多知识。先回应刚才林教授给我们的提问，在讨论粤港澳大湾区建设的时候，今天很多讨论离不开纵向、横向去比较，去发现一些共性的规律和特征。我个人认为我们更多的是要找到粤港澳大湾区的独特性、特殊性在哪里，因为这点可以指导粤港澳大湾区建设，无论是完成国家的使命还是时代背景的要求，我认为有两点非常重要。第一点是体制机制的问题，这个特殊性是一个难点，因为“一国两制”，既有上升到国家体制机制的矛盾，也有城市之间的矛盾，香港、澳门或者内地都各有自己的优势，从政治制度来说，资本主义的市场经济优越性和社会主义的市场经济优越性都会在这里碰撞。从宏观到微观的治理方面，双方有很多需要互相学习的地方。从小的事件的处理来看，很多时候内地短时间内可以处理，但香港会采取很多民意化的处理。这是一个难点，也是非常重要的问题，各个层面无论通过建立机制还是建立对话渠道的方式，一定要解决这个问题。第二点是它的特殊性在于文化，广东的粤文化有很多分支，总体上粤文化在历史上很早就通过香港、澳门走向世界，世界认识中国，最早是认识中国的粤文化。今天站在粤港澳大湾区这个定位和格局里，我们要认识到它的地位，这个地区就是连接世界的，是世界到中国的起点。粤文化在地域文化的全球塑造性方面特别重要，粤文化的内涵是包容、多元、创新，这几个特征在整个珠江三角洲地区，整个粤港澳地区，都得到充分的发挥。今天的粤港澳大湾区的发展要求的是人才、创新，这样的文化基因、特性，正好造就它对人才的吸引力，这是不同于北京、上海的特殊之处，因为它是包容、多元的。

李郇：今天大家讲了很多珠江三角洲一体化的趋势及怎么做的问题，接下来我简单谈论几个比较令人忧虑的事。第一，珠江三角洲一体化是在全球化背景下形成的，未来全球化的格局是不是会变化？我们中国的“一带一路”倡议、向西策略，我们又面临欧盟会发生变化的趋势，如果欧盟发生变化，它会给全球一体化带来什么影响？还有美国的制造业回流，新的民粹主义抬头，这样粤港澳大湾区的发展条件就会发生变化。第二，在全球层面，现在预测两三年后的情况，全球货币宽松政策都会压缩，国内也会出现压缩。基础设施投资从哪里来？会不会回到以分割为主体的状态，我们看到伟大前景的时候，并没有忧虑这方面。第三，技术会压缩整个空间，我们几乎是在现有的基础上去考虑技术。高铁的速度200km/h，如果我们把高铁的速度不断提升到350km/h，那会是什么状态？这对整个珠江三角洲地区的影响会相当大。第四，关于生育的问题，现在实行二孩政策，加之“90后”劳动力的行为趋势，现在企业的劳动力流动率已经达到15%，意味着几乎不需要押金，达到来了就工作、不想工作就走的这种状态，这种情况对珠江三角洲一体化又会是什么影响?

千庆兰：首先非常感谢会议组织者的精心组织，给我们带来一场学术盛宴。关于目前粤港澳大湾区的发展和障碍，我的思考是这样的。刚刚很多专家提到现在世界著名的三大湾区，这三大湾区有哪些特点，相关文献已经有很多综述，纽约湾区、旧金山湾区、东京湾区，其共同特点是具有开放性、创新性、宜居性、国际性。我是东北人，在广州大学工作，28 岁之前一直生活在东北，接着在京津冀地区读了三年书，1997 年来到广州工作，距今已有 20 年了。对国内这三个区域，我自己有一点感性的认识。我理解的珠江三角洲，像刘老师讲到的，粤文化是包容、创新，确实如此，作为一个新广州人，我在这里 20 年的生活体会，感受到了它的包容文化。从历史层面而言，珠江三角洲这块土地一直就不乏创新性，这些都是粤港澳大湾区能够在未来很好发展的条件。从上述四个特性来讲，还需要继续提升的是创新性。对于创新性，我有三个方面的解读。

第一是制度创新，因为粤港澳大湾区是“一国两制”，很多东西要落实的话，可能会存在制度性的障碍。从创新的角度来讲，制度创新是要破解的难题。第二，我非常关注珠江三角洲制造业集群产业发展的问题。从产业分工来讲，其他湾区的定位非常清晰：纽约湾区产业分工是以金融业为主；东京湾区是先进的制造业，各个港口之间的分工非常明确；旧金山湾区是硅谷创新性的要素载体。对标三大湾区，目前粤港澳大湾区在创新要素的集聚上做得还不够。比如说现在提出要打造珠江三角洲东岸科技创新走廊，其实无论从创新的源头还是创新转化来讲，各个城市都有差距。深圳在我们这个区域内做得好一些，在调研中，深圳经常会提到 3 个 80%（80%的创新投入在企业，80%的研发机构创立在企业，企业 80%的创新都可以转化为产品）。从产业联系上看，珠江三角洲的产业集群很有特点，是以小企业为主，是由很多小企业组成的马歇尔式产业集群。经过 30 年的发展，现在确实到了一个转型的瓶颈时期。我的研究案例中，广州的专业镇之一新塘镇，有我国最重要的牛仔服制造业集群，发展 30 年之后，现在已经到了需要转型的地步。据我们团队的调研结果，现在转型确实是遇到非常大的困难，创新投入、创新人才、研发设计等方面的困难阻碍着发展。我的思考是从产业的角度来讲，怎么样提升未来的产业，如何去发展高端的产业？现在大家都提到利用互联网、现代信息技术提升产业，或者加强产业的联系。

从粤港澳大湾区内部来看，广佛肇的产业联系还是不足的，从投入产出比可以得到同样的结论。加强创新联系是提升粤港澳大湾区产业发展的重要方式。接下来我们要思考的问题是，在大珠江三角洲产业合作中，究竟哪些产业方面可以合作？刚刚讲到制度的难题很难破解，我们就从容易破解的地方去做，最容易破解的是大健康产业、养老产业、房地产业。像香港，就是因为它的高房价，珠江三角洲地区已经成为它的居住"后花园"，房地产的合作比较容易做，我们可以先做起来。更重要的是先进制造业的发展，新的业态的培育，这块也可以做。要充分发挥香港的作用，它的作用依然是非常强大的。从空间角度来讲，地理学讲空间尺度是有层次的。我们的创新空间需要建立一个协调的创新生态体系，从创新型的大区域到创新型的城市，以至于到创新型的社区，再到创新型的微空间，包括众创空间等，我觉得破解问题的障碍性因素主要在于创新性不足。我们可以从以上几个方面进行思考。

刘云刚：我之前做过粤港澳发展报告研究，得出一些结论。第一个结论是，认为粤港澳大湾区最大的问题在于两制三区，多重边界，是一个多尺度的管治格局，在这种状态下，我们提出未来最核心的问题是粤港澳的经济社会日益的一体化与粤港澳分区行政的管治矛盾。要解决这个矛盾，我们建议在南沙成立一个"一地两层三极"的新管治机构、协调机构。"一地"就是指在南沙，"两层"是指协调中央和省、特别行政区之间的协调机构，相当于一个中央派出机构，另一个机构是各个省市和地市之间的共商共议的机构，实际上是把三个协调尺度放在同一个地方，把尺度管治问题协调好。第二个结论是建议共建共管，集中在目前最好的跨境园区共建共管。第三个结论是利用行业协会开展共同认证的工作，像律师、教师、会计师等，以及各种标准的认证。第四个结论是广义行政，开展粤港澳三地之间联合行政的试行、试验。我最近在做深港边境研究，分析人员往来对边境的冲击，发现消解得很厉害，我们就提出来为什么会出现粤港澳大湾区，第一是经济转型，第二是改革开放，第三可能是迎接香港、澳门和内地之间的深度融合和深度回归。制度 50 年不变，还剩下 30 年，提前 30 年先做一个大湾区，后面可能就会顺利一些，这是我们的揣测。如果把管治的问题解决了，一体化会走得更加顺利，我们的发展也会更好。各种经济、社会问题仍然存在，但是我们认为最重要的是管治的问题。

提问环节

主持人：论坛时间已经到了，剩下的10分钟留给在座的听众。

现场提问1：各位老师，今天受益匪浅，但是有一个问题我想请教一下在座各位。关于大湾区的深度融合，更多的是人员的融合，从交通基础设施来讲，2018年广深港高铁开通，广州南站到香港九龙48分钟。但是通关有问题，一地两检，根据我的观察，需要一个小时的通关时间，而路程只有48分钟。另外一个问题是货币的问题，我对比了一下，不管是纽约、东京、旧金山，还是国内的长江三角洲、京津冀地区，它们都不存在通关的问题，也都不存在货币的问题，货币是统一的。2000年前，秦始皇统一了货币、文字、度量衡，请各位领导、学者展望一下，在这里什么时候货币会统一？什么时候海关会消失？

现场提问2：我提一个香港电影的问题，这是一个轻松的问题。我很喜欢看香港电影，从小就看香港的武侠小说，香港的武侠小说和电影是香港独特的世界性的东西。以前看香港电影，觉得原汁原味，这些年香港的电影人和内地影视公司合作拍了很多香港电影，我们感觉就不那么地道了。香港的电影究竟是发展了，还是退步了？如果是发展了，如何继续前进？如果说香港的电影退步了，内地应该做什么、注意什么？香港应该怎么来做一个规划，把这个电影品牌继续擦亮。

现场提问3：我回应下林初昇老师的问题。湾区最关键的还是湾区跟外围区域的关系问题。湾区本身的问题，通过市场竞争、区域竞争、制度竞争，一定可以发展得很好，但是湾区和湾区外围区域的关系，一直是被大家所忽视的。粤港澳大湾区对标其他三大湾区，其他三大湾区都包括外围的生态功能区，而粤港澳大湾区完全是城市化区域，没有包括外围的生态功能区。粤港澳大湾区和外围区域的关系没有搞清楚，这个问题其实也就是广东的区域协调发展问题。珠江三角洲和外围区域的差距不是缩小了，而是越来越大，这是我们一直没有考虑的问题。粤港澳大湾区是城市化区域，它的基本生态功能自己没法满足。比如要喝清洁、合格的饮用水，靠哪里？靠外围的生态功能区。要呼吸新鲜的空气，靠哪里来？

靠外围的生态功能区。但是我们讨论粤港澳大湾区都没考虑与外围区域的关系。

现场提问 4：我有一个疑问，粤港澳大湾区未来的整个空间组织包括整个发展模式是“去中心化”，但实际上现阶段广州和深圳是“再中心化”，未来的发展到底是广州、深圳、香港、澳门这些城市的继续极化，还是更均衡化发展，哪种发展更有效率？

现场提问 5：我想问各位专家，世界三大湾区有没有什么值得我们反思的地方？对标它们，我们哪些地方做得不够好，需要反思。之前的三大湾区是后工业时代，主用集权、强权这种竞争模式，未来的社会是不是继续走极化的道路？粤港澳大湾区建设是不是要重复这种故事？秀“肌肉”还是更多的秀文化，还是秀我们崇高的远景目标和理想？

主持人：我们有五个问题，第一个问题是对未来海关货币的预测；第二个问题是讲香港的电影；第三个问题是粤港澳大湾区没有考虑到与外部的联系；第四个问题是发展模式问题；第五个问题是国际上的大湾区有没有什么经验教训。请在座各位专家做一个简短的回应。

杨汝万：有关香港电影的发展，我有幸做过逸夫书院的院长，做了 10 年时间，这 10 年时间常常见邵逸夫。为什么香港的电影最近走下坡路？因为没有这个气氛。我年轻的时候，看邵逸夫的电影，很有味道。现在很多的演员已经退休了，也没有后继者，我相信还要等一段时间。因为三年前（2014 年）邵逸夫先生去世，上个月他的夫人也去世了。我们还要再等一下，看有没有人出来，将香港电影覆盖到全世界有中国人的地方。

亚历山大·墨菲：我想说的是重新中心化是非常重要的，也就是“再中心化”。这确实涉及我所说到的一个核心，现在最大的挑战就是功能性挑战，两种政治体制和机制的挑战，还有感官性的挑战。必须把这些问题放在一起来解决。比如我们要寻找这种“去中心化”的做法，特别是对于粤港澳大湾区这样一个特别区域，这是比较好的做法。但是如何进行组织是关键所在。如果是自上而下的“再中心化”的方法，就会导致来自香港的反抗力。香港人觉得他们有自己发声的权利，如果走到外面去，可以去聆听各个社区的想法，然后让来自于不同地方的人感觉到他们的想法能够得到政府的认真对待，这样可能会看到今后电影好转的情况。我并不是天真，我觉得“再中心化”可能是它最大的挑战，否则它会对我们香港的电影业造成更大的影响。

龚红棉：很难预测我们所说的东西什么时候消失，我们也不是预言家，我们是在讨论解决问题的机制。大湾区内，有些东西是应该要统一解决的，比如说货币、交通，但是有些东西是没必要统一解决的。我们觉得应该是逐步建立单一功能区，解决不同的问题，但是没有必要成立一个统一的综合的政府来解决大湾区的所有问题。我非常同意许学强老师说的，“一国两制”是一种优势，正是因为“一国两制”，不同的政策，这个湾区才比其他湾区更有特色，利用政策上、体制上的区别，使得湾区的各个城市协调发展、互相协作，如果没有这个条件，还谈不上协作。不能准确回答展望货币、海关什么时候统一的问题，但至少有解决这个问题的讨论。关于其他湾区的经验教训，纽约曾经有一段时间几乎是破产的，但后来成功转型。以前纽约以制造业为主，曼哈顿有一个地方就是生产各种各样的衣服，但由于后来有破产的危险，纽约才能够成功转型。现在纽约的金融业占 GDP 的 40%，加上广告业、其他现代服务业等，可以占 GDP 的 90%。纽约算是非常成功的，有没有教训呢？我深深感受到的是没有必要全部复制美国的东西。像州际高速公路，因为是联邦政府建的，由联邦政府维持，所以火车根本就没办法跟高速公路比。而中国现在高铁非常方便，高铁完全可以解决大批量人口的移动。为什么美国对高铁发展阻力那么大？因为建高铁要花钱，要有人维护。私人企业如何跟联邦政府竞争？联邦政府的钱拿来维护高速公路，对个人来说是完全免费的，所以铁路很难与联邦政府的高速公路竞争。这从一定程度上是妨碍了一些先进的交通，或者是接受这种新技术的能力，在这方面美国比中国要落后，有些教训是应该要吸取的。

论坛小结

主持人：下面请广州地理研究所所长张虹鸥教授跟我们做一个简短的小结！

张虹鸥：非常感谢大家！感谢台上的各位嘉宾，感谢台下的各位参会者。这么丰富的报告，这么多高深的想法、观点，讲得非常好、非常到位。我简单讲几点自己的心得体会，这也是我今天的收益。

第一，我们选择的题目是大家关注的，并且具有国际性、国际化意义的题目。在全球化背景下，珠江三角洲地区的影响力越来越大，勿用说国家战略层面了，即使对地方也是有意义的。

第二，我们精心选择的众多嘉宾，具有各个领域、地区、层级的代表性，他们从不同的视角共同探讨这个议题。我们没有引导一定要怎么样去探讨，就是想听听大家各自从不同的方面怎么看待这个问题，今天基本上达成了这个目标。

第三，我们的参会者非常踊跃，大家利用周末的休息时间参加会议，我们深感欣慰，也非常感谢大家！

今天有几点深刻印象：

第一，湾区的存在和发展，是自然演变的过程和人为引导的过程，这两者可以相互作用。自然演变，即你不干涉它，它也会演变，许老师讲了它的演变、机制、结果等。珠江三角洲地区也好，粤港澳大湾区也好，自然和人为一直在相互作用。关键是怎么引导它发展，现在从湾区的角度要加强它的融合，加强一体化，我觉得可以有所作为地去做一点事情，是不是一定要破解一国、两制、三关？这可能是自然推进的过程。

第二，如果要进一步推进粤港澳大湾区未来的发展，需要建立一个共同的目标，谋求共同的利益，以及建立一个良好的竞争合作关系，以进一步促进相互之间的信任，这些都是我从大家的报告和讨论问题中得到的启发。湾区的发展如果与各方利益相违背，损失任何一方的利益，大家都不愿意干，而不愿意干就不会到一起，所以一定要建立共同的目标，形成相互的利益关系，但是仅仅只有利益关系也不行，还需要处理好竞争合作的关系，这是市场的东西。最后还要相互信任。

第三，关于规划的问题，我们要关注物质性规划，这个过去在内地可能受到更多的关注，但是现在我们也要从过去关注物质性规划到关注软规划，也就是社会生态规划，我们一直也有在做这些规划，但是在实施过程中，很多东西被淹没掉了，今天没有讨论。我们要更加关注美好的环境，如刚才亚历山大·墨菲教授讲的更加宜居的湾区，这些都是我们要关注的事情。

第四，关于流动的问题，我们如何通过努力降低流动门槛？不一定使它消失，也未必能消失，但我们能否降低门槛，使得这种流动更加顺畅，促进地区更加一体化发展。

我们还要构建更加恰当的体系和层级结构，提升政府的管理能力，使得我们整个发展，不管是极化也好，扁平也好，都能够顺畅发展，最重要的是提升整体并达成共同利益谋求。当然还有刘志教授讲到的土地政策和财政体系的建设，我本人认为很多主流研究不太注重这个方面，我们比较注重“打造”“共同”“努力”，但能否实现，很大程度取决于一些可行的政策，包括土地政策、财政政策等。当然今天我们还谈到了古驿道，如何保护历史文化、古村落等，如何让它活化并延续这种历史。众多内容和观点难以一一列举。最后感谢我的团队，再次感谢大家！

第三部分　论 文 专 辑

粤港澳大湾区城市群发展规划之可为与不可为

林初昇

（香港大学 地理系）

摘 要：为确保粤港澳大湾区城市群发展规划的实效性和可操作性，从落实层面提出其可为与不可为之我见，不可为者：①不可片面偏袒粤港澳三方中某一方的利益；②不可舍长远利益而谋眼前利益；③不可弃自然利益而谋人类利益。三地政府可为者：①可为粤港澳大湾区城市群规划定制目标；②可为达到既定目标作情景分析并勾画路线图；③可为达成既定目标创造有利基础和制度环境；④可为规划和实施创造跨境合作的体制和机制；⑤可采取广泛咨询、落实公众参与的决策制度；⑥可为地区资源的永续发展公平利用定下规则。

关键词：粤港澳大湾区；发展规划；可为；不可为

2017 年 3 月 5 日，国务院总理李克强在第十二届全国人民代表大会第五次会议上作的政府工作报告中提出："要推动内地与港澳深化合作，研究制定粤港澳大湾区城市群发展规划，发挥港澳独特优势，提升在国家经济发展和对外开放中的地位与功能。""粤港澳大湾区"因此风靡大江南北，各方贤达雅士纷纷出谋献策。一时间，百花齐放，百家争鸣，不愧是"江山如此多娇，引无数英雄尽折腰"。然而，空谈误国，实干兴邦。粤港澳大湾区城市群发展规划究竟应该如何落实？似乎还没有准确的答案。

笔者同意王缉宪用强制通行点（Obligatory Passage Point，OPP）来形容粤港澳大湾区的概念；赞赏周其仁所做的市场成本与制度成本的划分及其所强调的大湾区中必须减少制度成本的阐述；认同张赞贤所提出的重构 3 个机制（政府决策、公众参与及政策研究）和处理好 2 个关系（区域中府际关系及中央与地方关系）。

2017 年 7 月 1 日，在香港签署的《深化粤港澳合作 推进大湾区建设框架协议》（以下简称《协议》）已经为落实粤港澳大湾区城市群发展规划提供了切实可循的行动指南和规划基础。笔者认为关键在于确保粤港澳大湾区城市群发展规划的实效性和可操作性，避免掉入“规划规划，图上画画，墙上挂挂，不如领导一句话”之陷阱。为此，规划师和决策者们都必须头脑清醒，意识到粤港澳大湾区规划之可为与不可为。

一、粤港澳大湾区规划之不可为

1. 不可片面偏袒粤港澳三方中某一方的利益

国际经验表明：“粤港澳大湾区”概念的独特之处在于须统领和协调各自独立而相互依赖的行政个体和不同持份者（shareholders），放下个体利益进而达成共同接受的地区利益。粤港澳三方签署的《协议》同意采纳“优势互补，合作共赢”原则，这就要求规划和决策者必须广泛征询和考虑各方部门和持份者（包括官员、学者和工商界）的意见。只靠专家学者不行，只靠规划师不够，只靠行政官员不足；更不可片面偏袒某一方的利益。

2. 不可舍长远利益而谋眼前利益

粤港澳大湾区城市群规划由中央政府高瞻远瞩地提出，想必是国家利益及其长远战略规划的重要组成部分。我等地处南粤边陲，北望神州，胸怀祖国，放眼世界，理应明确地区在为实现中华民族伟大复兴的宏图大业中所扮演的角色。我们必须跳出“短、平、快”的思维方式，不可以国家利益和未来利益为代价而谋取立竿见影的眼前利益。

3. 不可弃自然利益而谋人类利益

粤港澳大湾区是中国人口稠密、开发强度极大、人地关系矛盾极为突出的地区。盲目发展，过度开发，一味追求财富效应，光拉车不看路，不顾生活质量，无视生态效应，必将后患无穷。必须借鉴国际大湾区规划的前车之鉴，不可以牺牲大自然的利益来谋取人类的利益。

二、粤港澳大湾区规划中之可为

虽然在“市场主导，政府推动”的原则下，各级各地政府在粤港澳大湾区城市群发展规划中所能起的作用十分有限，但是并不意味政府毫无可为之处。三地政府至少在以下 6 个方面大有可为。

1. 可为粤港澳大湾区城市群规划定制目标

三方签署的《协议》已经明确了合作目标，但是如何具体落实，仍然有待细化。《协议》中缺少的是为达成既定目标拟定具体的评估标准（达标或超标）和期限（短期、中期、长期），有待三地规划师们落实。

2. 可为达到既定目标作情景分析并勾画路线图

三地政府和规划师们必须为达到《协议》中统一的目标勾画出可行的路线图，包括政策和体制的创新、资源的配置和要素的布局（人口、就业、土地、住房、交通和环境）。

3. 可为达成既定目标创造有利基础和制度环境

《协议》中已经同意七大合作重点领域，包括：推进基础设施互联互通，进一步提升市场一体化水平，打造国际科技创新中心，构建协同发展现代产业体系，共建宜居宜业宜游的优质生活圈，培育国际合作新优势，支持重大合作平台建设。虽然是遵从市场主导原则，依靠工商界为生力军，但是三地政府必须从税收政策和用地安排入手为这些重点领域创造有利条件。

4. 可为规划和实施创造跨境合作的体制和机制

粤港澳大湾区有别于其他大湾区在于其牵涉“一国两制”和三个独立的税区，协调体制和实施机制的建立至关重要。加拿大西岸温哥华大湾区的城市群规划、管理和实施，尚且由一个常设的市长联席会议机构处理，粤港澳大湾区的规划和实施若没有一个由三地组成的常设协调和管理机构，势必寸步难行。《协议》中同意“四方每年定期召开磋商会议”，这种安排比国际其他大湾区的机构都弱。《协议》中提到的“实施机制”的效果和效率也令人存疑。

5. 可采纳广泛咨询、落实公众参与的决策制度

粤港澳大湾区城市群的规划不单牵涉经济发展，还涉及很多民生实际问题。广泛咨询和公众参与在香港、澳门并不新鲜，但香港、澳门的现有机制并未涉及

跨境事务，必须与时并进，相应机制在内地更加需要广泛采纳和有效实行。

6. 可为地区资源的永续发展公平利用定下规则

粤港澳大湾区城市群的规划归根到底是对地区资源的有效、合理和公平利用。三地政府作为资源的拥有者和管理者，不但要为资源配置做出协调，更要为资源的永续发展和公平利用定下游戏规则，否则将有负三地民众所赋予的使命和职责。

我们正处于一个充满竞争和挑战的时代。正所谓“沉舟侧畔千帆过”，粤港澳大湾区的概念和框架，为华南地区迎接国际、国内日益加剧的竞争提供了新的契机。

“百舸争流千帆竞，借海扬帆奋者先。”时下地区经济竞争日益加剧，能否审时度势，运筹帷幄，自强不息，将决定三地经济和社会之消长存亡。热切期盼三地政府的决策者和规划师把握机遇顺势可为而为之，同时也认清形势不可为则避之，同心同德为粤港澳大湾区在世界版图上之崛起而披荆斩棘，谱写新篇章！

关于粤港澳大湾区的若干思考

李立勋

（中山大学 地理科学与规划学院，广州 510275）

摘　要：就粤港澳大湾区及其发展规划提出若干观点：①粤港澳大湾区概念的关键词是“粤港澳”，而不是“大湾区”；②粤港澳大湾区建设和粤港澳大湾区城市群发展规划的核心和实质，是促进粤港澳合作的拓展和深化，保障“一国两制”下香港、澳门的长期繁荣稳定，帮助港澳融入国家发展大局，提升粤港澳地区在国家经济发展和对外开放中的地位与功能；③要在全球格局、国家战略中认识粤港澳大湾区的使命，在引领中国发展新高度、连接中国和世界、引领改革与创新三方面凸显其角色；④粤港澳合作要从优势互补走向优势整合、从各施所能走向协同争取、从各有精彩走向共同缔造。

关键词：粤港澳大湾区；粤港澳合作；区域使命；发展规划

1. 当前的“湾区”热

当前中国有两个火热的区域概念（或称规划概念），一是雄安新区，二是粤港澳大湾区。雄安新区是一个被誉为“千年大计、国家大事”的历史性战略新区，全国人民对其充满憧憬、想象和期待。粤港澳大湾区则是一个已经成型的经济区域，改革开放30多年来，它一直是中国地区发展的明星和全球瞩目的成长地区，按照规划界的术语，它叫“存量地区”，在“大湾区”这样的新概念之下，这样一个存量地区又可能会带给我们哪些新的惊喜呢？

自从2017年3月李克强总理在第十二届全国人民代表大会第五次会议上的政府工作报告中提出“研究制定粤港澳大湾区城市群发展规划”以来，粤港澳大湾区及其发展规划已经引起政府、学界、企业界、社会各界的广泛关注和热烈讨论，关注的重点主要包括以下3个方面。

1）“湾区”的概念。各行各业的专家从地理区位、空间形态、经济特征、国际连接等多维视角，对“湾区”概念进行了或感性或理性的解读。专家们认为：

当今世界发展条件最好、竞争力最强的城市群，都集中在沿海地区，东京湾区、纽约湾区、旧金山湾区是世界公认的三大湾区，而粤港澳大湾区将成为继其后的世界第四大湾区；专家们还指出：湾区城市一般都是区域创新的引领者，最典型的代表就是旧金山湾区，所以湾区不仅是带动全球经济发展的重要增长极，更是引领科技创新的领头羊。

2）“湾区”的机遇。媒体、学界、政府、企业都在关注“大湾区有什么机会”“我们在大湾区的角色”“我们应该怎么办”。反应最快的是企业，股市、楼市迅速涌现一批“湾区”概念股或概念板块；地方政府、专家学者、相关智库也毫不落后，所以现在珠江三角洲几乎所有城市、行业和企业在做研究报告和发展规划时，都会把大湾区规划作为重要的背景和机遇、定位的依据和基准。

3）“湾区”的格局。从网络开始，到传统纸媒、各种论坛、学术会议、智库报告，陆续出现不少关于粤港澳大湾区发展格局的构思。这些构思，有些是出于专业人士长期的研究积累（范钟铭，2017），也有很多是来自民间人士敏锐的观察思考和指点江山、参与城市发展的热情。其中一个核心的话题是“谁是粤港澳大湾区的龙头”，成功挑起人们对于香港、广州、深圳“三城记”的浓浓兴趣和种种想象。

“湾区”迅速成为热词，一时间广东几乎所有的滨海地区都开始被冠以“湾区”的称谓，有学者开始提出“打造杭州湾大湾区”等新的区域构思，专家们还提出了“湾区经济”的概念，认为这是一种特定的空间经济形态，具有许多不同于其他经济空间形态的崭新特征。湾区概念有时甚至都有点被“神话”，似乎某个区域只要一叫“湾区”，就马上脱胎换骨、全然不同。如有学者写道：“（珠江三角洲）从‘地区’变成‘湾区’，只有一字之差，内涵却大有不同”，并总结说：“过去的三角洲，在内涵上更强调对内辐射、带动腹地发展，湾区更强调对外链接，抢占全球战略、产业链的制高点”（贺林平，2017）。这种解读似乎有点过度，珠江三角洲什么时候不是对外开放的典型代表？

2. “粤港澳”才是关键词

“湾区”的提法，不仅新颖时尚，而且有很多意义和题材可以挖掘，确实值得关注和宣扬。但“湾区”是否就是“粤港澳大湾区”这个概念中最主要、最核心、最实质的内容呢？

实际上，我国沿海地区，从北到南的辽中南、京津冀、山东半岛、长江三角洲、闽三角、北部湾，哪里不可以说是湾区？

在我看来，真正特殊和重要的是“粤港澳”三字，它不仅仅是一个地方名称、一个区域范围界定，更是具有长江三角洲、京津冀地区等其他城市群（城市－区域）所不具备的一些特别属性：

第一，粤港澳大湾区是一个特殊的区域。粤、港、澳三地地域相连，文化同源，一直是一个密切联系的区域；但它又是一个跨制度的区域，简单来说就是一国、两制、三个关税区，三地政治制度、法律体系、行政体系都不一样。所以其他区域讲协同发展、区域协调，跟粤港澳大湾区讲这个事情，其意义和机制是不一样的，甚至连表达方式可能都不是用同一个词。

第二，这个区域近 30 多年来发展的主要机制，是在全球化和中国改革开放的大背景下，粤港澳三地合作的迅速发展，由此推进了珠江三角洲的快速工业化和城市化，也推动了香港和澳门的经济转型及其在全球经济中的角色转换，从而使得整个地区在全国具有重要地位并令世界瞩目。粤港澳之间的关系，是使得这个地区 30 多年来成为中国最核心区域的一个主要机制，未来该区域的发展，无论是机制、路径，还是瓶颈、挑战，都会在这里聚焦。

第三，这个区域不仅是中国的三大经济核心区之一，是中国改革开放的先行者和引领者，是中国和世界连接的最主要枢纽，更特别的是，她在“一国两制”、祖国统一和香港、澳门长期繁荣稳定的历史使命中承担特定的角色，这是粤港澳大湾区和其他城市群最重要的区别。实际上，李克强总理在政府工作报告中提到编制粤港澳大湾区城市群发展规划，以及国家“十三五”规划纲要等多个国家层面的文件提及粤港澳大湾区这个概念时，都不是在发展格局、区域发展的标题下，而是放在了“一国两制、港澳的长期繁荣稳定”的内容项下。2017 年 7 月 21 日，在香港回归 20 周年庆典上，习近平总书记亲自见证国家发展和改革委员会、广东省人民政府、香港特别行政区政府、澳门特别行政区政府共同签署《深化粤港澳合作　推进大湾区建设框架协议》，正是粤港澳大湾区这一特殊角色的充分体现。

所以，重要的不是“湾区”，而是“粤港澳”。粤港澳三地合作关系的拓展和深化，“一国两制”下香港、澳门的长期繁荣稳定，支持香港、澳门融入国家发展大局，提升粤港澳地区在国家经济发展和对外开放中的地位与功能，这才是粤港澳大湾区建设和粤港澳大湾区城市群发展规划的核心与实质。

3. 粤港澳合作是这个区域发展的主旋律

1978 年中国的改革开放，开启了粤港澳合作发展的蜜月期。其最基本的表现是：①在生产上，从港资北上以“三来一补”形式构建与珠江三角洲的“前店后厂”分工格局发端，逐渐拓展到 CEPA 框架下的服务贸易和生产性服务业的跨境合作，进而演进到“自贸试验区”和“推进粤港澳服务贸易自由化”，结果是香港成为珠江三角洲制造业全球供应链的管理中心和全球性的金融中心、贸易中心、航运中心，而珠江三角洲成为世界工厂、全球制造业基地、全国经济增长的重要引擎。②在生活上，回归后港澳居民到珠江三角洲的跨境消费、度假、定居、养老等经济和社会联系明显加强，而珠江三角洲居民赴港旅游、消费也大幅增加，跨境人员流动日益密切，香港－深圳边境的口岸成为全球最繁忙的口岸之一。③在空间上，特区建设造就了深圳奇迹，穗－莞－深－港这条全球关注的发展走廊迅速崛起，整个区域形成规模巨大的“城市集聚区”“大都市带”或者“巨型城市区域”，成为全球学界和企业界竞相关注的焦点。早在 1996 年，Castells 就在其著作中提到：“我将讨论一个正在成型的巨型城市（mega-city），……它即将成为 21 世纪卓越的工业、商业与文化中心：香港－珠江三角洲－澳门都会区域体系”（Castells，1996），他提到的就是现在被称为粤港澳大湾区的这个区域。

2017 年 7 月 21 日，国家发展和改革委员会、广东省人民政府、香港特别行政区政府、澳门特别行政区政府共同签署《深化粤港澳合作 推进大湾区建设框架协议》，明确了“全面准确贯彻‘一国两制’方针，完善创新合作机制，建立互利共赢合作关系，共同推进粤港澳大湾区建设”的合作宗旨，提出了“推进基础设施互联互通、进一步提升市场一体化水平、打造国际科技创新中心、构建协同发展现代产业体系、共建宜居宜业宜游的优质生活圈、培育国际合作新优势、支持重大合作平台建设”七大合作重点领域。

在这样的系统框架下，笔者认为尤其值得引导的是：①从跨地经贸合作走向区域协同创新。整合全域的产业基础、创新要素，特别是发挥香港、广州（广佛）、深圳（深莞）3 个核心城市在科技研发、高技术产业、创新型金融、开放生态等方面的优势，激发地方创新活力，争取国家政策支持，统筹利用全球创新资源，重点推进科技-产业-金融的深度融合，携手共建“粤港（穗深港）科技创新走廊”，打造具有全球影响的创新中心和“中国硅谷”。②从组织跨地生产链走向共建优质生活圈。将合作延展至社会民生领域，在“一国两制”方针政策指导下加强粤港澳教育、文化、医疗卫生、人力资源、社会保障、社会治理等方面的跨区域合作，加强跨区域流域水资源水环境保护和大气污染综合治理，健全生态环境协同保护和治理机制，共建宜居宜业宜游的优质湾区生活圈。③从事项性合作走向构建要素流动的统一市场。进一步落实CEPA及其系列协议，加大自贸试验区创新力度，着力解决“大门开小门不开”“专业标准与规制不兼容”“人才进得来留不住”等具体问题，促进要素便捷流动，打造具有全球竞争力的营商环境。

4. 在国家战略、全球格局中明确区域使命

回顾过去，粤港澳地区成为中国经济增长的引擎、改革开放的先锋、连接世界的枢纽，并因此成为全球规模最大的城市区域（city-region）之一。面向未来，粤港澳要在新的全球背景下，在国家发展大局中明确区域使命，重点要在以下方面凸显角色：

一是引领发展新高度。过去30多年的发展，中国以速度和规模著称于世，珠江三角洲是中国速度和中国规模的典型代表。面向未来，中国要提升在全球发展中的地位、能力、影响，需要从发展的规模、速度走向发展的品质、高度，实现创新型经济、高品质生活、可持续生态的完美统一，粤港澳和长江三角洲、京津冀地区要成为引领这种转变的核心区域。为此，在经济方面要注重集聚高端要素、占领产业链高端、实现创新驱动，强化全球资源配置能力，成为新经济发展策源地；在生活方面要优化住房结构、完善公共服务、培育区域文化、提升空间品质；在生态方面要践行低碳发展方式、维护生态安全格局、注重环境保护和生态保育、推进环境治理和生态修复。

二是连接中国和世界。这是在漫长的历史发展中，粤港澳在全国的发展格局中始终担当的重要角色、特殊角色。历史上，广州是中国2000多年来一直长盛不衰的国际贸易中心，香港和澳门则先后成为国际性的贸易口岸。1978 年以来，粤港澳成为国家对外开放的窗口、连接世界的枢纽。面向未来，粤港澳要在国家以“一带一路”倡议为核心的全球战略中明确使命、勇于担当，携手推进与“一带一路”沿线国家的互联互通和便利往来，强化国家性战略通道和国家门户功能，打造中国引领

新一轮经济全球化的重要空间载体，提升在国家全方位开放中的引领作用。

三是引领改革与创新。珠江三角洲是中国改革开放的先行者、试验区，并由此获得发展的机遇和动力、创造出举世瞩目的经济增长和城市化奇迹。面向未来，粤港澳大湾区要在双向开放和参与全球治理、构建高标准贸易投资规则、建立与国际接轨的开放型经济新体制、构建内地与港澳的深度合作机制、帮助香港澳门融入国家发展体系、“一国两制”下的区域治理新模式，以及创新驱动与经济转型、社会包容与文化建设、宜居生活与生态品质、市场体制与资源配置等方面继续积极探索、引领改革与创新。

5. 走向优势整合、协同争取、共同缔造

粤港澳大湾区城市群发展规划正在研究编制中。关于这个区域，以前有许多学术研究（Sit et al.，1997；Yang，2006；徐江，2008；杨春，2008；陈德宁 等，2010；陈广汉，2013；谭刚 等，2017）、政策制定，也有专项行动计划和实质性行动，粤、港、澳各自的规划也往往将粤港澳合作视为重要的背景和导向，三地政府甚至还联合开展过跨境的规划研究——《大珠江三角洲城镇群协调发展规划研究》，但从来没有对粤港澳区域整体的“发展规划”。规划，才是新的东西；对这样一个特殊的跨界区域由政府组织做统筹规划，这才是实质的意义所在。

粤港澳大湾区城市群发展规划由总理牵头，国家发展和改革委员会组织，国家级研究队伍具体研究编制，因此被人们视为国家战略、国家级规划。为何如此重视？一是该区域的重要性：在国家经济发展和统一大业中的重要功能、重要地位，兼具经济意义和政治意义；二是该区域的特殊性：“一国两制”、三个关税区，跨体制的区域关系，核心问题需要上升到国家的层面、中央的高度来决策和统筹；三是该规划的特殊性：规划的重点和难点，不在于“几圈几轴几带”这样的空间设计，而在于制度设计、政策设计、机制设计，这些属于顶层设计的东西。

规划需要研究谋划的核心问题是区域关系重构，包括 3 个层次：第一，粤港澳区域整体在全球价值链中的再定位、再连接。以前我们是“世界工厂”，将来是什么？这是全球的关系。香港大学的王辑宪教授提出 2 个观点，一是“全球生产中心+全球消费中心”，二是 OPP，体现了谋变的思考方向（王缉宪，2017）。第二，粤港澳区域合作的拓展与深化。跨界合作是这个区域发展的主要机制和主

要表现，从20世纪80年代以“前店后厂”、市场自发、自下而上为特征的加工贸易合作，到2003年CEPA签署后市场导向与政府制度性合作的双轨融合，再到2015年“自贸试验区”启动的以制度创新为核心的战略性制度性合作，粤港澳合作机制不断递进和深化。但近年来粤港澳原有的互补性明显减弱，需要在变化的背景下研究未来拓展、深化、重构的方向、重点、格局及实现路径。第三，珠江三角洲内部的区域关系，尤其是现行行政区体制下市际之间关系的组织。2008年《珠江三角洲地区改革发展规划纲要（2008—2020年）》实施以来，珠江三角洲各市在发展规划协调对接、交通设施互联互通、产业发展融合互动、生态环境共保联治、公共服务对接互认等方面进展明显，但区域融合的瓶颈依然存在，而限购、限行等应急性的举措也可能引致新的地方分隔。

规划的目的，不仅仅是通过区域合作实现粤港澳的优势互补或者解决三地各自的发展瓶颈、推进各自的转型升级，更是要促进粤港澳三者更紧密的连接与融合，从而能协同组织起来，在功能、机会、政策、机制等各个方面形成或创造一些系统整合的效应，促成一些无法独立承担或独立承担会导致结果不理想的事情，获得一些整体性的成果。如果说以往的粤港澳合作是以优势互补、各施所能、各有精彩为特色，那么未来的发展应当走向优势整合、协同争取、共同缔造。

参考文献

陈德宁，郑天祥，邓春英，2010．粤港澳共建环珠江口“湾区”经济研究．经济地理，30（10）：1589-1594.

陈广汉，2013．打造粤港澳合作升级版．广东经济，（12）：30.

范钟铭，2017．粤港澳大湾区，超越珠三角“排位赛”．（2017-04-12）[2017-10-01]．https://mp.weixin.qq.com/s/mr74GmCH7DHbiga VLa95BA.

贺林平，2017．总理报告里有个“湾区”，是个啥概念？．人民日报中央厨房，2017-03-09.

谭刚，申勇，2017．粤港澳大湾区：打造世界湾区经济新高地．深圳特区报，2017-03-14（C1）.

王缉宪，2017．粤港澳大湾区是一个“OPP”．（2017-04-19）[2017-10-01]．https://mp.weixin.qq.com/s/nmq39816uEcwjfrl7pCWqg.

徐江，2008．香港与珠江三角洲空间关系的转变．国际城市规划，23（1）：70-78.

杨春，2008．多中心跨境城市－区域的多层级管治——以大珠江三角洲为例．国际城市规划，23（1）：79-84.

Castells M，1996. The Information Age：Volume I. The Rise of Information Society. Cambridge：Blackwell Publishing Ltd..

Sit V，Yang C，1997．Foreign-investment-induced exo-urbanization in the Pearl River Delta, China. Urban Studies，34（4）：129-142.

Yang C，2006．The Pearl River Delta and Hong Kong：An evolving cross-boundary region under “One Country，Two Systems”．Habitat International，30：61-86.

粤港澳大湾区：新阶段与新挑战

马向明，陈　洋

（广东省城乡规划设计研究院，广州 510290）

摘　要： 自港澳开埠以来，粤港澳的合作便成了珠江三角洲区域发展的基石。特别是在珠江三角洲工业化和城市化的进程中港澳是极其重要的影响因素。世界银行报告认为珠江三角洲已是东亚最大的城市连绵区，数据的分析显示：在连绵无序的大地景观后面，珠江三角洲城市群在区域产业和城市功能分工方面已出现秩序。广深两大不同特质的核心城市崛起，带动城市群不断走向成熟，但同时，珠江三角洲和香港之间的分工却由清晰走向了模糊，两地的关系已不再是过去双方受益明显的合作关系。湾区通道设施建设、全球化的变化等因素正在重塑珠江三角洲城市群的功能与形态。粤港澳大湾区的提出，标志着三地的合作进入到了国家议程，合作的范围也提升到了更为广泛的空间合作的新阶段。这种尺度的空间合作将有助于珠江三角洲城市群多中心的缝合，推动城市群走向去等级化的格局，有利于区域的创新发展。然而，从知识经济时期生产与消费者的关系方面来看，新世纪香港产业转型的不成功，显示出空间的社会属性在这个过程中的重要作用。在过去，香港与西方的制度关系使它成为中西交流的门户，回归以后，西方认为香港是中国的城市，而在中国它又处于体制之外，空间属性的模糊带来空间实践的矛盾，因此，关系空间的重塑是粤港澳大湾区发展面临的新挑战。

关键词： 粤港澳大湾区；湾区城市格局；区域合作；关系空间重塑

“粤港澳大湾区”概念成型于 2010 年的《粤港合作框架协议》的“环珠江口宜居湾区建设重点行动计划”，首次在国家文件中出现于 2015 年的《推动共建丝绸之路经济带和 21 世纪海上丝绸之路的愿景与行动》（国家发展改革委 等，2015）。2017 年首次在政府工作报告中成为国家议题。

19 世纪中后期，香港、澳门在一系列不平等条约下开埠。粤港澳之间正式的合作始于政府主导的基础设施共建项目。19 世纪末，港英政府与满清政府达成协议，共同兴建一条连接九龙与广州的九广铁路（Kowloon-Canton Railway）。铁路于 1909 年动工，对珠江三角洲的交通格局产生了关键性的影响。此后三地间多次开展大规模的基础设施共建合作，如 1963 年粤港共建东深供水工程，以及 2009 年开工的港珠澳大桥。

进入 20 世纪 80 年代，粤港澳合作由政府主导向社会扩散，粤港两地形成了一种双赢的合作模式：港商北上带来资金、技术和国外市场，珠江三角洲提供土地和劳动力，双方优势的结合推动珠江三角洲的工业化，在 20 世纪 90 年代进一步演进为以港澳为购销管理中心的产业跨地域分工格局，即广东与港澳的“前店后厂”格局（赵玲玲 等，2011）。这种产业链分工格局下推动香港在全球供应链管理上的地位不断提升，在 21 世纪初登上全球化与世界级城市研究小组与网络（Globalization and World Cities Study Group and Network，GaWC）全球城市的第三名，成为排名仅次于伦敦、纽约的全球城市（GaWC，2000）。

自 20 世纪 90 年代中期以来，港澳居民对内地工业化带来的区域环境污染问题越来越关注，粤港澳合作开始向政府间的环境联合治理领域拓展，先后成立了粤港环境保护联络小组（后更名为粤港持续发展与环保合作小组）、粤澳环保合作专责小组。2002 年粤港两地政府发布《关于改善珠江三角洲地区空气质素的联合声明（2002－2010 年）》，提出粤港两地共同实施《珠江三角洲地区空气质素管理计划》。2008 年，香港政府提出“绿色大珠三角地区优质生活圈”设想，得到了粤澳积极响应（陈德宁 等，2010）。2010 年粤港澳三方有关部门共同组织编制了《共建优质生活圈专项规划》，旨在透过建构三方长远合作蓝图将大珠江三角洲地区发展成具有示范意义的绿色宜居城市群。

进入 21 世纪，“前店后厂”下的粤港垂直分工模式随着珠江三角洲的成本上升而走向式微，粤港澳开始探索新的经贸合作方式。2003 年中央政府先后与香港、澳门正式签署 CEPA，意在推动服务贸易自由化，促进三地的横向分工。三地推动原有的垂直产业分工合作模式转型的意愿是坚定的：珠江三角洲积极推进以制造业为主导向以服务业为主导的经济体系转变，香港推进经济向高增值服务业和多元化方向发展，澳门政府则推动产业的适度多元化。但自 CEPA 签署后，粤港澳关系发生了微妙的变化，珠江三角洲与香港的贸易占香港对外贸易的比重不断上升，而香港在珠江三角洲对外贸易中的比重则缓慢下降。从实践来看，CEPA 的实施并未带动港澳与粤的经贸合作关系进入新局面。

2008 年，国务院颁布的《珠江三角洲地区改革发展规划纲要（2008—2020 年）》提出粤港澳三地紧密分工合作、优势互补、构建全球最具核心竞争力的大都市圈之一。2015 年国家出台的《推动共建丝绸之路经济带和 21 世纪海上丝绸之路的愿景与行动》首次提出要“深化与港澳台合作，打造粤港澳大湾区”。2016 年《国务院关于深化泛珠三角区域合作的指导意见》提出“携手港澳共同打造粤港澳大湾区，建设世界级城市群”。2017 年，国务院总理李克强在政府工作报告中提出“要推动内地与港澳深化合作，研究制定粤港澳大湾区城市群发展规划”，粤港澳大湾区的构建成了国家议题。

在百余年的岁月中，粤港澳之间的合作都是区域发展的基石。早年政府间的基础设施共建打开了合作的大门，改革开放后，港澳成了珠江三角洲工业化和城市化进程的重要影响因素（薛凤旋 等，1997）。根据世界银行 2015 年发布的《东亚变化中的城市图景：度量十年的空间增长》研究报告（World Bank，2015），珠江三角洲已取代东京大都市区成为东亚最大的都市连绵区域。在这个过程中，粤港澳之间过去形成的分工协作关系也遇到了瓶颈。“粤港澳大湾区”概念的提出，标志着珠江三角洲与港澳的合作上升为国家层面的议题，在广度上迈向了涉及面最为广阔的空间合作的新阶段，为新秩序的构建提供了契机。在这一背景下，研究粤港澳大湾区在当前阶段存在的问题，以及面临的机遇与挑战，有助于把握新时期粤港澳合作的方向，具有现实意义和政策指导意义。

1. 粤港澳大湾区城市群的现状特征

改革开放以来，珠江三角洲依托香港国际金融中心、商贸中心和航运中心的特殊功能，积极参与全球生产分工，迅速成长为具有世界影响力的制造业基地。在快速发展过程中，珠江三角洲城市群在全面开花的工业化驱动下，空间规模迅速扩张蔓延，秩序让位于效率，无论在产业布局还是城乡面貌上都呈现出粗放发展、无序混乱的局面。随着产业网络的逐渐成形，专业化的产业集群出现，城市群在无序中逐渐呈现有序态势。然而在这个转变过程中，珠江三角洲与港澳的分工却出现新的问题。

1.1 城市群发展格局的嬗变：无序蔓延中的有序聚合

（1）空间形态上呈现连绵均质的城乡景观

今天的珠江三角洲遍布工业，城乡不分的连绵景观令人印象深刻，然而这一景观的形成，不过 30 多年的时间。珠江三角洲是在珠江水系三大干流汇流入海的过程中不断冲刷、沉积、分汊和汇合而成，由于复杂边界对河流与海洋动力的重塑和改造，三角洲的沉积发育在不同区域表现出不同特征，西岸地区以江河水网及丘陵为主，而东岸地区则以山地、台地为主。在农业时代，西部水网更加适合农业耕种和运输，孕育了最初的农业文明、商业文明及早期城镇，东部台地发展则相对滞后；但在改革开放后的工业化时期，东部地区更加广阔平坦的土地优势体现出来，超越西部地区形成了大规模的城镇聚集区。

20 世纪下半叶以来，通信技术的迅猛发展，缩小了地区间沟通的障碍；跨国公司推动下的全球资本扩张和流动加速达到前所未有的程度。在经济全球化及港澳台投资的持续推动下，尤其是来自香港的产业转移，使得珠江三角洲东西两岸城镇不断扩张、连绵、融合，逐渐形成了新的产业布局和城市化空间——巨型城市区域。2012 年，珠江三角洲全域的建设用地总规模约为 9 227.83 km^2，其中城乡居民点建设用地规模约为 7 408.79 km^2（包括城市建设用地 2 326.63 km^2、镇建设用地 1 971.34 km^2、村建设用地 3 110.82 km^2），占建设用地总量的 80.29%①，各市边界、城乡边界逐渐趋于模糊，形成了广佛同城化、三大都市区一体化发展的城镇群格局。世界银行报告认为，珠江三角洲城市连绵区已是东亚最大的城市化区域（World Bank，2015）。在比较美国和日本大都市带后，Ginsburg（1988）认为居住地扩散是美国大都市带形成的原因，主导产业扩散是日本大都市带发展的动力。而在珠江三角洲，以香港为中介的外源型产业的聚集，成了珠江三角洲大都市连绵区形成的重要因素——各市为了吸引外源产业，竞相在市内靠近港澳却远离市区的区位设立产业园区，而这些园区的快速发展，直接导致了产业和城市在区域的蔓延。

（2）产业集群上呈现日趋明显的区块聚合

在日趋连绵均质的城乡空间景观背后，如果从产业的角度进行观察，看到的

① 数据来源：《珠江三角洲全域空间规划（2015－2020 年）》。

却是另外一种截然相反的高度集聚的空间景观。

珠江三角洲产业的发展得益于 20 世纪 70—80 年代的国际产业转移，具有很强的外向性特征。工业化早期的珠江三角洲，基层政府主动积极，市场力量蓬勃兴旺，大量港资制造业企业向内地转移，珠江三角洲成为香港出口加工活动的最主要的转移地区（图 1），乡镇企业和外商投资迅速推动了乡镇地区工业化的进程（许学强，1988），呈现出“村村点火，户户冒烟”的工业蔓延现象。在全球化动力的推动下，产业在全域范围内全面开花，城市之间的竞争也日趋激烈，这种以疆域为发展边界的所谓“诸侯经济”及其所带来的城市间产业同质化竞争，一度遭到诸多学者的质疑。

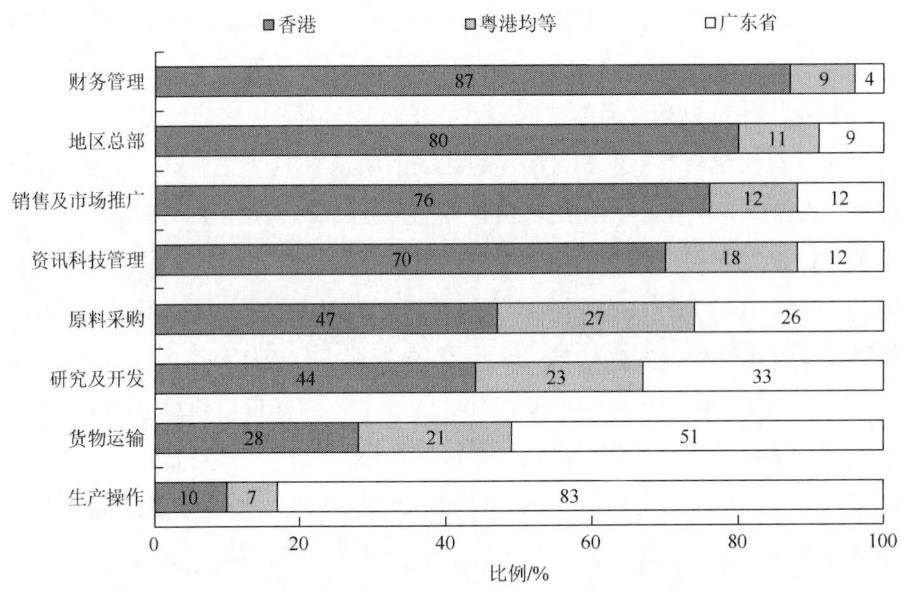

图 1　广东省的香港公司各项业务地点选择

资料来源：香港经济研究中心（2003）

然而细看珠江三角洲产业网络之中的细分门类和演进历程，可以发现珠江三角洲产业集群的极化程度其实在不断提高，不同行业在不同地区间的分化不断加深。以广州为中心的环珠江三角洲汽车产业链，以广州、中山、珠海、江门为中心的珠江口船舶产业基地，以惠州为中心的石油炼化产业基地都已初具规模；珠江三角洲 9 个国家级高新区已形成了电子信息、生物制药、新材料等战略性新兴主导产业突出的集聚发展新局面；此外还形成了顺德家电、中山灯饰、佛山陶瓷、东莞电子信息和纺织服装等享誉国际的专业镇产业集群（李立勋，1997）。

总体上，珠江三角洲制造业依托主要的开发区、高新区、工业园、专业镇，在内圈层逐步形成了板块式的簇群发展，并呈现分别以广佛和深莞为中心向外辐射的 2 个集聚扇面。服务业则主要集中在广州、深圳 2 个中心城市，佛山、东莞服务业也已具有一定规模，形成了一条“佛山－广州－东莞－深圳”的珠江三角洲现代服务业聚合带；而珠海、中山、江门、惠州、肇庆服务业发展相对滞后。

1.2 城市群核心城市的分工：门户城市与经济中心

广州和深圳是珠江三角洲的核心城市，香港则是具有全球影响的国际都市。这三座处于大珠江三角洲第一梯队的顶尖城市，在区域中所担任的角色分工却有很大差异。

根据英国 GaWC 2010 年全球生产性服务业企业的统计数据（Taylor et al.，2011），对约 100 个世界城市、约 300 家全球生产性服务业企业（共在全球设立超过 10 000 家分支机构）在广州、深圳、香港设立分支机构情况进行分析，观察这 3 个城市与全球 100 个世界城市的联系强度，可以发现：广州与北京、上海和香港等国内的中心城市联系最为紧密，同时与纽约、伦敦、巴黎、东京、新加坡等全球城市也有着高频联系；深圳在对外联系密切程度上与广州有差距；与香港相比，广州、深圳与世界城市的联系程度还远远落后，香港仍然在珠江三角洲对外联系网络中扮演重要角色（图 2）。

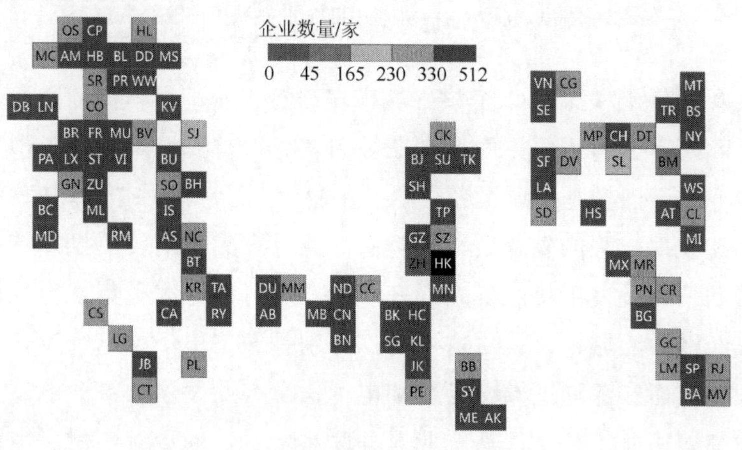

(a) 香港

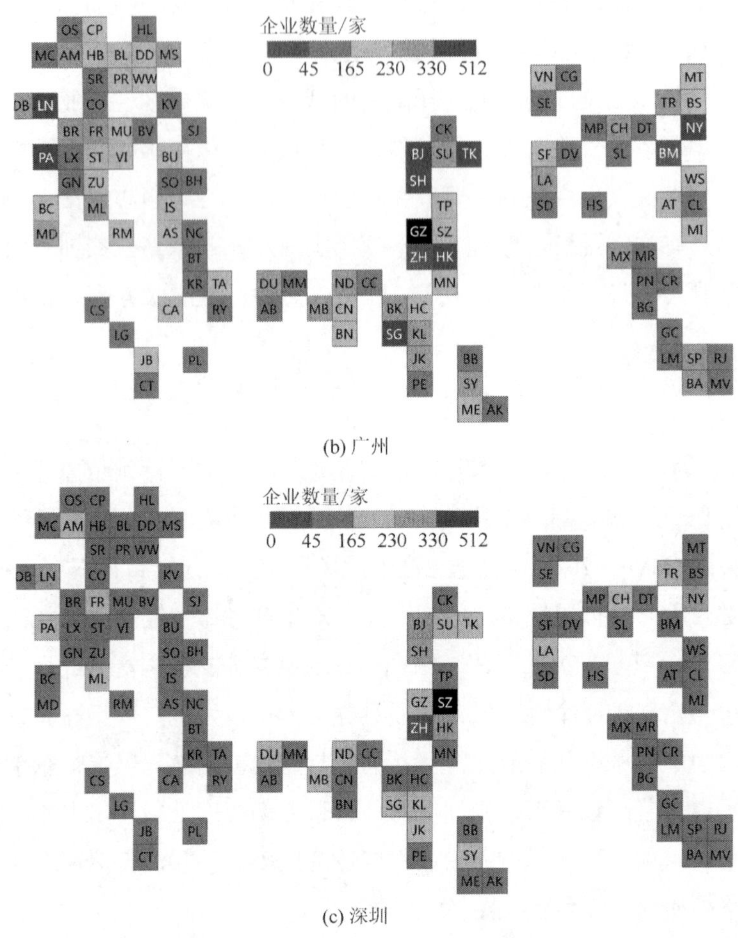

(b) 广州

(c) 深圳

图2　香港、广州、深圳与100个世界城市的联系强度

如果观察广州和深圳2个核心城市在珠江三角洲所扮演的角色，两者在企业分布和跨市公司组织方面也存在很大差异。首先，从行业类型来看，广州第二产业前三门类是交通设备、化工和通信电子，同时作为国家中心城市，服务业功能呈现较强的复合性，各类服务业企业集聚均较明显，特别是在广交会的带动下，批发零售服务企业在广州及周边地区大量集聚。深圳作为新兴的国家经济中心城市，第二产业前三分别是通信电子、电气设备和石油及天然气开采，而在深圳证券交易所和电子信息产业发展的带动下，金融、信息服务业集聚明显。其次，从企业对外联系来看，通过对广州、深圳跨市公

司的出度和入度[1]数据进行分析可发现：广州入度较高，表明广州是跨市公司作为珠江三角洲分支机构的首选地（图 3）。广州作为省会城市的行政资源使其拥有大量央企、国企的分支机构，同时大型跨国公司和跨地区公司也倾向于在广州设立地区分支机构；而深圳拥有最高的公司出度，表明深圳拥有大量的公司总部，借助经济特区优势，深圳吸引了大量民营企业在本地注册，形成了庞大的民营企业基础。

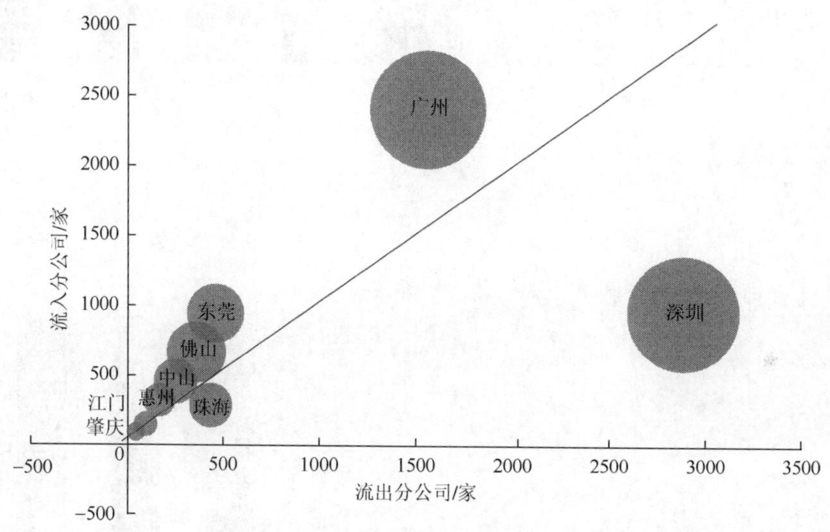

图 3 珠江三角洲各市跨市企业分公司设置与企业总数关系

圆圈大小代表企业数量多少

此外，从城市出行情况（图 4）来看，根据对 2016 年 12 月某日中国移动手机信令数据进行分析，对于每一对城市，除肇庆、江门外，广州的数据是外地的到达量大于本地的出行量；而深圳则呈现相反的特征：对于每一对城市，除惠州外，深圳的数据是出行量大于到达量。如果说产业结构的数据反映了广州和深圳 2 个城市的产业差异的话，那么，企业分部和手机信令的数据，则充分显示了近距离的 2 个超级都市出现了竞争与合作关系的新格局：广州呈现出门户城市的特点，而深圳则显现出经济中心的特征。

① Friedman（1982）、Sassen（2001）基于世界城市或者全球城市的总部控制功能的空间特征，将总部数量定义为所在城市的出度，分支机构数量定义为所在城市的入度。

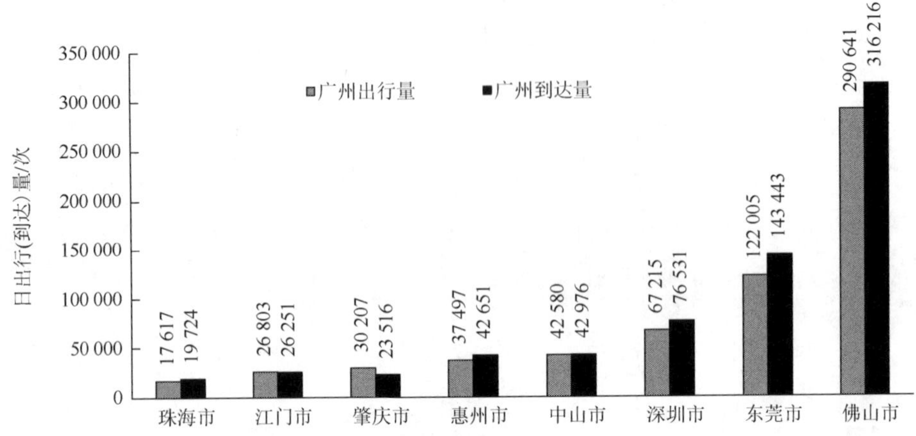

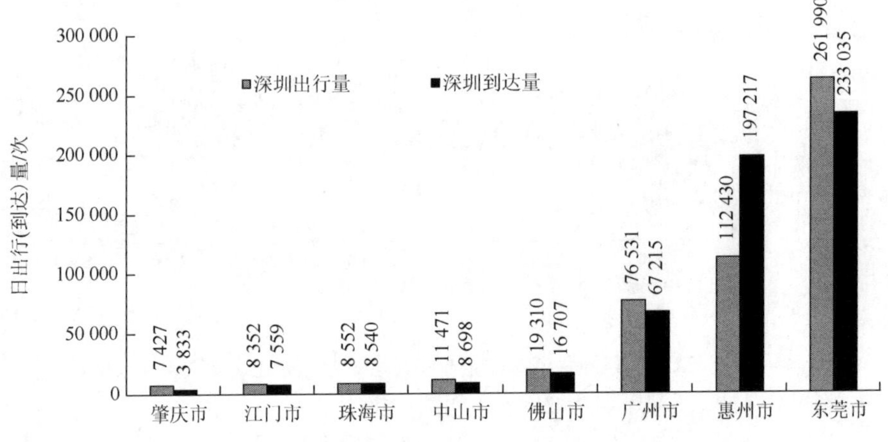

图 4　广州、深圳与珠江三角洲其他城市间交通出行强度

以上的数据显示：城市群在产业和城市功能方面都已产生分工。回顾历史，在区域城市化的过程中，珠江三角洲自 20 世纪 80 年代末起，曾先后编制了 4 次区域规划，分别是 1989 年的《珠江三角洲城镇体系规划（1991－2010 年）》、1995 年的《珠江三角洲经济区城市群规划——协调与持续发展》、2004 年的《珠江三角洲城镇群协调发展规划（2004－2020 年）》及 2008 年的《珠江三角洲地区改革发展规划纲要（2008－2020 年）》。4 次规划体现了政府在宏观层面对珠江三角洲在不同发展阶段所面临问题的政策应对。在政府的协调和市场力的共同作用下，珠江三角洲城市群已出现分工协作的趋势。

1.3　珠江三角洲与港澳的协同发展遭遇瓶颈

珠江三角洲能够在30年的时间里由农业经济转变为世界工厂，与港澳的作用密切相关。以港澳的产业转移为先导，在市场推动和政府协助下，港澳与珠江三角洲在20世纪90年代形成了“前店后厂”协作互利的关系，带给了双边极大的利益（赵玲玲 等，2011）。借助港澳的协作关系，珠江三角洲得以快速实现工业化，而香港则在全球城市的排名中达到史无前例的第三，成为被称为世界经济的“纽伦港”三中心之一。

但是，进入21世纪以来，与珠江三角洲地区城市的产业和功能分工日渐明晰的情况相反，珠江三角洲与港澳的经贸关系则由原来清晰的垂直分工格局（“前店后厂”）走向不明朗。根据相关研究，2000－2014年，港澳台与广东省城市间的分工协作关系日益恶化，地缘经济关系从过去的互补性转变为竞争性，粤港澳台地区整体的竞争出现同质化倾向，严重阻碍了粤港澳台地区的深度合作和区域经济一体化发展，港澳台资也逐渐失去海外接单、内地生产的搭配优势（邴綨纶 等，2017）。在珠江三角洲的经济依然保持强劲增长的时期，香港的人均GDP却于2003年被新加坡超过，2010年，新加坡经济总量也首次超过香港。2016年，新加坡在GaWC全球城市的排名中超越香港成了全球第三（GaWC，2016）。

实际上，内地与港澳之间依然存在很强的互补性，也有很大的合作空间。港澳拥有链接全球的高水平现代管理和服务资源优势，但由于自身土地、劳动力等资源不足，科研创新成果缺乏与之配套的产业转化平台，迫切需要拓展经济发展的新空间。破解障碍建立三地新的分工关系，是摆在粤港澳面前的挑战。

2. 新时期粤港澳大湾区面临的机遇

30年的工业化彻底改变了珠江三角洲原来以农业为主的大地景观。但是，城市群的发展格局在20世纪90年代末形成了以香港-深圳-广州为核心的发展主轴后走向稳定，城市连绵区的形态在2000年后重心也基本维持在22.82°N、113.63°E左右，移动幅度不大（丰佳佳，2015）。形态格局的稳定，表明了区域发展动力和机制的基本稳定。然而，这种稳定格局即将被打破。

2.1 空间弯曲：新的交通基础设施重塑区域时空格局

珠江三角洲是个典型的河口三角洲，汇集了西江、东江和北江入流，河网纵横棋布，有八大出海河口，河口发育着淤泥滩涂湿地。珠江三角洲的地理环境特征，对城市群的空间形态产生了根本性的影响，形成了现在东岸城镇密集，西岸城镇线性分布的特征。位居珠江口的珠海、中山及广州南沙等尽管也位于环湾地区，但受制于海湾“天堑”，与东岸中心的实际联系较弱，中心近在眼前，却宛如处于空间引力场的外围。然而，地理空间的隔绝即将被新的区域交通基础设施建设所改变。港珠澳大桥、虎门二桥及即将建设的深中通道、深茂铁路等跨海湾交通通道的建设将极大缩短两岸的时空距离（图 5），这犹如湾区的时空“弯曲”将被“虫洞”打通，珠江三角洲城市群的空间格局将会发生改变。

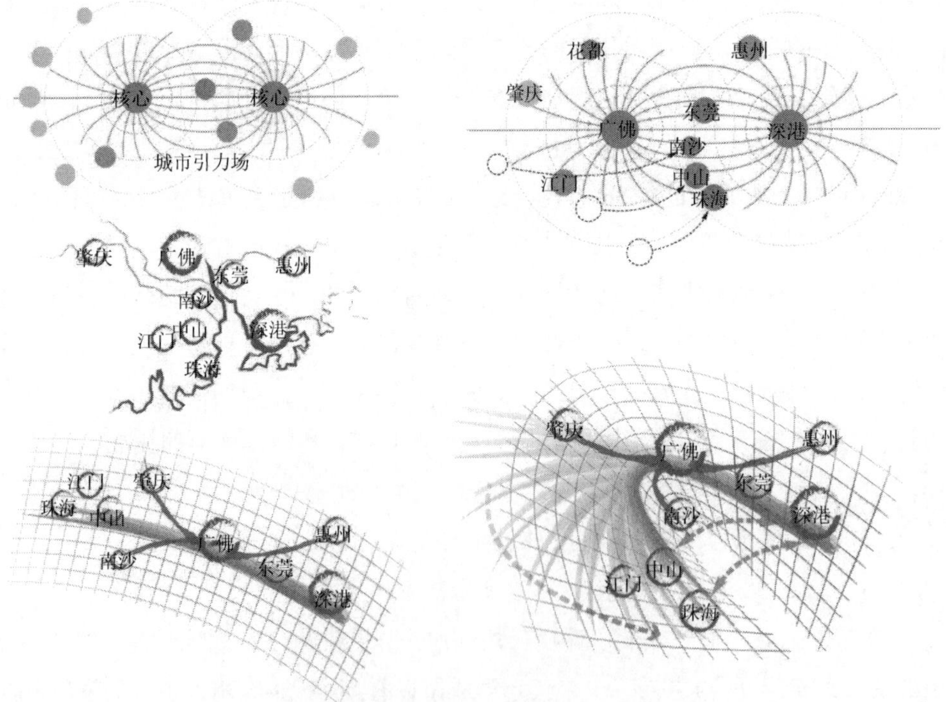

图 5 跨海湾交通通道建设将改变湾区时空距离

左侧组图为大湾区城市群空间关系现状，即沿海岸线呈线性关联，仿佛空间被拉直，处于两端的深港与珠澳的联系距离远远大于两者实际的物理距离；右侧组图为跨海湾交通通道建成后的状况，如同原本的平直空间被折叠弯曲，原本遥远的两点间距离被瞬间拉进，仿佛出现了“虫洞”效应此外，珠江三角洲蓬勃发展的轨道交通，将是另一个改变城市群形态的重要因素。在“一带一路”倡议下，国家在推动国家高铁网与南亚、东盟泛亚铁路的对接。贵广、南广高速铁路的开通不但加强了珠江三角洲与大西南地区的联系，而且通过南宁、昆明、贵阳等铁路枢纽可以联系泛亚铁路，形成珠江三角洲－东南亚的铁路运输大通道，为珠江三角洲城市群的发展打开更广阔的腹地。

珠江三角洲以客运专线和高速铁路为轨道交通线网主骨架、城际轨道和城市轨道相互衔接的轨道网的建立，不但将实现广州、深圳等中心城市与粤东、粤西、粤北各市约 2 h 到达，与周边省会城市约 3 h 到达，提升珠江三角洲辐射能力，而且将在城市群内形成一批由特大型区域性枢纽、大型区域性枢纽、门户型枢纽和城际轨道枢纽组成的枢纽机会地区，这些枢纽机会地区将引领着城市群结构体系的再优化。

珠江口环湾地区现有交通设施不完备，而珠江三角洲轨道网的建设，将加强湾区与城市中心区的快速联系，促进湾区主要功能平台如南沙、前海、横琴三大自由贸易区的快速联系，推动湾区的一体化。

可以预计的是，交通基础设施建设引起的空间屏障的突破，将改变珠江三角洲三大核心的影响力格局，被新拉入“引力场”的区域将对原来的同位区域构成竞争，企业得以在各环节的布局上获得更多选择，从而促使原有格局的“瓦解”和重构。然而，这种“瓦解”并非简单地由新的区域取而代之。因为在过去几十年间形成的产业集群依然具有强大的“黏性”，“新”与“旧”往往是在组合中演替。

2.2 全球与地方：全球化的变化重塑区域开放格局

改革开放后中国实行对外开放的格局，欧美发达国家的市场、资金和技术成为了中国经济发展的主要动力来源。但近年来有两方面的变化在改变这种格局，一方面是国际金融危机后发达国家市场需求不振，贸易保护主义兴起；另一方面是随着劳动力等要素成本的上升，中国在全球的低成本竞争优势不再。

然而，亚非拉等新兴市场国家的市场需求却保持着强劲的上扬态势，东南亚、南亚、中亚及拉丁美洲、非洲成为中国对外出口的新方向（图 6）。这种发展形势的变化引起了中国开放格局的变化，2013 年，中国提出了“一带一路”倡议，从国家层面大力推动与“一带一路”沿线国家的经贸合作和文化交流。与此同时，中国经济常年的高速增长后，国内市场不断成长，为驱动中国经济的增长释放出日益巨大的能量。

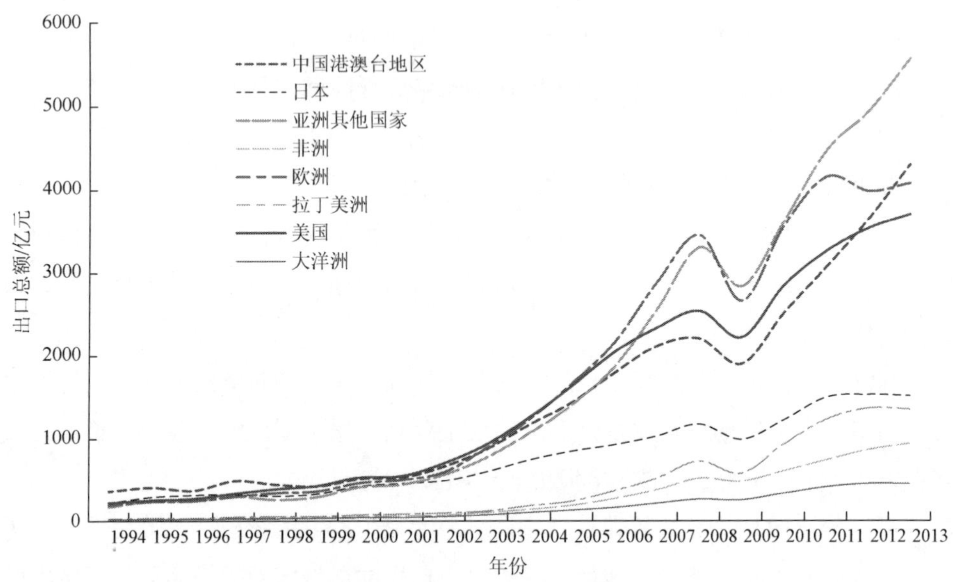

图 6　中国对各国（地区）海关出口总额变化（1994－2013 年）

资料来源：《中国统计年鉴（1995—2014）》

中国对外开放格局正在发生的变化和中国在全球的竞争优势由低成本向大市场转换这两个因素，将对珠江三角洲城市群的发展格局产生深远的影响。首先，随着“一带一路”倡议的推动，中国原本以东部沿海为主的单向开放格局，开始转向沿海地区与内陆省份共同开放的格局，形成面向太平洋、印度洋、欧亚大陆三个扇面开放的总体格局（杨保军 等，2015），在此背景下，珠江三角洲与泛珠江三角洲内陆省份的角色关系将发生转变，珠江三角洲等东部沿海地区将不再是内陆省份对外经贸的唯一窗口，泛珠江三角洲内陆省份也不再仅仅是为珠江三角洲提供资源、货流的“后院”，而将转变成为珠江三角洲联系丝绸之路经济带、陆上走向南亚及欧亚大陆的重要桥头堡。其次，“一带一路”倡议加强与沿线国家的经贸文化交流，推动中国企业走出国门，开辟新兴的国际市场。当中国企业走出国门在外投资时，中国企业就成了跨国企业。萨森对全球城市的研究指出：

跨国企业的分散化程度越高（如跨国设立分支机构），对企业的核心管理和服务职能的要求就越高，对所在城市的专业服务功能要求也越高。过去，只有巨型公司才能够走向跨国发展，现在全球城市可为跨国企业提供人才和资源的组合环境构成，即所谓“社会基础设施”（萨森，2011）。因为跨国投资面临各种风险需要更强更专业的管理，对于中国企业来说，“一带一路”沿线国家多达67个，其法律法规、税收规定等特点各异、差异巨大，与中国相关规定也有很大不同，许多沿线国家不是世界贸易组织成员，同时，有些国家也不是《纽约公约》的缔约国，这使得中国企业“走出去”的过程面临诸多风险。因此，中国企业“走出去”对城市带来的挑战是，所在城市能否提供强有力的专业管理与服务支持，这种支持有赖于本地强大的金融、法律、风险评估等专业服务机构，以及利于国际交往的公共服务环境所共同结成的社会基础网络。

从珠江三角洲发展的历史脉络来看，尽管珠江三角洲远离国家政治经济中心，但由于地处大陆南端海滨这一独特的位置，日益受国家力量与全球化力量相互交织作用的影响。一方面国家始终需要通过国家功能在该地区的设置实现对外管控；另一方面由于地处偏远海滨，珠江三角洲开展的各种试验不会对国家安全构成根本性威胁，历史上广州两次得以保留“一口通商”皆基于此。“一带一路”倡议下中国企业的走出去需要强大的城市服务功能作支持，珠江三角洲城市群拥有处理这些议题的地缘优势和在漫长的对外交往历史中逐渐累积形成的社会基础网络。事实上，随着近年来珠江三角洲走向国际的内资企业越来越多，广州和深圳两个城市的门户功能也不断加强，在GaWC的排名中，广州由2008年的β级上升到了2016年的α级，而深圳也在2016年进入了到β级（GaWC，2016）。由此看出，全球化格局的变化正在引起珠江三角洲地区城市门户功能的重构。

2.3 从排队到圆桌：公共资源再配置重塑城市群等级格局

由于政府在资源配置中依然起着十分重要的作用，政府的“偏爱”成为影响中国城市发展的重要因素（王垚 等，2015）。中国城市鲜明的行政等级特征，使得不同行政等级城市在权限设置、资源配置、制度安排等方面形成差异，而这种差异，促成了当今中国城市规模大小及增长与其行政等级高低密切相关的现象（魏后凯，2014）。一直以来，珠江三角洲城市之间都有非常清晰的等级序列，即以国际大都市香港为引领，广州、深圳为核心，这 3 个高等级城市由南到北一字排开，在这种空间格局下，港－深－广构成的发展轴具有经济区位优势和行政级别优势的双重叠加，使得沿线在吸引优质资本、技术和人才、开展国际交流活动等方面都具有更大优先权，从而进一步强化发展差别。然而，在轴线上的过度聚集，不但会形成生态环境方面的挑战（刘显通 等，2015；丁硕毅 等，2015），而且要素投入相对过多，对资源配置效率也会产生负面影响（李澎 等，2016）。

中国城市的等级化现象不但表现在城市之间，在城市内部也存在。城市中心区是政府所在地，各种配套优先获得，而外围的组团或者乡镇，公共服务的配套往往滞后，形成了等级高、公共服务配套好的中心区房价高企（深圳、广州为甚），外围房价低、公共服务也递减的城市格局。因为工业企业对低成本的高度偏好，这种“高品质高价格”的同心圆格局在工业化时期有其现实合理性，但在创新日益重要的后工业化时期却是问题。因为科技创新人才对生活环境的要求高，但科技创新活动的风险大，企业成长初期难以承受高成本，因此，在保持交往便利条件下的“高可达，高品质，低成本”成为科技创新企业空间需求的特征。美国旧金山 101 公路，以路为轴，聚才兴业，集聚了数以千计的研究机构和技术型企业，形成世界闻名的高科技创新走廊。其兴起原因之一就是在旧金山外缘出现了环境和配套好、成本相对低的场所，东莞松山湖的成功也验证了“高可达，高品质，低成本”空间对科技企业的重要性。“粤港澳大湾区”概念提出后，各市对自身的空间战略的调整，已揭示出省、市资源要素投入格局的调整。“湾区”正在打破现有的公共服务配置方式，让处于中心区外缘而生态环境优美的环湾地区城市公共服务也能够提升，形成高品质的服务和生活环境。湾区的便利、品质和相对低成本，将为科技产业的发展提供新的优良场所。

在各市环湾地区投放的一系列高标准配套和区域一体化设施的整合之下，珠江三角洲将有望形成一个新的城市群体系格局，即由现在的“轴线－边缘”结构，转变为围绕湾区的圆桌形结构。如果将现在的等级序列结构比喻为“排队吃饭”，前者先得；那么新的环湾结构将更像去中心化的“圆桌吃饭”，即各城市围湾而坐，资源共享更为便利。而随着“粤港澳大湾区”概念的不断深化和做实，湾区将可能进入一个自我催化促进的过程，因为“湾区”概念的共享共用，将有利于各种要素向原来层面更低的城镇流动，珠江三角洲数量巨大的中小城镇及在小城镇的企业也可以跳出所属城市的范畴，利用粤港澳大湾区的品牌效应提升自身对外吸引力。因此，一个更加平等化、网络化的城市群时代将会加快到来。

2.4　多中心缝合：缩短时空有利区域创新

随着创新驱动发展被确立为国家的优先战略。作为改革开放前沿阵地和科技经济快速发展地区，广东提出了要为全国实施创新驱动发展战略提供支撑。在2008年金融危机后的转型推动下，珠江三角洲近年来在创新发展上也取得了较大成效，已与京津冀、长江三角洲并列为全国三大创新中心之一。相比京津冀的基础研究创新优势、长江三角洲的研发资源和知识获取优势，珠江三角洲的企业创新优势一直居于全国首位，以深圳、广州为龙头的珠江三角洲集聚了1万多家高新技术企业，孕育形成了国内规模较大的创新集群。以中兴、华为为代表的一批国际知名的高新技术企业，高居全球专利合作条约（patent cooperation treaty，PCT）专利申请量的前列。2015年，国家正式批准建设珠江三角洲国家自主创新示范区，成为全国第二个以城市群为单位的国家自主创新示范区。

在大湾区的创新格局中，广州、深圳、香港等核心城市一直发挥着强大的引领作用，除香港外，广深两大中心城市已经成为深度嵌入全球创新网络的门户，其中，深圳是IBM、苹果、微软等全球科技企业的全球研发网络的组成部分，而广州则扮演着高校、科研院所、重点实验室、工程中心等科研机构集聚的载体角色。然而，大湾区作为一个典型的多中心城市群，却有可能因为多中心的分散性而在一定程度上制约创新的持续发展。彼得·霍尔（2010）教授在对英国伦敦和荷兰兰斯塔德两个大都市开展比较研究后发现：多中心的空间结构模式也存在自身的弊端，特别是多中心的结构打破了生产空间的邻近性，不利于面对面的商务交流和区域知识创新。

多中心对区域创新的影响可以从创新与制度厚度的关系得到解释。Amin 等（1994）认为，制度厚度与区域的成功密切相关。制度厚度能很好地将该地区内的企业、地方政府、研究与创新等联系在一起，有利于技术创新环境的形成，利于创新资源的整合，从而提升区域创新能力。Amin 等定义的“制度厚度”，首先是制度的密集度，包括该区域内的企业、行业联盟、地方政府、金融机构、研究与创新中心等，这些机构的存在，是区域经济发展的基础，也是构成制度厚度的重要条件；其次是各种组织间产生高度的相互作用，促进其相互合作、交流及反射网络的形成（吕拉昌 等，2005）。从以上两点来看，多中心的区域首先分散了制度的聚集度，其次是由于物理空间上的分离，对各组织间的交流合作带来了不便。这样，对于区域创新和高端功能的发展带来不利。

自 20 世纪 90 年代以来，珠江三角洲城市群在空间规模上扩展迅速，但其形态重心移动幅度却不大（丰佳佳，2015）。三大中心间虽然广州的城市中心向东发生了位移，但其物理距离基本未变。随着“粤港澳大湾区”概念的提出，珠江三角洲各市已相继调整了自身的空间战略，如广州提升了南沙的地位，将其确立为广州唯一的副中心；深圳以前海为开发重点，并把空港新城作为重点平台；而东莞则把原来的长安新区升格为滨海湾新区等，各城市已呈现出环湾发展的战略格局。在这种格局下，广州的南沙、东莞的滨海湾和深圳的大空港，已在空间上成为连续体。环湾发展的结果是各城市间的空间距离得以缩短，加上未来环湾轨道交通的建设，各市机构组织间交流的便利性无疑将得到极大提升。因此，“粤港澳大湾区”概念下的珠江三角洲，将在客观上缝合多中心的分离弊端，有利于区域创新能力的提升和高端要素的聚合。

2.5 魅力公共空间：促进知识经济成长

目前，大湾区创新资源呈现出集聚与扩散并存的态势。在广深城区持续集聚大量龙头企业、科研机构等创新要素的同时，部分新的创新平台正在凭借良好的环境品质和便捷的交通联系承载着区域创新要素的外溢。同时，传统产业空间和新型创新载体紧邻布局、相互促进。在广深走廊上，既有工业化时期沿 107 国道、广深高速等交通设施形成的传统产业带，也逐步产生与其平行发展的由深圳大沙河、光明新区往东莞松山湖伸延的科技创新带，从中可以看出珠江三角洲原有的产业基础在产业配套和创新成果转化方面为新型创新带提供了重要支撑，新型创新带则通过创新要素外溢促进着传统产业带的转型升级。

《珠三角国家自主创新示范区建设实施方案（2016－2020 年）》明确提出，将推动珠江三角洲创新发展一体化，强化广州和深圳的创新引领作用，增强高新区核心带动能力，深化粤港澳创新合作，形成深圳、广州为龙头，珠江三角洲其他 7 个地市为支撑的“1+1+7”协同高效的区域创新格局。2017 年，广东省委省政府颁布了以“一廊十核多节点”的空间格局为依托的《广深科技创新走廊规划》，提出广深科技创新走廊要发展成为全球科技产业技术创新策源地、全国科技体制改革先行区、粤港澳大湾区国际科技创新中心的主要承载区和珠江三角洲国家自主创新示范区的核心区。

自主创新示范区和科技创新走廊的建设对珠江三角洲城市群的意义重大，它从决策层面吹响了珠江三角洲向世界主要科学中心和创新高地进军的号角，将推动粤港澳大湾区建设成为全球领先的科技创新中心。而这个目标的实现，有赖于珠江三角洲能否营造出具有全球魅力的人居环境来吸引顶尖创新人才，以及能否构建出富有魅力的公共空间体系来促进知识经济的成长。

彼得·霍尔（2015）指出，知识经济时期的英国与工业化时期出现了明显的差异，那就是在英格兰东南部，以伦敦为核心的巨型城市区域增长强劲，而英国的中北部，则出现群岛经济的特征：核心城市构成经济增长的岛屿群。英国核心城市中心区由丰富的文化艺术设施组成的公共空间——中央活力区，成了知识经济成长的摇篮。英国在工业经济转型知识经济的过程中出现的趋势深刻地说明了城市公共活力区在这个过程中的重要作用。美国社会学家 Oldenburg（1999）用“第三空间”（the third place）来描述公共空间在人类交流中的重要作用，在珠江三角洲新世纪的产业转型中出现的两个成功案例：南海的千灯湖和东莞的松山湖，则从实例验证了富有魅力的优质水岸公共空间对地方转型的推动作用。因此，未来的大湾区让人充满想象，因为湾区是珠江三角洲最多样、最连续、最优质的水岸。这为我们营造独特而具有魅力的公共空间来引领创新要素的聚集创造了条件。

3. 大湾区面临的新挑战：关系空间的重构

粤港澳大湾区的提出，不但由于其规模上引人瞩目的“全球第四”而令人兴奋，而且对于珠江三角洲城市群来说，湾区战略也创造了巨大的发展机遇。但是，湾区合作要取得成功，仍然面临着新的挑战。

如果说改革开放后在市场推动下形成的广东与港澳“前店后厂”的合作格局是成功的，广东在香港的带动下迅速实现工业化，而香港在全球城市中的地位也节节上升；而自 21 世纪开始的服务业合作则并不如意，在珠江三角洲的经济依然保持强劲增长的时期，香港的 GDP 却被新加坡超过。舆论认为，香港制造业空心化、过度依赖服务业是经济出现问题的原因（孙不熟，2016）。香港自 20 世纪 90 年代末开始的高科技转型未能见成效，也是由于产业的空心化影响着其制造业的技术进步（董宣忠，1994）。重振香港经济的根本办法是解决香港的产业空心化问题，关键是让制造业重返香港。因此，建议在深港边界建立类似于新加坡“裕朗工业走廊”的新兴产业经济带（李罗力，2017）。

确实，从案例对比的角度看，同为当年“亚洲四小龙”的新加坡，走着与中国香港不同的发展路径，转型的过程中成功地把制造业从劳动密集型转变为资本、技术和知识密集型，附加值不断提升。使得制造业和服务业成为经济增长的双引擎。但问题是，在香港设立产业带就能够吸引全球优秀的高科技企业和新兴产业到这里来落户吗？

经济合作与发展组织 1996 年年度报告《以知识为基础的经济》指出：现代的创新思维有多种来源，包括新的制造能力和对市场需求的认识。创新需要使不同行为者（包括企业、实验室、科学机构与消费者）之间进行交流，并且在科学研究、工程实施、产品开发、生产制造和市场销售之间进行反馈（OECD，1996）。创新型的高科技企业实际上正是这种交流反馈关系的代表，由此，在知识经济时代创新与市场、消费者和生产的关系为我们打开了另一扇看待香港问题的大门——关系空间。

从早期古希腊原子论者的虚空，到亚里士多德的物质连续体、笛卡尔的物质实体广延性，再到莱布尼茨认为空间是一种并存的秩序，由种种关系构成，人类对空间场所的认识不断加深。而列斐伏尔则进一步认识到空间是社会的产物，社会关系影射进空间，并在空间里相互连接，在这过程中生产空间本身，社会空间由社会生产，同时也生产社会（Lefebvre，1992）。从列斐伏尔的社会空间的观点来看，大珠江三角洲城市群中存在着香港、澳门和内地 3 种不同类别的社会空间。其中，香港在回归前是在英国主导下的产物，是西方社会空间体系的组成部分，因此成了西方公司进入中国市场的据点；香港回归祖国后，作为过去大英帝国在远东的自由港，其与西方世界的制度关系已断。

列斐伏尔认为，空间生产是人们依据一定的空间生产方式对具体场所的生产和再生产。社会空间是空间实践、空间的表征和表征的空间的三元辨证组合。其中，空间实践是被感知的（the perceived）；空间的表征是空间生产者所“构想的空间”（the conceived）；而表征的空间则是使用者对空间的抽象，是活存的（the lived）（Lefebvre，1992）。在“一国两制”框架下，香港“社会空间”的三元辨证组合出现了矛盾。香港原社会制度保持50年不变，空间的表征不变；但是，回归后西方认为香港已是中国城市，表征的空间已变。在空间的表征不变之下，香港与内地的体制不同，香港与内地之间的一体化不但没有改善，还增添了新的信息藩篱，香港与内地消费者的关系不畅；在表征的空间已变之下，西方新兴公司如谷歌、苹果和脸书等纷纷转为将新加坡作为其亚洲总部，国际公司总部的增加直接提升了新加坡在全球城市中的排名，而中国因发展而新增的国家功能又由于“两制”而不在香港落地。于是，香港的空间实践出现了种种问题。

如果多样性一直以来被认为是珠江三角洲的独特优势。空间的表征与表征的空间上的不一致，使得香港与内地城市在“社会空间”方面的异质性由过去的优势变成问题，在香港与内地市场之间形成了各种有形和无形的障碍，信息的流通成为问题。但是，正如大卫·哈维（2009）所指出，社会的问题可以通过“时间-空间修复”来解决。如果说大湾区是粤港澳之间新时期在国家语境下的空间合作，那么，在大湾区的构建中，如何通过粤港澳之间关系空间的重构，使得城市群再生活力，则是大珠江三角洲城市连绵区发展成为世界级城市群的关键。

4. 结论与讨论

从规模体量来说，珠江三角洲已是世界级城市群。经过20世纪90年代的城市竞争与合作的磨合，珠江三角洲区域内城市的产业和功能已产生分工关系，在粤港澳大湾区各方长期的互动协作过程中，珠江三角洲在发展早期受益于香港的产业转移，实现了城市化的快速扩张以及产业集群的区块聚合，广州、深圳两大城市迅速崛起为区域的核心，与香港形成了强大的发展轴心，但内地与港澳的协同关系也在这种快速崛起过程中逐渐发生变化，并遭遇瓶颈，原来清晰的“前店后厂”的垂直分工格局走向了不明朗。这显示出回归后的CEPA等制度安排并未发挥预期的作用。在新的时期，粤港澳大湾区迎来了新的发展机遇：新的交通基础设施大大缩短了湾区城市间的时空距离，全球化的新动向在改变区域开放格局。粤港澳大湾区的提出，使得粤港澳三地的合作走向了更为复杂的空间合作，也上升成为国家议题，标志着粤港澳的合作迈向了新阶段。

港澳在过去珠江三角洲的发展中，无论是在区域功能的发展还是城市连绵区形态的形成，都发挥了关键性作用。粤港澳大湾区的建设，对于珠江三角洲城市群来说，也是结构优化的机会：多中心的空间结构伴生的弊端可以借助湾区的发展予以修复；公共资源在新空间上的重新配置将使得城市群去等级化态势显现，有利于区域创新发展；东莞松山湖的成功转型，揭示了优质魅力空间在工业经济向知识经济转型过程中的重要作用，也预示了生态环境优良的大湾区对珠江三角洲走向创新发展的重要意义。然而，如何弥合香港与内地城市在“社会空间”方面的异质性，需要政策进行更多的考量。从知识经济时期生产与消费者的关系方面来看，新世纪香港产业转型的不成功，已显示出空间的社会属性在这个过程中的作用。如果从历史的视角来看，国家力量与市场力量一直以来都是交织扭结在一起，共同推动了珠江三角洲的发展演变。因此，在国家语境下如何推动关系空间的重构，是粤港澳大湾区建设走向成功面临的新挑战。

参 考 文 献

邴綨纶，毛艳华，2017．港澳台与广东省地缘经济关系匹配研究．现代管理科学，（4）：27-29.

陈德宁，郑天祥，邓春英，2010．粤港澳共建环珠江口“湾区”经济研究．经济地理，30（10）：1589-1594.

丁硕毅，乔冠瑾，郭媛媛，等，2015．珠三角城市群热岛及其气象影响因子研究．热带气象学报，（5）：681-690.

董宣忠，1994．谈香港制造业“空心化”与技术进步．国际经贸探索，（2）：54-57.

丰佳佳，2015．基于夜间灯光数据的珠三角城市群城镇化空间过程重建．亚热带资源与环境学报，（10）：71-76.

国家发展改革委，外交部，商务部．推动共建丝绸之路经济带和 21 世纪海上丝绸之路的愿景与行动．(2015-04-01) [2017-11-01]. http://www.mofcom.gov.cn/article/resume/n/201504/20150400929655.shtml.

李立勋，1997．珠江三角洲乡镇企业发展的地域特征．热带地理，17（1）：47-52.

李罗力，2017．制造业回归：拯救香港经济的唯一出路——关于构建“深港跨境新兴产业经济走廊”的建议．全球化，（6）：42-48，60，134- 135.

李澎，刘若阳，李健，2016．中国城市行政等级与资源配置效率．经济地理，（10）：46-51，59.

刘显通，郑腾飞，万齐林，等，2015．OMI 遥感珠三角城市群 NO_2 的时空分布特征及人类活动影响分析．热带气象学报，（2）：193-201.

吕拉昌，魏也华，2005．新经济地理学中的制度转向与区域发展．经济地理，25（4）：437-441.

彼得・霍尔，2015．更好的城市——寻找欧洲失落的城市生活艺术．袁媛，译．南京：江苏凤凰教育出版社.

彼得・霍尔，凯西・佩恩，2010．多中心大都市——来自欧洲巨型城市区域的经验．罗震东，等．译．北京：中国建筑工业出版社.

萨斯基娅・萨森，2011．新型空间形式：巨型区域和全球城市．许玫，译．国际城市规划，（2）：36.

孙不熟，2016．香港的麻烦是制造业空心化．长江日报，2016-04-07（004）.

王垚，年猛，2015．政府“偏爱”与城市发展：以中国为例．财贸经济，（5）：147-161.

魏后凯，2014．中国城市行政等级与规模增长．城市与环境研究，（1）：4-17.

许学强，1988．珠江三角洲的发展与城市化．广州：中山大学出版社：17-20.

薛凤旋，杨春，1997．外资：发展中国家城市化的新动力——珠江三角洲个案研究．地理学报，（3）：193-206.

杨保军，陈怡星，吕晓蓓，等，2015．“一带一路”战略的空间响应．城市规划学刊，(2)：6-23．

赵玲玲，高超平，2011．创新粤港澳合作模式探讨．特区经济，(8)：22-23．

大卫·哈维，2009．新帝国主义．初立忠，沈晓雷，译．北京：社会科学文献出版社．

Amin A，Thrift N，1994．Living in the global//Globalization, Institutions, and Regional Developmentin Europe．Oxford：Oxford University Press，1-22．

GaWC，2000．The World According to GaWC 2000．(2009-02-20) [2017-11- 01]．http://www.lboro.ac.uk/gawc/world 2000t.html．

GaWC，2016．The World According to GaWC 2016．(2017-04-24) [2017- 11-10]．http://www.lboro.ac.uk/gawc/world 2016t.html．

Ginsburg N，1988．Extended metropolitan regions in Asia：A new spatial paradigm．HongKong：Paper Presented at The Chinese University of HongKong．

Lefebvre H，1992．The Production of Space．Hoboken：Wiley-Blackwell．

OECD，1996．The Konwledge-Based Economy．Paris：Head of Publications Service，OECD．

Oldenburg R，1999．The Great Good Place：Cafes，Coffee Shops，Bookstores，Bars，Hair Salons，and Other Hangouts at the Heart of a Community．Boston，MA：Da Capo Press．

Taylor P J，Ni P，Derudder B, et al.，2011．Global Urban Analysis：A Survey of Cities in Globalization．London：Earthscan，22-39．

World Bank，2015．East Asia's Changing Urban Landscape：Measuring a Decade of Spatial Growth．Washington，DC：World Bank，21-25．

粤港澳大湾区战略背景下中国香港—东盟关系重构初探

曾　刚，苏　灿，曹贤忠，王丰龙

（华东师范大学 中国现代城市研究中心//城市发展研究院，上海 200062）

摘　要：粤港澳大湾区发展战略的提出，为转变香港对外关系从而重塑其经济活力带来了重大机遇。文章首先介绍了粤港澳大湾区建设的战略背景，从经贸、金融、航运、科技等领域着手，归纳中国香港与东盟关系现状特征；其次剖析了大湾区战略对中国香港—东盟合作区位优势、合作互补性、发展潜能的影响；最后从发挥香港中外“超级联络人”传统优势、提升中国全球影响力、提升香港居民生活品质的目标出发，提出借助“一带一路”倡议契机，进一步发挥“一国两制”政策优势、促进中国香港与东盟多渠道经贸合作、提升交通基础设施连通性、加强中国香港—东盟创新合作等重构中国香港—东盟关系的思路建议。

关键词：湾区经济；粤港澳大湾区；区域经济联系；中国香港—东盟关系；香港

从全球发展趋势看，沿海地区城市群蓬勃发展，世界经济重心进一步从内陆地区向沿海地区迁移，湾区经济已经成为带动全球经济发展的重要增长极和引领技术变革的领头羊（程健 等，2017；曹方平，2017）。2017 年 4 月 12 日，央广网（http://finance.cnr.c n/txcj/20170412/t20170412_523703402.shtml）发布的《推动粤港澳大湾区建设 打造世界湾区经济新高地》中数据显示：全球 60%经济总量来自港口海湾地带及其直接腹地，75%的大城市、70%的工业资本及人口集中在距海岸 100 km 的海岸带地区。香港回归以来，粤港澳大湾区一直受到中央政府的高度重视。2010 年 4 月，《粤港合作框架协议》将建设环珠江口宜居湾区列为重点行动计划；2015 年 3 月，《推动共建丝绸之路经济带和 21 世纪海上丝绸之路的愿景与行动》提出了要“深化与港澳台合作，打造粤港澳大湾区”；2016 年 3 月，《国民经济和社会发展第十三个五年规划纲要》提出加快对粤港澳合作平台建设；

2017年3月，国务院总理李克强在政府工作报告要求“研究制定粤港澳大湾区城市群发展规划”；2017年7月，国家发展和改革委员会、广东省人民政府、香港特别行政区政府和澳门特别行政区政府在香港签署了《深化粤港澳合作 推进大湾区建设框架协议》，致力于打造国际一流湾区和世界级城市群。

尽管1997年香港回归后经济规模持续扩大，但相较于内地的高速经济增长，香港经济在全国GDP占比已经越来越小。与新加坡相比，中国香港的国际经贸地位也有一定程度的下降。如何扭转这种局面成为香港迫切需要解决的问题。在这种情况下，通过推动区域间资源、技术、资本等要素的自由流动、优化资源配置，能够有效实现各区域经济的共同发展（陆大道 等，2013；毛汉英，2014）。而东盟地区是中国香港传统经济腹地、重要的国际市场，但国内外学者多关注香港与内地之间的关系，对中国香港与东盟地区的经济协同合作重视不够（周春山 等，2009；罗小龙 等，2010；程玉鸿 等，2011；李红 等，2011，2015；王淑芳 等，2015）。

湾区经济效应有助于加强中国香港－东盟联系。粤港澳大湾区通过海路或陆路，南接东南亚、南亚，东接中国台湾和海峡西岸经济区，北接长江经济带，西接北部湾经济区，而香港处于大湾区乃至内地与东盟联系的中心位置，是连接中国与东盟的贸易枢纽与桥梁，具有独特的区位优势（马玉荣，2017）。与纽约湾区、旧金山湾区和东京湾区三大国际著名湾区相比，粤港澳大湾区具有以下不同发展特点：①粤港澳大湾区人口最多。据世界经济数据库（http://wdb.cei.cn/）统计，2015年纽约湾区、旧金山湾区和东京湾区人口分别为855万、840万和3 560万人，而粤港澳大湾区为5 616万人，约为纽约湾区人口的6.6倍。②粤港澳大湾区经济发展水平差距较大。据世界经济数据库统计显示，2015年纽约湾区、旧金山湾区和东京湾区GDP分别为1.4亿、0.8亿和1.8亿美元，粤港澳大湾区为1.2亿美元，位列四大湾区第三，但人均GDP仅为纽约湾区的1/10。③粤港澳大湾区拥有广州、深圳、香港3个特大城市，而其他湾区仅拥有一个特大城市。

此外，中国香港与东盟具有较强的互补性，大湾区战略提供了更多合作机会（苏东辉 等，2013）。从产业结构来看，中国香港和中国内地与东盟直接具有显著的产业转移和承接梯度，资源禀赋和贸易产品结构的差异能有效地促进双方进出口贸易，特别是在农产品、能源、橡胶等产品领域，已形成了相互进出口依存的贸易关系（胡剑波 等，2014）。另外，东盟作为华人华侨的聚集地，文化情感上的联系也为中国香港与东盟之间的往来提供了便利条件。东盟虽然整体上资源丰富、市场大、劳动力成本低，投资空间大，但缺乏一个完整的产业体系，各国产业结构相似度较大，大部分国家加工制造业相对落后，对服务业、制造业、房地产业等行业需求不断增加。中国香港的金融、教育及物流服务供应商已成为许多东盟国家首选的合作伙伴（郭少丹，2017）。

因此，探讨如何借助中央政府提供的粤港澳大湾区建设契机，重塑中国香港－东盟经贸关系，对于提升中国的国际话语权和影响力，促进香港的经济繁荣，保障香港的长治久安，提升居民的生活品质，彰显香港“一国两制”的政治优势具有十分重要的意义。本文拟以与中国香港情况类似的新加坡为比较对象，探索中国香港－东盟关系重构途径，意在抛砖引玉。

1. 研究方法与数据来源

1.1 研究区域概况

香港位于中国的南部，珠江入海口东侧，三面环海，毗邻广东省深圳市，陆地面积 1 104.32 km^2，2016 年人口 737.71 万人。虽然自然资源匮乏，但香港拥有优越的地理位置、天然优良港口及高度国际化的外部条件，得益于此，香港早在 20 世纪 70 年代，就已成为继纽约、伦敦之后的全球第三大金融中心，与纽约、伦敦并称为“纽伦港”，成为东南亚经济最为发达的城市之一（郁慕湛，2017）。而新加坡是一个海岛型城市国家，位于马来西亚半岛东南端，地扼沟通太平洋与印度洋之间的交通咽喉——马六甲海峡的出海口，是太平洋和印度洋的转运要点和亚太地区重要的海运中心之一。2016 年新加坡的人口 560.73 万人，土地面积 719.2 km^2。中国香港和新加坡都具有土地狭小、资源匮乏、人口密集、国际贸易活跃、经济对外依存度高等特点，都经历了转口贸易、出口导向性经济及转向服务经济的过程，中国香港、新加坡具有较强的同质性和相互竞争性。

东盟除新加坡外还包括 9 个国家：印度尼西亚、柬埔寨、老挝、泰国、越南、缅甸、菲律宾、马来西亚及文莱。这 9 个国家拥有橡胶、石油、锡、天然气、棕榈油等丰富的自然资源，也是海外华侨华人的重要聚居地，与中国合作历史久远；同时，这 9 个国家劳动力丰富，但整体经济发展水平不高，内部发展差异较大，既有马来西亚等新兴经济体，也有缅甸、老挝等正处于向市场经济转轨的发展相对落后国家。

1.2 研究方法

除了采用经验判断、逻辑推理、数据比较等传统分析方法之外，本文还采用了欧氏距离法。欧氏距离法关注区际经济要素的空间流动，是测算经济体之间经济关系属于互补关系还是竞争关系的重要研究方法（温志宏，1998）。主要选择以下指标来反映区域间经济相互作用关系。

X=某经济体资本形成总额/该经济体当年 GDP，用于反映该区域的资本转换率的高低。Y=某经济体农业增加值/工业增加值，用于反映该经济体资源与产品向外流动的能力，数值越大表明农产品剩余越多，会更多地出口农产品；而数值越小则说明工业产品剩余多，出口工业产品的可能性较大。Z=某经济体工业和服务业增加值/该经济体当年 GDP，用于反映工业化水平和劳动效率，数值越大代表劳动效率越高。

对各指标进行标准化处理后，计算区域间的欧氏距离：

$$R_{ij}=\sqrt{(X_i-X_j)^2+(Y_i-Y_j)^2+(Z_i-Z_j)^2} \tag{1}$$

式中：R_{ij} 为经济体 i 与经济体 j 之间的欧氏距离。为了便于比较，对欧氏距离进行标准化处理：

$$R'_{ij}=\frac{R_{ij}-\overline{R_i}}{S_{R_i}} \tag{2}$$

式中：$\overline{R_i}$ 为经济体 i 与其他经济体之间欧氏距离 R_i 的平均值；S_{R_i} 为经济体 i 与其他经济体之间欧氏距离的标准差。处理后的结果 R'_{ij} 正值代表经济体之间属于互补关系，负值代表经济体之间是竞争关系。绝对值的大小则代表互补或竞争关系的强弱，数值越大说明互补或竞争关系越强。运用此方法对中国香港、新加坡与东盟九国之间的经济关系进行测度。区际经济关系分为 4 个等级：$R'_{ij}>1$ 为强互补型，$0<R'_{ij}\leqslant 1$ 为一般互补型，$-1\leqslant R'_{ij}<0$ 为一般竞争型，$R'_{ij}<-1$ 为强竞争型。为了更清楚地显示中国香港、新加坡与东盟九国之间的经济关系，根据重要经济事件，将 1993－2016 年划分为 1993－1997 年、1998－2003 年、2004－2008 年、2009－2014 年、2015－2016 年 5 个阶段，并取平均值代表该阶段经济关系特征。

1.3 数据来源

中国香港、新加坡及东盟其余九国/地区的 GDP、资本形成总额、农业增加值、工业增加值、服务业增加值等数据来源于世界银行数据库网站（http://data.worldbank.org.cn/），通过这些数据来反映经济体之间在资金、劳动力等生产要素的丰裕程度，对极少量缺失数据进行人工填充。中国香港、新加坡的经济水平、服务贸易、银行数量等数据来源于中华人民共和国香港特别行政区政府统计处（http://www.censtatd.gov.hk/home.html）和新加坡统计局网站（http://www.singstat.gov.sg/）。经济体之间的联系突出表现在商品贸易与服务贸易往来上，因此各经济体之间的商品贸易和服务贸易进出口额能够较好地衡量区域间的经济联系密切程度。中国香港、东盟国家商品贸易数据来源于联合国商品贸易数据库 UN Comtrade 网站（https://comtrade.un.org/）。由于中国香港的进出口贸易额从 1993 年开始系统统计和发布，因而本文从 1993 年开始对中国香港向东盟除新加坡外的九个国家进出口贸易额及新加坡向东盟其余九国的进出口贸易额进行了整理。

2. 中国香港与东盟合作关系特征

中国香港人口、土地规模略高于新加坡，二者都属于东南亚发达经济体。但新加坡经济增长速度高于中国香港，大有后来者居上之势。1977 年，中国香港 GDP 为 157.2 亿美元，而新加坡仅为 66.2 亿美元，中国香港是新加坡的 237%；2010 年，中国香港、新加坡 GDP 规模相当；2013 年，中国香港 GDP 为 2 914 亿美元，而新加坡为 3 081 亿美元，中国香港仅为新加坡的 95%。中国香港、新加坡经济发展速度的差异在一定程度上离不开二者与其他东盟国家的经贸关系差别。

2.1 中国香港与东盟经贸联系较弱

借助欧氏距离法和中国香港、新加坡相关数据，对中国香港、新加坡与东盟九国之间的经济关系进行了计算。计算结果（表 1）显示：中国香港与更多的东盟国家有经济互补关系，包括印度尼西亚、柬埔寨、老挝、缅甸，而新加坡仅同柬埔寨、老挝和缅甸存在着互补关系，与东盟其他国家多为竞争关系，中国香港与东盟九国开展经济互补合作的条件优于新加坡。从时间演变上来看，1993－2016 年，中国香港与新加坡同东盟九国整体上经济关系的性质基本保持稳定。中国香港与柬埔寨的经济互补性明显上升，而与老挝的互补性下降明显，从强互补型逐渐转变为弱互补型，而老挝同新加坡则从强互补变为弱竞争。中国香港同印度尼西亚的经济关系从之前的一般竞争关系变为目前的一般互补关系。

表 1 1993—2016 年中国香港、新加坡与东盟九国分阶段的经济关系系数

区域		1993－1997 年	1998－2003 年	2004－2008 年	2009－2014 年	2015－2016 年
中国香港与东盟	文莱	−0.94	−0.53	−0.48	−0.94	−0.28
	印度尼西亚	−0.85	−0.4	−0.7	−0.14	0.24
	柬埔寨	0.63	0.33	0.4	1.3	1.08
	老挝	1.53	0.99	0.74	0.28	0.27
	缅甸	1.82	2.25	2.26	1.96	2.05
	马来西亚	−0.49	−0.88	−1.03	−0.89	−0.96
	菲律宾	−0.44	−0.59	−0.77	−0.57	−0.85
	泰国	−0.62	−0.75	−0.72	−0.94	−1.29
	越南	−0.63	−0.41	0.3	−0.07	−0.28
新加坡与东盟	文莱	−0.93	−0.56	−0.1	−0.64	−0.2
	印度尼西亚	−0.81	−0.32	−0.83	−0.61	−0.12
	柬埔寨	0.65	0.25	0.25	1.02	0.66
	老挝	1.55	0.95	0.44	−0.15	−0.31
	缅甸	1.8	2.23	2.41	2.39	2.52
	马来西亚	−0.67	−0.86	−0.92	−0.77	−0.99
	菲律宾	−0.35	−0.56	−0.71	−0.4	−0.91
	泰国	−0.7	−0.61	−0.69	−0.56	−0.38
	越南	−0.54	−0.51	0.14	−0.29	−0.27

从与东盟九国贸易的重要性来看，东盟是中国香港除中国内地、美国之外的第三大贸易伙伴，是新加坡的第一大贸易伙伴。1993 年，新加坡与东盟九国的贸易额为 371.72 亿美元，中国香港为 101.8 亿美元，新加坡是中国香港的 3 倍多；2008 年，新加坡与东盟九国贸易额约是中国香港的 4 倍；2016 年，新加坡与东盟九国的贸易额为 1 572.86 亿美元，中国香港为 778.77 亿美元，新加坡约是中国香港的 2 倍。1993 年东盟九国占中国香港贸易总额的比重为 3.67%，到 2016 年上升至 7.32%，而同期东盟九国占新加坡贸易总额的比重则一直大于 23%，东盟九国对新加坡经济发展的贡献远远高于中国香港（图 1）。

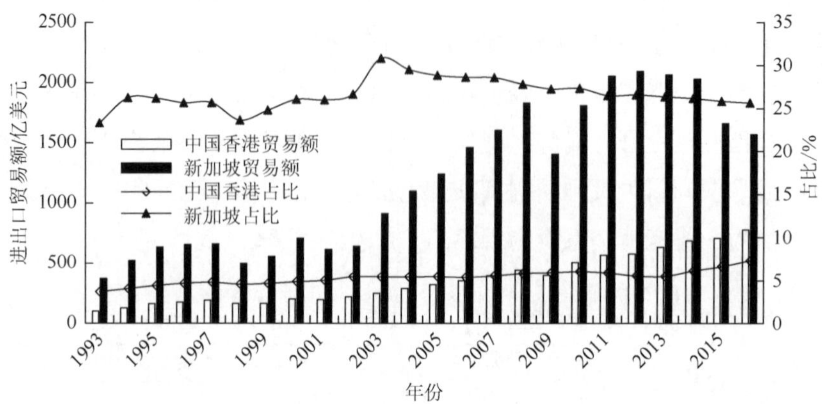

图 1　1993－2015 年中国香港、新加坡与东盟九国的商品进出口贸易额及占其贸易总额的比重变化

数据来源：联合国商品贸易数据库网站（https://comtrade.un.org/data/）

从国别来看，与中国香港商品贸易往来较密切的国家是泰国、马来西亚、菲律宾和印度尼西亚。而文莱、缅甸、柬埔寨、老挝同中国香港的经济联系强度较弱。与新加坡的联系情况类似，但联系密切程度总体上高于中国香港（图 2）。

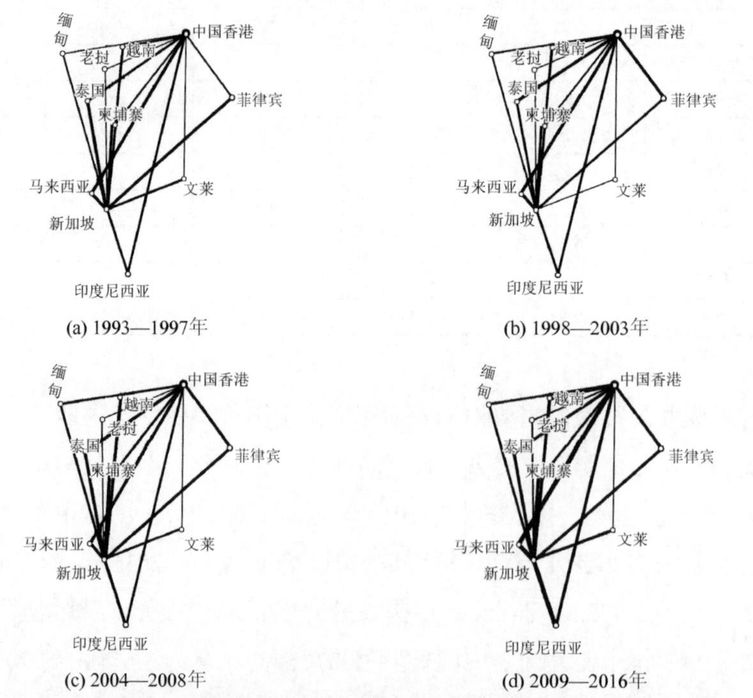

图 2　1993－2016 年中国香港、新加坡对东盟九国的双边贸易网络

线的粗细代表线两端地区之间的双边贸易额，线条越粗代表商品贸易额越大，经济联系越密切

2010－2015 年，新加坡与东盟的服务贸易占新加坡服务贸易总额的比重一直保持在 7%以上，而中国香港仅为不到 5%。

2.2 中国香港金融领先地位受到挑战

近年来中国香港的国际金融中心地位不断下降，主要表现在两个方面：一是金融机构数量急剧减少。香港金融管理局（http://www.hkma.gov.hk/）相关资料显示，1993 年，中国香港银行总数为 172 家，其中本土银行 32 家，外资银行 140 家；2017 年，中国香港银行总数减少为 155 家，其中本土银行 22 家，外资银行 133 家，外资银行占银行总数的 86%，而同期新加坡外资银行占比却从 89%上升到 96%！二是中国香港全球金融中心发展水平退步。2017 年 3 月，英国智库 Z/Yen 集团发布了《2016 年全球金融中心指数发展报告》，该指数被认为是全球最具权威性的国际金融中心地位衡量指数，报告显示伦敦、纽约、新加坡、中国香港和东京的全球金融中心指数位列全球前 5 名，中国香港的排名首次落后于新加坡，“纽伦港”中中国香港的国际金融地位受到严重挑战。在中国香港上市的外国公司所占的比例严重低于其他国际金融中心，东盟各国在中国香港设立的金融分支机构减少，导致中国香港国际金融中心地位下降。

中国香港在对外直接投资上，在 2007 年以前更多流向东盟，流入中国内地的资金相对较少。2008 年后，中国香港流向中国内地的对外直接投资额超过东盟，并保持着较快的增速，2016 年更是达到 1 831 亿美元。而对于东盟的投资不仅增速缓慢，近几年还有明显的下降，在 2016 年中国香港对东盟的投资额减少为 354 亿美元，仅仅是对中国内地投资额的 19%（图 3）。

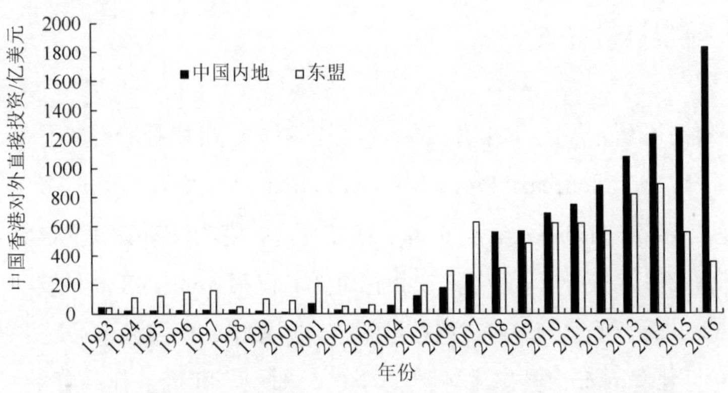

图 3 1993－2016 年中国香港对中国内地、东盟的对外直接投资额

2.3　香港航运的国际地位下降

航运是一个高度全球化的行业，港口是香港建设国际航运中心的重要组成部分，而香港港口的国际地位却呈现下降态势（Zhang et al.，2015）。据香港特别行政区政府海事处统计资料显示：自 1994 年有集装箱统计数据记录至 2004 年（1998 年除外）以来，香港港口吞吐量一直位列世界第 1 位，是世界上最繁忙的集装箱港口之一。2004 年，香港港口吞吐量已达 2 198 万 TEU，位列全球港口第 1 名，约为第 5 名釜山港口的 2 倍。但到了 2011 年，香港港口吞吐量为 2 438 万 TEU，全球地位下降为第 3 名，增长速度明显低于上海、新加坡、深圳、釜山港口；2016 年，香港港口吞吐量降为 1 981 万 TEU，全球地位更是下降为第 5 名，仅为排名第一的上海港口吞吐量 3 713 万 TEU 的一半（表 2）。

表 2　2004—2016 主要年份全球主要港口吞吐量前 5 名　（单位：万 TEU）

排名	2004 年		2011 年		2016 年	
	港口	吞吐量	港口	吞吐量	港口	吞吐量
1	香港	2 198	上海	3 173	上海	3 713
2	新加坡	2 133	新加坡	2 993	新加坡	3 090
3	上海	1 456	香港	2 438	深圳	2 397
4	深圳	1 363	深圳	2 257	宁波一舟山	2 156
5	釜山	1 144	釜山	1 618	香港	1 981

数据来源：香港特别行政区政府海事处网站关于港口及海事统计资料（http://www.mardep.gov.hk/hk/publication/portstat.html#4）。

2.4　技术创新合作不足

在创新经济不断发展的新时代，香港科技创新对经济增长的贡献不大。据世界知识产权组织（World Intellectual Property Organization，WIPO）发布的《2015 年全球创新指数》报告（Cornell University，et al.，2015），香港的创新指数位居全球第 11 位，连续 2 年下跌，香港在知识与科技产出指标中排名仅第 31 位，在高科技产品出口、知识产权申请等方面表现尤为逊色。科技创新产业规模小、研发投入不足、效果不佳、科技创新企业融资困难、创新人才流失严重、知识产权商业化率低等成为制约香港创新发展的瓶颈因子。例如，2003－2014年，香港研发支出虽然从85.49亿增加到167.27亿港元，但其占GDP的比例不仅低于0.8%，而且还呈现波动下降态势（图4），大幅落后于内地的2.1%、深圳的4.05%。同时，中国香港与东盟各国的科技创新合作较少。WIPO专利知识产权局发布的数据显示，中国香港与东盟之间的专利合作很少。

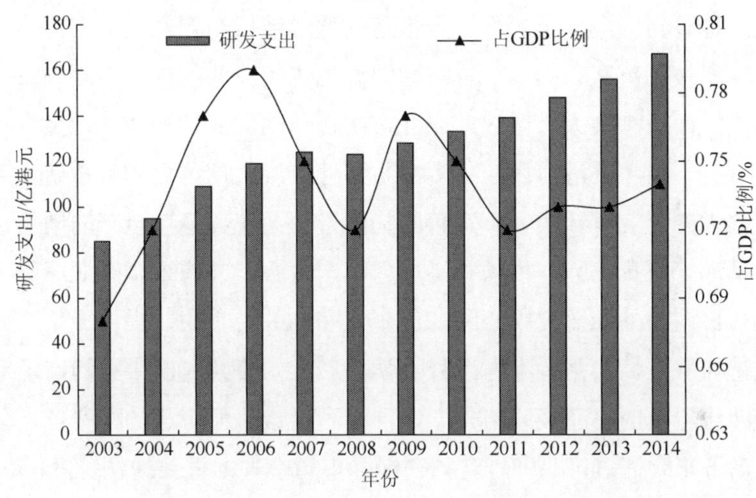

图4 2003－2014年香港研发支出及占GDP比例的演变

3. 中国香港与东盟关系重构建议

一直以来，香港为内地的对外开放与快速发展作出了巨大贡献，但近年来因资本短视等原因错失了很多发展机会。从现实来看，粤港澳大湾区内城市间产业梯队明显，每个城市具有各自的优势，如香港、深圳、广州城市化水平及服务业占比较高，是粤港澳大湾区的核心城市，有较强的辐射力。深圳拥有极具创新活力的中小企业和创业人才，在科技创新、新兴产业方面具有较大的优势，这方面是香港所缺乏的。湾区经济所带来的强有力的互补与支撑，为香港的发展带来了前所未有的机遇，这是香港开拓东盟市场同新加坡竞争所具有的独特优势。

“一国两制”有利于发挥香港的全球城市、中外合作交流桥梁纽带作用。中国香港应借力粤港澳大湾区战略，重塑与东盟关系，加强与东盟国家的互联互通，提升国际竞争力，改善民生。建议近期重点开展以下工作。

3.1 提升中国香港与东盟合作的层次

中国香港应该充分利用背靠中国内地的有利区位，提升与东盟合作的范围和层次。香港是粤港澳大湾区建设与中国—东盟关系的关键连接点，基于其所拥有的国际金融、技术研发、贸易等优势，应充分利用东盟的资源和开拓东盟国家市场，更好地参与国际分工，将自身打造成通过连接东盟从而面向世界的全球中心城市。以科技创新联系为例，香港因缺乏先进制造业的支撑，限制了其在服务业中的创新，而粤港澳大湾区内广东九市制造业创新活动活跃，但金融机构、中介服务等创新不足，香港对内应更多参与到粤港澳大湾区内的科技研发项目中，发挥香港强大的工业设计实力、完善的物流管理系统、遍布全球的销售市场及邻近的生产基地等自身优势，推动香港成为试产中心，并通过金融业服务于科技；而对外应积极向海外的研究中心和初创企业宣传香港实力，提供一站式处理设计、原型及试样服务，加强香港与海外大学、私人或公共科研中心的市场联系，使香港成为转化科研的“超级联络人”，同时利用覆盖面广泛的消费者、物联网及其他电子商务平台促进产品商业化，在国际市场中占据重要地位（蔡赤萌，2017）。

3.2 发挥香港“超级联络人”作用

中国香港作为自由港，是中国内地市场商品投资进入东盟国家的重要渠道，同时也是东盟国家商品进入中国内地的渠道，应该促进中国香港与东盟经贸多渠道合作，发挥中国香港在东盟与中国内地之间超级联络人的作用。中国内地目前处于转型发展的关键时期，企业面临着向国外拓展的新任务。因此，中国内地企业应该利用中国香港在东盟已有的经贸联系网络，促进其产业向东盟国家转移，建立跨国产业链，提升内地企业价值获取能力。具体而言，以中国－东盟自贸区零关税和推进粤港澳大湾区城市群建设为契机，大力促进中国香港与东盟各国的货物贸易、投资合作、服务贸易及文化交流，积极推进香港特区政府与东盟各国政府部门之间、行业协会之间、企业之间的多层次合作关系，并利用中国－东盟博览会等拓展中国香港与东盟各国经贸合作渠道，在中国与东盟的“10+1”合作中获得金融业、制造业、旅游业、服务业等优势领域的合作机会，从而带动中国香港服务出口的发展，巩固其金融中心、贸易中心及航运中心的地位。

3.3 提高交通基础互联互通水平

中国香港具有发达的航空和海上运输系统、国际航线、港口建设，与东盟各国接轨便利，在大湾区建设背景下，应重点围绕粤港澳大湾区城市群内部交通基础设施的有效联动和优势互补，推进中国香港－东盟航运关系重构。可以充分借鉴东京湾区建设经验，以香港、深圳、广州三大中心城市交通合作为基础，借助国家“一带一路”倡议，强化已有金融保险、法律咨询、总部经济等物流后台服务优势，大幅提升中国香港与东盟国家海运、航空等交通运输设施的互联互通水平，强化中国香港在东盟国家市场的资源调配能力，重振昔日中国香港在东盟国家综合服务能力强劲的雄风，进一步提升香港的国际知名度和全球影响力。

3.4 强化中国香港－东盟技术与人才交流合作

湾区不仅具有由海岸凹入的内环型陆地，而且还有一片共享的湾区水体。这种“内环型+共享水体”海陆共生的自然生态系统提供了最适合人类居住的环境，导致大量高端人才云集，形成了包容性极强的移民文化（申勇 等，2017）。如旧金山湾区的圣何塞市通过硅谷的集聚效应，集聚了全美约 1/3 以上的高端创新人才、高科技创新投资和基金公司，成为全球创新中心，引领世界高科技发展。而粤港澳大湾区是中国数以千万计的移民的聚居之地，也是中国兼容并蓄、人才聚集效应十分显著的地区，而东盟也是华人华侨高度集聚的区域。因此，中国香港应以高端人才交流为抓手，加强中国香港与东盟科研机构之间、科研机构与各类创新主体之间的合作，协同打造东南亚创新合作示范区。

4. 结语

在全球化时代，香港想要重塑国际竞争力，增强城市经济活力，就应进一步开创对外开放的新局面，参与区域经济合作。本文通过对中国香港与东盟的经贸联系历史演进的研究及对中国香港－东盟合作区位优势、合作互补性的分析，认为中国香港与东盟之间经济联系程度仍有较大的提升空间和潜力，应该借助粤港澳大湾区的战略机遇，重构中国香港与东盟的经济关系，促进香港经济新的腾飞。

为此，应该进一步提升中国香港与东盟合作层次、发挥香港“超级联络人”作用、提高交通基础设施互通互联水平、强化中国香港与东盟的技术与人才交流合作。

受多方面因素的影响，本文也存在一定的局限。首先，中国香港与东盟国家的关系受到多种因素的共同影响，作用机理复杂，难以在一篇论文中进行深入、系统、全面的论述；其次，从中国香港对外经贸关系的视角出发，东盟十国是一个整体，但为了便于分析中国香港面临新加坡的竞争压力，将新加坡这一重要东盟成员国与其他 9 个成员国分开进行分析，而对此做法学术界存在争议；最后，中国内地、中国香港、新加坡、东盟九国之间存在着复杂的地缘经济关系，这也是影响中国香港持续稳定发展的重要方面，但本文没有对此进行论述，有待未来进行深化研究。

参 考 文 献

蔡赤萌，2017．粤港澳大湾区城市群建设的战略意义和现实挑战．广东社会科学，（4）：5-14.

曹方平，2017．加快粤港澳大湾区城市群建设的几点思考——基于深圳市．财会学习，（11）：205.

程健，田莹莹，2017．香港在粤港澳大湾区建设中的优势．中国经济报告，（6）：89-91.

程玉鸿，李强，2011．改革开放以来粤港产业合作关系演进的实证研究．产经评论，（4）：86-94.

郭少丹，2017．未来 20 年港企应抢抓“一带一路”和粤港澳大湾区商机．中国经营报，2017-07-03（T05）.

胡剑波，汤伟，安丹，2014．合作博弈架构下中国－东盟区域经济互利共赢条件分析．经济问题，（10）：91-96.

李红，丁嵩，朱明敏，2011．多中心跨境合作视角下粤港澳湾区研究综述．工业技术经济，30（8）：3-9.

李红，韦永贵，徐全龙，2015．基于中国视角的地缘经济合作研究进展——以中国－东盟合作研究为例．热带地理，35（5）：719-729.

陆大道，杜德斌，2013．关于加强地缘政治地缘经济研究的思考．地理学报，68（6）：723-727.

罗小龙，沈建法，2010．从“前店后厂”到港深都会：三十年港深关系之演变．经济地理，30（5）：711-715.

马玉荣，2017．粤港澳大湾区建设的着力点．中国经济报告，（9）：103-105.

毛汉英，2014．中国周边地缘政治与地缘经济格局和对策．地理科学进展，33（3）：289-302.

申勇，马忠新，2017．构筑湾区经济引领的对外开放新格局——基于粤港澳大湾区开放度的实证分析．上海行政学院学报，18（1）：83- 91.

苏东辉，骆华松，蔡定昆，2013．区外大国与东南亚地缘经济关系测度分析．世界地理研究，（1）：1-11.

王淑芳，刘玉立，葛岳静，等，2015．中国－东盟地缘经济研究综述．热带地理，35（5）：730-738.

温志宏，1998．距离分析：地缘经济关系评价的一种方法．统计与决策，（1）：8-10.

郁慕湛，2017．香港是大湾区核心．沪港经济，（8）：10.

周春山，高军波，唐勇，2009．粤港新经济合作格局演变及广东对策，世界地理研究，18（1）：42-48.

Cornell University，INSEAD，WIPO，2015．The Global Innovation Index 2015：Effective Innovation Policies for Development．Fontainebleau，Ithaca，and Geneva.

Zhang A，Loh H S，van Thai V，2015．Impacts of global manufacturing trends on port development：The case of Hong Kong．Asian Journal of Shipping & Logistics，31（1）：135-159.

城市群区域一体化与旅游共享合作机制——长江三角洲的经验借鉴

陈　雯[1,4]，王　珏[3]，高金龙[1,2]

（1.中国科学院流域地理学重点实验室，中国科学院南京地理与湖泊研究所，南京 210008；2.中国科学院地理科学与资源研究所，北京 100101；3.香港中文大学 地理与资源管理学系，香港沙田；4.中国科学院大学 资源与环境学院，北京 100049）

摘　要：以长江三角洲“无障碍旅游圈”的实践为例，通过对地方政府合作过程的梳理，运用博弈分析方法剖析了各城市政府之间共享合作的动力机制及策略选择。结果表明：区域一体化进程中合作达成需要尊重市场意愿，增强政府及公众层面的区域认同，通过不同地方政府间的多重博弈达到成本共担利益共享的“纳什均衡”。这一结论既能丰富地方政府合作研究的案例样本，总结长江三角洲地区的成功经验，也可以为粤港澳大湾区建设过程中的地方政府合作提供参考和启示。

关键词：政府合作；旅游合作；长江三角洲；无障碍旅游圈；粤港澳大湾区

随着信息交流与交通的日益发达及区域壁垒障碍的不断消除，全球化力量正在改变原有地理空间结构及组织形式，促发了全球、国家与地方等不同空间尺度下的区域一体化，而共享发展也成为一种新的区域一体化发展模式（Dicken，2003；王珏 等，2013；Zhang et al.，2017）。尤其，在当今区域联盟不断崛起的新自由主义背景下，区域合作和城市群建设已经成为各地区应对国际挑战、摆脱恶性竞争、增强综合竞争力的重要手段，甚至成为一种全新的区域管治形式（Luo et al.，2009；吴群刚 等，2010；Wang et al.，2017）。自20世纪70年代以来，中国的城市和区域伴随全球化、市场化和分权化进程的不断深入，也经历了类似的关系重组与空间重构（罗小龙 等，2007）。在此过程中，城市政府作为地方利益的代理人，不仅担负着管理、调控和监督经济活动的职能，也是推动区域合作的关键主体（吕拉昌，2004；罗小龙，2011）。

中国国内区域一体化和合作的动力在哪里？如何能够促进区域合作成功？按照 Olson（2009）的“集体行为逻辑”（the logic of collective action）理论，区域合作的形成是利益共同体的认同准则，“选择性激励”（selective incentive）下集体共同利益和行为成本是政府间合作和竞争的约束条件。中国区域一体化是市场化、国际化和城市化相互作用的结果（洪银兴，2007），要素禀赋、产业分工、制度变迁、组织协调、地区博弈、区位条件等影响着一体化的动力（陈建军，2008），自然、文化、技术及体制机制对合作竞争的成本收益的影响仍然是深远的（陈雯 等，2012）。而且中国的区域一体化在很大程度上依靠中央和地方政府的推动和协调，国家“自上而下”（top-down）的推动与协调以及地方“自下而上”（bottom-up）的应对与反馈，在破除一体化过程中的区域分割所付出的代价及合作收益，共同影响着区域的一体化进程（何兴华，2003；郁鸿胜，2010；张京祥 等，2011；陈雯 等，2013）。罗小龙（2011）曾基于长江三角洲地区的实证研究提出，资源禀赋、城市的政治经济地位是伙伴选择的决定因素；靳景玉（2006）则认为文化的融合性、沟通的便利程度和沟通能力也是地方政府合作需要考察的因素。随着共享发展成为新的区域发展理念，成本共担、利益共享应成为合作的核心要义。

对于地方政府合作与区域一体化的关系，孙亚忠（2011）认为政府合作是实现一体化的手段，而根据一体化程度可以将政府合作划分为前期沟通与协商、区域统一市场的形成与深化、区域社会公共服务的趋同化 3 个阶段；罗小龙（2011）认为城市政府合作包括信息交流、专题合作和共同市场 3 个阶段，而合作的制度化将推动合作形式和领域的扩展，合作伙伴关系也不会终结。也有学者对政府合作制度化的未来表示担忧，认为制度一体化将使得合作城市陷入路径“锁定”的陷阱，在合作对象、合作方式及合作点上倾向于遵循先验性的经验，而要打破这种路径依赖则需要再次进行“路径创造”以补给合作的动力（苗长虹 等，2012）。因此，借鉴经济学的成本－收益分析框架，结合具体实践过程中不同地方政府的合作动机与行为策略，探究区域合作的内在机理及其对区域一体化的影响，对于中国转型期城市群地区的一体化发展与综合竞争力提升具有重要的理论与实践意义。

长江三角洲作为中国参与全球竞争的最具综合实力的区域之一，也是一个地方合作联盟辈出、区域率先一体化的城市群，受到颇多关注（陈雯 等，2013）。

近年来，国内外人文与经济地理学者分别基于不同要素视角，对长江三角洲地区的政府合作与一体化进程开展了大量卓有成效的研究。但是，现有研究主要集中在对一体化格局与过程的描述性分析，对于不同时期一体化程度的形成机理解释仍显不足。特别是，对于地方政府在区域一体化进程中所承担的角色缺乏深入探讨，难以总结出对其他一体化区域的可借鉴经验。基于此，本文将从地方政府合作的视角，通过对长江三角洲区域旅游合作过程的追踪，深入解析一体化不同阶段政府合作的成本－收益关系及其行为策略，以期为当前粤港澳大湾区建设与共享发展提供有益参考。

1. 长江三角洲旅游合作过程："无障碍旅游圈"的实践

长江三角洲地区地缘相近、血缘相亲、历史文化相通，尤其上海都市旅游资源丰富，江苏园林和历史人文积淀雄厚，浙江"山水旅游"条件优越，三地可谓各有侧重，同时又互为补充，为区域旅游合作提供诸多便利。20 世纪 90 年代以来，在长江三角洲一体化进程推动下，区域旅游合作内容不断深化，合作范围不断扩大，成为国内跨区域共享合作的典范。具体可以划分为 3 个阶段。

1.1　区域旅游"合而不作"

20 世纪 90 年代初期，长江三角洲地区就开始了旅游合作的早期实践，"江浙沪旅游年"活动的举办开创了中国区域旅游合作的先河，长江三角洲各城市在旅游路线设计和节庆合作方面进行了较好的尝试。但是，由于早期旅游市场不够规范、对旅游合作观念认识不足，地方更关注局部的短期利益，导致旅游合作中的"行政区经济"色彩浓厚，区域旅游市场行政封锁严重，旅游车和旅行社不能异地通行或经营。这一时期的区域旅游一体化表现为"合而不作"。靳诚等（2008）的研究也发现：20 世纪 90 年代初长江三角洲地区的旅游一体化存在明显的边界效应，阻碍了省域之间城市旅游差异的缩小。

具体而言，1992 年江苏省、浙江省和上海市旅行社联合以"江南六镇"申报世界文化遗产，共同推出了"江浙沪游"的概念，在全国掀起了一股江南旅游的热潮。截止 1992 年底，长江三角洲核心区主要旅游城市全年接待游客总数达到 251.73 万人，是 1990 年的 1.26 倍（国家统计局，1995）。此后，由于各旅行社之间相互竞争，景点之间恶意竞价，各地开始对“江南游”项目进行缩水包装，严重影响了这一旅游金字招牌的含金量和美誉度。例如，无锡、苏州、湖州三市均处太湖之滨，并都以太湖作为其城市与旅游的宣传名片，但是为了占领更多旅游市场份额，三市均极力强调自身特色，而忽视合作与联盟。无锡以“太湖绝佳处，毕竟在鼋头”自居，苏州宣传“太湖风光美，一半在姑苏”，而湖州则称“太湖之滨唯一因湖得名的城市”。诸如此类的竞争大大加剧了旅游市场的分割，也降低了区域整体的旅游竞争力。

1.2 危机带来转机

2003 年，一场肆虐中国大地的“非典”给旅游市场造成重创，国际和国内旅游收入分别从 2002 年的 203.85 亿美元和 3 878.36 亿元减少至 174.06 亿美元和 3 442.27 亿元，降幅分别为 15%和 11%（国家统计局，2004）。与此同时，长江三角洲地区的旅游合作却迎来了新的转机，极具市场敏锐性的旅游企业之间率先合作，组建了各类旅行社联合体，形成了应对危机下的合众之势。之后，各地政府也纷纷采取措施应对危机，核心区 16 个城市联合签署《长江三角洲旅游城市合作（杭州）宣言》，建立沪苏浙旅游市场工作联席会议机制，提出建立“无障碍旅游区”，取消旅游壁垒和进入障碍。这一举措成为 21 世纪长江三角洲旅游合作的第一波浪潮，也标志着“无障碍旅游圈”建设正式起步（靳诚 等，2006）。

总体上，长江三角洲“无障碍旅游圈”的合作最初源于抵御“非典”打击以挽救旅游业市场，企业是合作的发起者，随后带动了政府间的合作，不仅省政府积极介入，地方政府也出现了自发合作的态势，政府在其中扮演了推动者和中介人的角色。随之而来的沪苏浙旅游市场工作联席会议机制、长江三角洲旅游城市高峰论坛的建立，推动合作从非正式、非制度化走向了制度化合作，省政府、地方政府、旅游企业、媒体等多元参与者的积极互动促发了旅游联盟的诞生，加速了由危机向转机的过渡，两省一市旅游业总收入和接待游客总量也有较大幅度增长（表 1）。

表1 江浙沪地区2003年与2005年旅游业增长情况

地区	年份/增幅	境内旅游		入境旅游	
		接待游客/万人次	旅游收入/亿元	接待游客/人次	旅游收入/万美元
江苏	2003年	11 424	975	2 231 632	113 187
	2005年	17 234	1 626	3 783 023	225 974
	增幅/%	50.86	66.73	69.52	99.65
浙江	2003年	8 429	695	1 068 318	87 249
	2005年	12 758	1 240	3 480 089	171 623
	增幅/%	51.36	78.30	225.75	96.70
上海	2003年	7 603	1 114	3 198 700	205 300
	2005年	9 012	1 309	5 713 500	360 800
	增幅/%	18.53	17.48	78.62	75.74

资料来源：2004年和2006年两省一市统计年鉴。

1.3 历史机遇期下的转型

2005年9月，长江三角洲各市联合制定出台了全国旅游行业首项区域统一标准《长江三角洲地区主要旅游景点道路交通指引标志设置技术细则（试行）》（下称《细则》），标志着长江三角洲区域旅游合作步入实质性阶段。一方面，在《细则》指引下，两省一市旅游、交通、公安等部门又联合出台《旅游景区（点）道路交通指引标志设置规范》，正式将长江三角洲区域旅游合作纳入区域规范性文件范畴；另一方面，长江三角洲地区旅游部门从不同层面建立了较为完善的协调工作制度，无障碍化合作向联合售票、网络联合营销、区域人才流动等领域不断拓展。此外，在2010年上海世界博览会成功举办之后，为了共享世博的会展经济效应，长江三角洲核心区16个城市组织了长江三角洲世博旅游工作站，并在上海世博会事务协调局牵头下成立了世博旅游推广领导小组和相关协调机构，联手举办旅游推介会、节日庆典活动、论坛，共同开发旅游线路，整治规范旅游市场。至此，长江三角洲"无障碍旅游圈"从基础性、事务性的浅层次合作向旅游产业资源重组、区域旅游总体规划等涉及利益的深层次领域探索。

相较于"非典"时期，这一阶段长江三角洲各城市在历史机遇下促发形成"互助"反应，2006年杭州世界休闲博览会、2008年北京奥运会和2010年上海世界博览会为整个长江三角洲的旅游提供了非常难得的发展机遇，促进和带动了区域旅游产业的升级，加快“无障碍旅游圈”向全面、务实的高层次合作推进。这一时期政府间的互动上升为合作的主导力量，尤其是城市政府寻求合作的强烈愿望，促发了长江三角洲“无障碍旅游圈”由信息沟通、制度建设的初级阶段迈入了实质性合作的新阶段。城市政府也通过积极向上级政府游说等方式，成功获得了省政府的支持，从而形成上下级政府之间利益方向一致的合作博弈。

2. 政府间共享合作的成本收益及行为策略

长江三角洲“无障碍旅游圈”直接利益相关者包括联盟内各级政府（包括旅游主管部门）、相关旅游企业和协会；间接利益相关者包括当地居民、游客、媒体、学者及专家等。由于中国践行的是政府主导旅游发展战略，政府是推动旅游合作的第一主体（王永刚 等，2011）。尤其，地方政府在旅游合作中同时扮演着合作收益的分配者和利益冲突的协调人的关键角色。在追求旅游合作收益中，城市政府不仅与上级政府之间建立委托-代理关系，同时还是旅游景区周边居民、旅游者及旅游业相关行业从业人员等的利益代理人，城市政府在博弈中处于十字形节点的位置（图 1）。所以，从城市政府的成本-收益入手，对其行为策略的深入剖析，将有助于理解长江三角洲区域旅游合作的形成与演变过程。

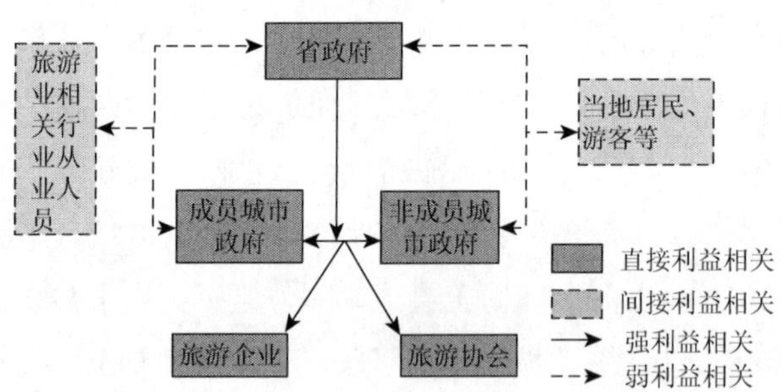

图 1　长江三角洲区域旅游合作的利益相关者及其互动关系

2.1　城市政府的合作成本与收益分析

城市政府作为直接利益相关者，推动旅游合作收益包括了经济、政治、社会利益等；同时，城市政府还承担支持旅游业发展的职责和公共财政支出，意味着既要支付合作交易成本，也要支付公共设施投入等成本。具体而言，区域旅游合作带来的收益主要包括：①经济利益，通过合作可以激发各城市旅游发展活力，增强对其他地区客源的吸引力，扩展本地旅游市场和辐射面；还能带动餐饮、住宿、交通等相关行业发展，增加地方税收和就业岗位，促进地区经济繁荣。通过优势互补可以促进旅游资源整合，组合成复合型的旅游新产品，避免资源的重复开发和过度开发；开展大范围的联合促销，降低原各地区进行旅游品牌策划与运作的成本。②政治利益，旅游合作迎合了长江三角洲区域一体化的国家发展战略，有利于长江三角洲打造具有国际竞争力的世界级城市群；同时，旅游合作还能够带动区域环境质量的改善，再造环境优势，加速人才、资本、要素的跨界流动，促进区域均衡发展。③社会利益，主要体现在为游客提供更为广阔的、无行政分割的自由活动空间和优质的旅游服务；增进文化交流，促进公共服务均等化和社会稳定，提升区域整体形象和地位（表2）。

与此同时，城市政府在参与旅游合作的过程中所要负担的成本主要有：①建设成本，指加入长江三角洲“无障碍旅游圈”所需要投入的旅游及其他配套建设资金，主要是景区与国省道之间的连接线、景区（点）道路交通指引标志、旅游服务咨询点、景区（点）宣传资料、导游培训及其他相关的配套设施（如车辆救援、医疗机构、加油站等）。②交易成本，是合作中的可控成本，主要是达成合作过程中的信息搜集、整理及处理的成本，以及长江三角洲城市间签订旅游合作协议中涉及的编制、谈判、维护及协调等费用（表2）。

表2　长江三角洲“无障碍旅游圈”的合作成本与合作收益

合作收益		合作成本	
经济利益	开拓旅游市场和整合旅游新产品，增加地方税收和就业岗位；降低旅游品牌策划与运作成本，增强区域竞争力	建设成本	旅游及配套设施的建设资金
政治利益	减少地区分割，促进地区关系和谐，提高社会文明程度	交易成本	搜集、整理及处理信息的成本，谈判机会成本
社会利益	提高环境品质和服务质量，提升区域知名度，维护社会稳定		

2.2　合作动力与博弈策略

从经济学视角出发，城市政府的行为决策往往是在比较旅游合作对地方经济、就业、社会环境等积极影响，与交易成本和生产成本所构成的总成本之后做出的理性选择。也即长江三角洲“无障碍旅游圈”形成的关键是各地城市政府在获得上述合作收益的同时，必须支付一定的合作成本，而合作净收益要大于不合作的净收益。基于这一基本认识，本文运用声明博弈[①]，分析政府合作前后的收益变化及成本支出，以窥探长江三角洲“无障碍旅游圈”中政府行为的内在逻辑。首先，城市政府作为合作的主体，也是博弈的局中人，而“无障碍旅游圈”的形成过程实质上是寻求更多合作伙伴的过程，体现为原有联盟中的成员城市与其他非成员城市之间的重复博弈。其次，由于成员城市政府之间、其他非成员城市政府之间存在内部利益方向的一致性，因此两组城市分别具有相同目标函数、利益诉求和行为选择，也就构成了对弈的两方。最后，根据实际情况设定非成员城市为博弈中的“声明方”，具有“真实”（加入）和“虚假”（不加入）两种策略选择，而成员城市作为“行动方”，根据非成员城市的行为做出相应策略。由此可见，这是一个完美信息的动态博弈（dynamic games），表 3 表示对弈双方的收益矩阵。

表 3　长江三角洲“无障碍旅游圈”的声明博弈收益矩阵*

		成员城市	
		同意加入	反对加入
非成员城市	真实宣言	（TR_M–TC，TR_M–TC）** （200，200）	（TR_{M1}–TC_1–TC_0，TR_{M2}–TC_1–tc） （100，50）
	虚假宣言	（TR_{M1}–TC–TC_h，TR_M–TC–TC_E） （50，100）	（TR_{M1}+TR_{W1}–TC_1，TR_{M2}–TC_1） （110，80）

*假设双方合作策略均可获得的合作收益（TR_M）为 300，其中经济收益（TR_E）、政治利益（TR_P）、社会利益（TR_W）分别为 200、50、50（TR_E＞TR_P，且 TR_E＞TR_W 符合城市政府经济驱动为主的现实情况），相应支付的合作成本（TC）均为 100，包括发表宣言所需的交易成本（tc=30）和生产成本（pc=70）；非合作状态下，成员城市的收益（TR_{M1}）仅为经济收益（TR_{E1}=190）和社会利益（TR_{W1}=40）之和的 230（旅游产业具有规模效应，因此 TR_E＞TR_{E1}，相应所产生的社会福利也存在 TR_W＞TR_{W1}），非成员城市的收益（TR_{M2}）为 200（长江三角洲旅游圈初期由 16 个城市组成，在随后扩容过程中吸收了江西、安徽等省份的成员城市，然而后加入的地区在经济发展水平上与“15+1”成员存在一定差距，因此可认为非成员城市一般以欠发达地区居多，旅游产业的收益要小于联盟中的发达城市，即 TR_{M2}＜TR_{M1}），此时双方投入的成本（TC_1）均为 120（合作建设旅游交通等设施可以共同分摊建设资金，减少单个政府的投入，因此 TC_1＞TC），交易成本可近似为 0。

**括号中分别为成员城市和非成员城市的净收益表达，下方数字大小是根据现实进行抽象化的无量纲指标，仅表示城市政府的相对收益，不指具体金额。

根据图 2 所示的动态博弈过程进一步分析，当成员城市和非成员城市都采取合作策略时，双方的净收益均为 200（TR_M–TC=200），共享旅游圈联盟的合作效应；

①声明博弈源自囚徒困境的分析，由于在博弈过程中对合作内容的描述大都比较抽象和模糊，尤其对博弈双方的权利和义务缺乏明确的约定，对于双方行为约束力有限，实质上体现为一种声明博弈，即对弈各方在谈判过程中，通过无成本或成本几乎为零的口头协议传递合作信息。

当非成员城市采取合作，而成员城市采取不合作策略时，非成员城市不仅无法获得旅游圈的合作效应，还需要为声明支付一定的交易成本（tc=30）；而成员城市则面临丧失扩大旅游圈机会的损失，即机会成本（TC_0=10），此时成员和非成员城市的净收益分别为 100（TR_{M1}–TC_1–TC_0=100）和 50（TR_{M2}–TC_1–tc=50）。若成员城市采取合作，而非成员城市不合作时，非成员城市因为上一阶段的虚假宣言将暂时获取旅游联盟的合作收益，但这种欺骗行为会使得非成员城市面临信用下降及随后成员城市的抵制措施（如暂停游客互送）等负效应（TC_E=100）；成员城市则由于新加入的城市并无采取实际的合作行为而无法获得合作收益，而且非成员城市“搭便车”行为将降低旅游联盟中个体收益水平，其损失量 TC_h=60，此时成员、非成员城市的净收益分别为 50（TR_{M1}–TC–TC_h=50）和 100（TR_M–TC–TC_E=100）。当成员和非成员城市均采取不合作策略时，双方的净收益分别为 110 和 80，无法获得合作带来的收益增长。根据博弈分析的划线法可知，“真实声明，同意加入”是博弈的完美纳什均衡解。

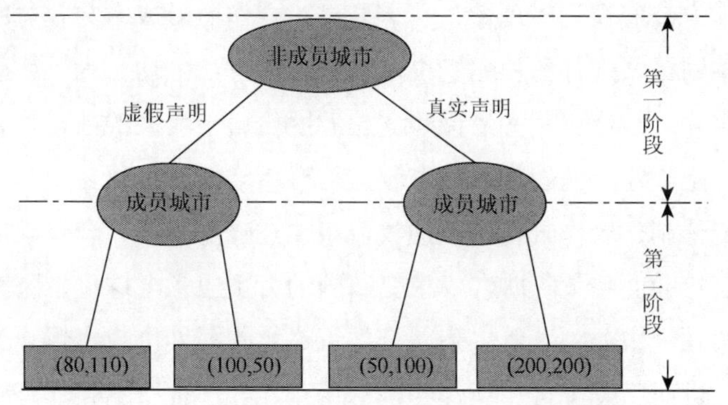

图 2　长江三角洲“无障碍旅游圈”合作的博弈树

总之，长江三角洲“无障碍旅游圈”的合作促进了所有合作城市收益的增长，而这种增长同时受到内部和外部作用力的共同影响。一方面，在全球化和区域一体化带动下，合作促进旅游管理体制变迁和旅游市场分割打破，建立统一的旅游市场，整合不同区域旅游资源，提供更丰富旅游产品，培育旅游产业新增长点。另一方面，在高速的信息流通下，各地政府逐渐认识到通过合作，可以实现旅游资源、产品、市场、信息、客源等要素共享，促进旅游服务提升，做大区域旅游“蛋糕”（表 4）。

表 4　长江三角洲“无障碍旅游圈”的利益分析及策略选择

局中人	非成员城市	成员城市
不合作负效应	旅游市场分割，旅游资源小、散、杂、弱，旅游要素跨区域流动受阻	旅游客源和资源有限，旅游品牌缺乏知名度，区域综合旅游竞争力弱
合作成本	旅行社开拓及经营成本，建设一体化连通旅游设施	旅游事务协调沟通成本，信息搜集和整理，合作协议签订、维护、监督、解决争端等交易费用
合作收益	进一步旅游市场扩大，促进资源整合和市场完善，提升旅游服务质量和标准，增强区域旅游综合竞争力	
博弈结果	合作收益＞合作成本	合作收益＞合作成本
策略选择	加入旅游圈	接受新成员

3. 区域合作及一体化体制的讨论

作为区域一体化与城市群建设的关键，地方政府之间的相互合作一直是学界研究的焦点。现有研究大多从要素市场建设及管理体制等角度开展实证与理论研究，较少涉及地方政府行为策略选择的根本动机。本文借鉴经济学中多重博弈分析框架，将地方政府视为“理性人”，通过对合作前后成本与收益的比较分析，深入解析了不同策略选择的根本动机，在理论与方法上均可为后续研究提供有益借鉴。具体来看，长江三角洲“无障碍旅游圈”属于典型的共享型合作，即合作前双方都有一定收益，而合作后双方收益均有所增加且净收益均衡。由于中国特殊的行政分割体制，合作之初可能的收益增加被普遍忽视，合作难以达成。当发展环境恶化、行业面临危机时，寻求变革的动力顺应了全球化、区域一体化的大趋势，推动体制突破分割藩篱。随着合作策略实施，城市政府越来越认识到共享合作的益处，进而引发了合作博弈结构的变迁，合作意愿更强，跨界管理也成为可能。但是，在这一过程中市场力量仍起决定作用，而内外部力量共同作用推动合作达成共识。全球化、市场化及政府治理变化，带来无限市场，谁丢了市场，必会在竞争中处于劣势。城市政府推动区域合作，要以市场为核心，尊重市场规律，顺势而为，不可违背市场的选择。只有这样，地方政府间的共享型合作才能以通过增加收益的方式，来激励各方形成合作之势，合作能够促使各方收益都得到增长，实现合作净收益大于不合作净收益，这也正是长江三角洲“无障碍旅游圈”得以形成的基础。

从区域竞争的角度，区域的内部一体化发展能够极大地提升其外部竞争力

（Shen et al.，2016）。作为中国走向世界（特别是进入“一带一路”倡议）的“南大门”和世界进入中国市场的门户枢纽，粤港澳大湾区的深度合作也成为中国更好参与全球竞争、融入全球价值链的关键（陆大道，2017）。而旅游业作为一种开放的经济活动，其发展过程具有极高的区域关联性，通过合作可实现资源的共享、机会的共享、困难的共渡，既契合了当前共享发展的宏观形势，又有助于提升区域综合竞争力（郭寻 等，2006）。从区域实践的角度，市场规律能够决定的东西似乎毋庸多虑，因为资本本身具有追逐利润最大化的本性，而在一体化进程中的要素流动与市场分割往往是由政府、企业及公众层面的主观行为导致的（Ye，2014）。因此，政府合作的顶层设计，首先要基于成本共担利益共享的市场基础，避免一味地行政推力，否则效果甚微；其次要建立政府间沟通合作机制，减少信息壁垒和政策分割，增进府际互信，坚持共建共享；最后要建立推动市场层面的企业合作和公众层面的民间交流的合作生态，使全民共享合作发展的成果，从而实现对区域合作全方位、多领域的全面认同。

鉴于此，本文认为粤港澳大湾区建设过程中应该更加注重政府间合作，充分发挥各地资源禀赋优势，享受区域共享发展红利。一方面，借助体制机制改革的优势，在坚持“一国两制”的基础上，探索建立新型“中央集权”制度，由中央政府协调成立跨界政府联席会或协调会，加快破除行政壁垒，推进跨区域旅游合作，加强人文交流、促进文化繁荣。尤其，强化宏观政策引导，加快探索跨区域人口流动政策，“自上而下”与“自下而上”双管齐下，加快地方政府和社会公众对跨境合作收益的认可，在强化政府间、部门间合作的同时，也要关注非政府组织与政府之间的协调与合作，充分发挥社会资本对区域发展的推进作用，切实加强大湾区正式与非正式跨境交流与合作。另一方面，充分发挥各地比较优势和市场在资源配置中的决定性作用，发挥滨江临海、有城有港的综合优势，加强各地政策和规划的协调对接，在确保各地拥有平等知情权和参与权的基础上，通过市场的价格、供求和竞争形成利益的分配格局，并根据权利与义务对等原则，实现合作收益和合作成本的合理分摊，对合作中付出代价的地方政府给予一定的补偿，促进粤港澳双向合作和大湾区经济社会协同发展。

参 考 文 献

陈建军，2008．长三角区域经济一体化的历史进程与动力结构．学术月刊，40（8）：79-86.

陈雯，陈顺龙，等，2012．厦漳泉大都市区同城化 重塑发展新格局．北京：科学出版社．

陈雯，王珏，2013．长江三角洲空间一体化发展格局的初步测度．地理科学，33（8）：902-908．

国家统计局，1995．中国统计年鉴——1995．北京：中国统计出版社．

国家统计局，2004．中国统计年鉴——2004．北京：中国统计出版社．

郭寻，吴忠军，2006．区域旅游发展中政府合作的制度障碍及对策思考．人文地理，21（1）：106-109．

何兴华，2003．空间秩序中的利益格局和权力结构．城市规划，27（10）：6-12．

洪银兴，2007．长江三角洲经济一体化和范围经济．学术月刊，39（9）：71-76．

靳诚，陆玉麒，2008．区域旅游一体化进程中边界效应的定量化研究——以长江三角洲地区入境旅游为例．旅游学刊，23（10）：34-39．

靳诚，徐菁，陆玉麒，2006．长三角区域旅游合作演化动力机制探讨．旅游学刊，21（12）：43-47．

靳景玉，2006．城市联盟的合作动力机制研究．成都：西南交通大学．

罗小龙，2011．长江三角洲地区的城市合作与管治．北京：商务印书馆．

罗小龙，沈建法，2007．长江三角洲城市合作模式及其理论框架分析．地理学报，62（2）：115-126．

吕拉昌，2004．珠江三角洲与外围地区的整合模式研究．地理科学，24（5）：522-527．

陆大道，2017．关于珠江三角洲大城市群与泛珠三角经济合作区的发展问题．经济地理，37（4）：1-4．

苗长虹，张建伟，2012．基于演化理论的我国城市合作机理研究．人文地理，27（1）：54-59．

孙亚忠，2011．政府竞争论．南京：南京大学出版社．

王珏，陈雯，2013．全球化视角的区域主义与区域一体化理论阐释．地理科学进展，32（7）：1082-1091．

王永刚. 李萌，2011. 旅游一体化进程中跨行政区利益博弈研究——以长江三角洲地区为例. 旅游学刊，26（1）：24-30.

吴群刚，杨开忠，2010．关于京津冀区域一体化发展的思考．城市问题，（1）：11-16．

郁鸿胜，2010．制度合作是长三角区域一体化的核心．中国城市经济，（2）：9-10．

张京祥，耿磊，殷洁，等，2011．基于区域空间生产视角的区域合作治理——以江阴经济开发区靖江园区为例．人文地理，26（1）：5-9．

Dicken P，2003．Global shift: Reshaping the Global Economic Map in the 21st Century．London：Sage．

Luo X，Shen J，2009．A study on inter-city cooperation in the Yangtze River Delta region，China．Habitat International，33（1）：52-62．

Olson M，2009．The Logic of Collective Action．Cambridge：Harvard University Press．

Shen J，Wang L，2016．Urban competitiveness and migration in the YRD and PRD regions of China in 2010．The China Review，16（3）：149-174．

Wang L，Shen J，2017．Comparative analysis of urban competitiveness in the Yangtze River Delta and Pearl River Delta regions of China，2000–2010．Applied Spatial Analysis and Policy，10（3）：401-419．

Ye L，2014．State-led metropolitan governance in China：Making integrated city regions．Cities，41：200-208．

Zhang W，Derudder B，Wang J，et al.，2017．Regionalization in the Yangtze River Delta，China，from the perspective of inter-city daily mobility．Regional Studies，DOI：10.1080/00343404.2017. 1334878.

贸易促进下的粤港澳大湾区一体化发展

李　郇[1ab]，郑莎莉[1a]，梁育填[2]

（1.中山大学 a.地理科学与规划学院；b.中山大学城市化研究院，广州 510275；

2.中山大学地理科学与规划学院 综合地理信息研究中心，广州 510275）

摘　要：通过梳理贸易与区域一体化作用的理论与实证研究，提出贸易对一体化作用的长期动态理论；以此为出发点，分析珠江三角洲与港澳地区贸易往来的历史地理，认为贸易对粤港澳大湾区一体化的过程起到了促进作用。粤港澳大湾区一体化过程中，珠江三角洲与港澳地区的贸易对象从商品到生产过程，最后到服务的转变，贸易主体从实体商品为主到无形服务为主的这种变化，是促进粤港澳大湾区从初级一体化向高级一体化迈进的主要过程。此外，贸易的一体化过程有着极大的外溢效应，它完善了地区基础路网的建设，推动了产业集群的产生，带动区域创新，将一体化区域提升至国家“一带一路”倡议中的重要地位。未来，粤港澳大湾区将会紧紧抓住服务贸易作为贸易发展的主线。因此，对未来大湾区的发展提出三大发展走向：必须先发展湾区的陆地轨道交通网络，完善港口和机场交通体系的新建和协调；依托交通体系，形成一体化两大枢纽：“广佛”与“深港”，作为推动一体化的主导力量；以“广州—深圳—香港”为主要节点的区域创新走廊是未来大湾区的增长新动力。

关键词：粤港澳大湾区；区域一体化；贸易；集聚；创新

贸易是珠江三角洲地区经济增长的传统引擎。早在清代十三行时期，广州作为全国知名的贸易城市，一直是珠江三角洲的经济重心。改革开放之前中国依靠中国进出口商品交易会（简称广交会）获取国家建设所需要的外汇，改革开放之后，“三来一补”产业的兴起挽救了香港的制造业危机，同时打开了珠江三角洲城市的制造业发展之门；随着 2008 年金融危机的到来，珠江三角洲外向型制造业受到严重冲击，此时以科技创新、产业转型的生产性贸易在珠江三角洲的企业间兴起。观察历史的风口浪尖，总能找到贸易在其中的影子。贸易是否对粤港澳地区一体化的作用产生了影响？通过对理论及历史事件的研究发现，源于比较优势而产生的贸易，通过产业集聚、产业规模扩大及规模报酬递增产业的出现，逐步内生化产业集聚的动力，从而改变产业的前后向联系，促进了区域一体化的进程。本文探究粤港澳大湾区贸易关系如何发生转变，以及贸易在转变过程中的作用，分析贸易在一体化历史中的角色及影响，以期为立足于国家“一带一路”倡议背景下的粤港澳大湾区的未来发展方向提供启发。

1. 贸易与区域一体化

贸易对区域一体化的促进关系，已有许多理论与实证研究进行相关讨论。根据新古典贸易理论，产业区位由自然资源、技术、劳动力等外生资源禀赋决定，产业在具有比较优势的地区集聚。各区域根据比较优势进行分工，贸易成本的减少将引起产业集聚和地区专业化。但随着产业内贸易等许多新的经济现象的兴起，比较优势理论难以进行解释。

新古典贸易理论解释了当 2 个地区具有较弱的比较优势时，如何由贸易带来产业集聚现象。20 世纪 80 年代，以克鲁格曼（Krugman）为主要代表人物的新贸易理论通过假定规模报酬递增、运输成本和不完全竞争，认为是规模经济和市场规模效应导致了产业的空间集聚；他认为市场规模（前向联系与后向联系导致生产商的集中或分散程度可以表征市场规模的变化）和规模经济是产业集聚的内生因素，与比较优势无关。同时，Krugman（1991a）也提出了贸易成本的下降（如运输成本的下降）会减弱区位优势对专业化分工的影响，并促进产业空间集聚。

在贸易促进区域产业集聚的过程中，产业区内出现了技术溢出的现象。而技术溢出、知识溢出很快能在产业区内传播，并在生产过程中转化为创新力量。根据国际贸易理论，伴随贸易而存在的国际性或地区性的知识和技术传播，一国或地区可以从其贸易伙伴获得新的技术来发展自身潜在的比较优势。刘炜等（2013）认为：产业集群企业之间建立在各种正式与非正式联系上的技术交流与合作是集群企业技术创新的重要基础，证明了产业集聚对技术创新的促进作用。而随着各国比较优势的动态发展，国际专业化分工的形式也发生相应的变化。在国际贸易理论的演进过程中，技术要素一直起着重要的作用，只是在不同的发展阶段，它所强调的表现形式及重要性程度不尽相同。技术的创新和发展使得技术作为一种投入要素改变了一个国家的要素禀赋和比较优势，从而影响着一个国家的贸易模式和贸易利益；同时，贸易的发展也通过技术的扩散和外溢影响着一个国家自主创新的能力和水平。

许多实证研究证明了Krugman对于贸易的流动带来产业的空间集聚和地方专业化理论的正确性。如Krugman（1991b）认为贸易不能更自由地流动导致了欧盟与美国专业化程度的差异，是美国产业集聚力更强的原因；Brülhart（1995）通过研究得出了产业集聚与规模报酬递增行业的紧密关系；Kim（1995）的研究显示：随着美国区域经济逐渐实现一体化，产业地方化和专业化程度在美国各个地区显得愈加明显。

同时，刘炜等（2013）的研究发现：通过正规与非正规方法产生了技术与知识溢出成为促进产业创新的基础。综合贸易理论与相关实证研究，证实了贸易通过对产业集聚产生作用，从而对削弱区域边界，促进区域一体化，并且集聚会带来知识与技术创新。以上理论与实证多采用横向视角，从某个时间截面研究贸易与区域一体化关系，是相对静态的。本文综合考虑相关贸易理论，梳理出较长时间内贸易对区域一体化促进作用的动态理论：以规模报酬递增，不完全竞争和运输成本为前提，在贸易发展的初始阶段，比较优势的存在使得商品贸易产生萌芽。每个地区分别从事优势性产业的生产，专业性生产带来具有外溢效应的集聚经济的增长，驱动了产业创新。这促进了产业在不断升级中扩大规模。这时，地区间比较优势的差距日益微弱。而由于产业升级所带来的产业规模的扩大，引起的规模报酬递增效应，以及此时运输成本的降低成为驱动产业集聚的新力量，促使区域一体化发展到了第二阶段。第二阶段，在集聚中心的强大引力作用下，贸易内容从最初的商品变为劳动力、资本等生产要素，这些要素的向心流动构成了地区间的联系通道，成为消弭边界，达成区域一体化的载体。最终，贸易促进了区域一体化的过程。

2. 粤港澳大湾区贸易关系的转变

基于以上理论综述，运用总结出的理论，分析改革开放后贸易对粤港澳大湾区一体化的促进过程。改革开放后，粤港澳贸易关系经历了广交会，港资北上形成的“三来一补”的特殊现象，以及进入 21 世纪以后，中国加入世界贸易组织

（World Trade Organization，WTO），2003 年 CEPA 的签订和广东省自由贸易区的设立等一系列重大事件。在此历史过程中，粤港澳的区域格局从改革开放之初的广州与香港各成一家，到改革开放后，珠港澳三地依靠产业分工合作将香港推上了区域中心之位；随着世界一体化进程的加深，中国加入 WTO 后，珠港澳间的合作更深一层，沟通三地的基础设施不断建设完善，具有强大集聚与辐射功能的区域枢纽渐次成型，地区间的贸易合作、人口流动、商贸物流等往来联系更具规模、更加频繁，“一国两制”下的大湾区一体化格局正在形成。

2.1 贸易是粤港澳区域合作的源头

改革开放前，中国处于较为封闭的经济体中，与港澳之间的联系不强，对外出口贸易几乎没有发展。而在世界产业转移浪潮下的香港，迎来了制造业的蓬勃发展。1947－1959 年，香港工厂数量从 961 家增加到 4 541 家。同年，钢产品出口额占出口总额的 69.6%（陈广汉 等，2006）。同时期的内地虽然与香港地理邻近，但由于政策阻隔，内地市场封闭严重，珠江三角洲地区还停留在以第一产业为主的经济情况上，致使珠江三角洲地区和港澳地区之间产生了发展的“绝缘带”。

为了解决中国经济建设的外汇需要，1957 年广交会在广州开办，搭建了中国与国际贸易的平台，打破了“资本主义贸易封锁”。虽然第一届广交会贸易成交额只有 1 754 万美元，参展人员只有 1 223 人[①]，但表明了中国对外贸易关系已从闭塞发展到了以小商品为主要产品的出口型贸易阶段。随着广交会一年两度的成功举办，在出口贸易额方面取得了可喜成果。1965 年两届交易会出口成交额达到 7.57 亿美元，占当年全国外贸出口总额的 33.98%[②]，达到了改革开放前的对外出口总额数据高峰。

广交会形成了珠江三角洲与香港合作模式，新中国成立后首次对香港抛出贸易往来的邀请函。据有关数据显示：第一届广交会，参展的 1 223 位客商中有 1 021 位为港澳采购商，港澳占出口成交总额的 64.33%（喻季欣，2014）。历届广交会

① 数据来源：《历届广交会回顾历届成交额统计》（http://www.cantonfair.org.cn/html/cantonfair/cn/about/2012-09/126.shtml）。

② 数据来源：据《历届广交会回顾历届成交额统计》（http://www.cantonfair.org.cn/html/cantonfair/cn/about/2012-09/126.shtml）1965 年海关总署相关数据计算。

对香港的出口值也占到总值的一半以上①。香港客商积极参与广交会，促进了珠江三角洲地区的产业从第一产业向农产品加工业转型，刺激了珠江三角洲地区的农产品转化和出口贸易。香港客商在历届广交会成交额平均占总成交额的约1/4。珠江三角洲对香港日用品的输出占到了香港本地日用品生产总额的3/4。广交会不仅增加了珠江三角洲地区对香港的商品输出，也在一定程度上吸引香港客商对珠江三角洲地区的发展前景进行考量，为以后的发展埋下了伏笔。

新中国成立后到改革开放前的这个阶段，香港的大量日用消费品仍然依靠内地出口，促进了从粤到港的单向贸易往来。香港作为“亚洲四小龙”之首，大珠江三角洲地区的制造业中心，对内却几乎没有产生辐射和带动作用。作为粤港联系的先行部队，广交会的出口贸易虽然没有完全打破珠江三角洲与港澳间发展的“绝缘带”，但也为改革开放后的粤港合作埋下了伏笔，成就了广州成为珠江三角洲的区域中心。

2.2 产业转移下的跨境生产贸易的兴起

20世纪80年代，改革开放打开了中国的南大门，珠江三角洲采取了宽松的政策以吸引外商投资。1984年政府公布了允许部分农村剩余劳动力进城务工、经商、办服务业，使得大量的农民涌向城市，为制造业的发展提供了丰富的劳动力。据不完全统计，1984年这类人口达到30万之多（许学强 等，2009）。同时，适逢国际石油危机，香港出口受阻，制造业停滞。香港厂商抓住这一历史机遇，快速发展与内地的生产贸易，港资大量北上，形成“前店后厂”的跨境生产贸易模式。

“前店后厂”模式的兴起，是比较优势的一个重要体现。随着香港制造业的发展，土地、空间、劳动力的限制成为制造业发展的瓶颈。而珠江三角洲具有的广阔土地、低廉而丰富的劳动力资源、较为完善的基础设施及利好的形式政策等优势，成为香港制造业转移的目的地。以来料加工、来件装配、来样生产和补偿贸易等投资少、见效快、简单明了为特征的产业生产环节的“后厂”因此形成。而香港凭借世界窗口的优势地位，成为负责研发设计、市场营销、财务管理、采购统筹和物资协调等管理运营功能的“前店”（图1）。到了1996年，已有约80%的香港工厂

① 数据来源：http://finance.sina.com.cn/g/20061017/15242993926.shtml。

或生产线转移到了珠江三角洲地区，珠江三角洲的第二产业占国内生产总值的比例由 1980 年的 25.7%上升到 1995 年的 34.67%（陈广汉 等，2006），其“后厂”角色基本形成。到 20 世纪 80 年代末期，香港的服务业占其 GDP 的比重超过 80%；到 1990 年，香港第三产业的就业人口达到 63.2%（邢志红，1996），可见第二产业转移到内地后，第三产业在香港的繁荣程度，服务业成为香港的经济命脉。

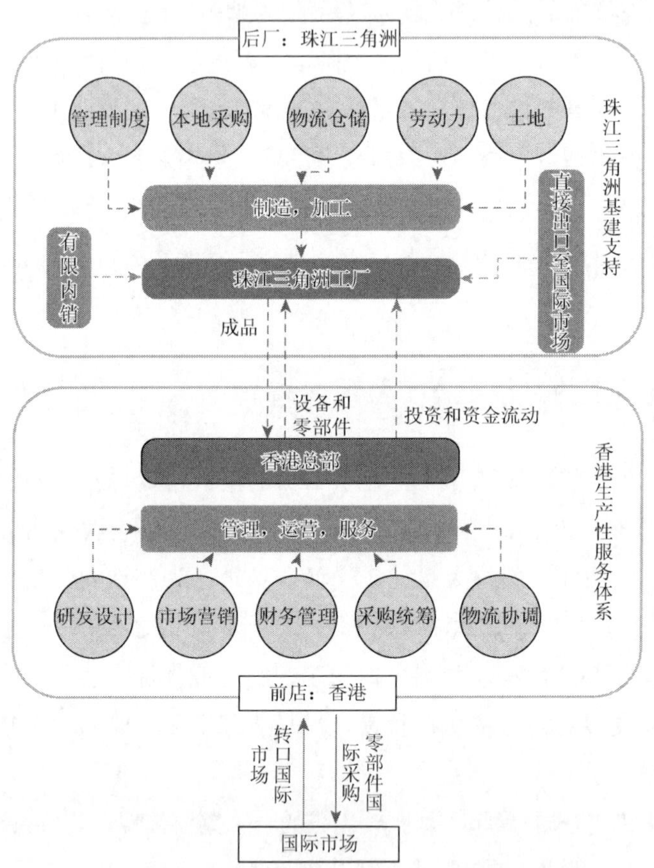

图 1　珠江三角洲与香港“前店后厂”合作模式

根据《珠江三角洲发展规划》等相关资料绘制

在这个时期内，粤港澳间这种跨地区的垂直分工式的跨境分工使得香港与珠江三角洲之间的联系更加紧密，区域一体化程度得到加深。这在跨境贸易、雇佣关系、机场与码头物流等方面有所体现。自 1985 年起，香港与内地的跨境贸易大幅增加，内地成为香港最大的贸易伙伴。到 2000 年，珠江三角洲对香港和澳门地区的出口额占到其总出口额的34.97%（图2），出口比重位居第一，是珠江三角洲最大的贸易伙伴。1979—2002年，有关研究表明：珠江三角洲近780万—1300万工人被香港近5万家企业所雇佣，香港机场和葵涌码头70%的物流来自于珠江三角洲（黄永智，2003）。

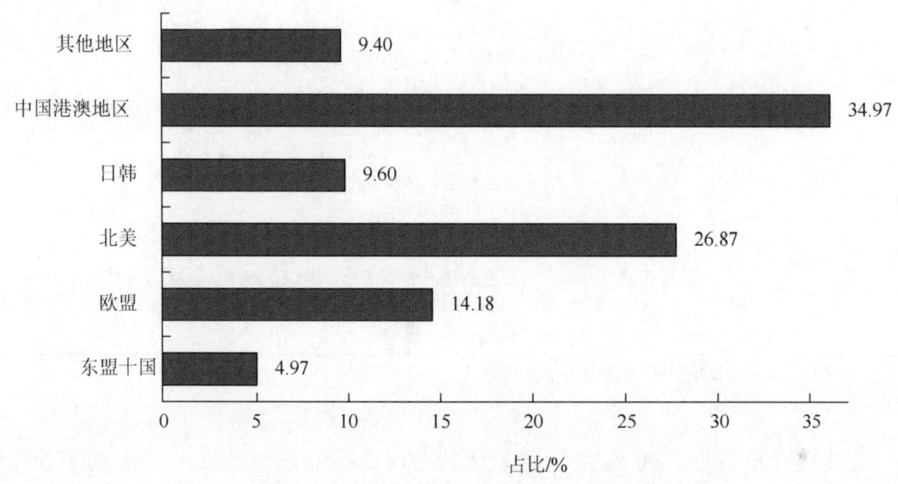

图2 2000年珠江三角洲对各地区的对外贸易的比例

根据《中华人民共和国海关公告》绘制

贸易一体化还带来了珠江三角洲地区的产业集群现象。贸易促进了各个优势地区的产业集聚与专业化。其中，东莞作为香港腹地工厂最典型的代表，由于比较优势和专业化生产的低廉成本，促使各生产要素往该地区集中。大量港资企业、合资企业在空间上“扎堆”落户东莞，集聚溢出现象明显：大量的基础设施建设改变了东莞落后的投资环境，吸引了越来越多的港资、台资集聚东莞，20世纪90年代东莞成为名副其实的“世界工厂”。1986年东莞“三来一补”累积收入工缴费已经达到3亿美元以上，“后厂”模式促进了东莞经济的发展（李郇，2000）。制造业的地方化形成了大量以专业化生产为特征的产业集群（表1）。例如，东莞石龙、石碣电子产品产业集群，中山小榄的五金产业集群，东凤、南头的家电产业集群，佛山大沥的有色金属加工工业产业集群，南庄、石湾的陶瓷产业集群，西樵纺织产业集群，东莞虎门服装、电子产品产业集群，等等。

表 1　珠江三角洲产业集群

地区	集群产业
广州	交通设备、电器产品、电子产品、化工、服装、纺织、商业服务、软件、运动产品、珠宝、玩具、发电设备、集装箱
惠州	激光二极管、数码电子产品、光盘只读存储器、电话、电路板、精密仪器、塑料
东莞	电子产品、组件、外围设备、组装、家具、鞋类、玩具、手表、钟表、餐具、厨房工具、焊接机器、服装
深圳	电子产品、集成电路、玩具、塑料、手表、钟表、颜料、港口服务、物流、金融
中山	灯光设备、金属制品、摩托车、休闲服
江门	纺织、服装、水加热设备
佛山	工业制瓷、制瓷工艺、纺织、刺绣、儿童服装、电子器械、木制品、集装箱、家具、机器、自行车、铝制品、摩托车、内衣、花卉农场、植草农业

注：根据珠江三角洲产业集群相关资料绘制。

这种具有垂直性的跨地域专业化分工决定了香港在与珠江三角洲的关系中起着主导地位，并负责组织珠江三角洲生产活动。通过比较优势而产生的跨境生产贸易的兴起，使得香港与珠江三角洲的产业专业化水平提高，同时地区间的联系也显著增强。珠江三角洲与香港在贸易关系中以厂店形式分工，决定了以香港为发展龙头的区域结构的形成。香港与珠江三角洲各个地区间打破了以商品贸易往来为主的贸易形式，兴起了以生产贸易为主体的贸易方式，这种贸易内容的转变，大大促进了粤港澳地区一体化的进程。而作为一体化进程的表现，产业集群在珠江三角洲各大城市中成为普遍的现象。

2.3　加入 WTO 下的区域一体化过程

随着集聚经济的发展，技术与知识在专业镇内传播与革新显得更加频繁。由于技术的升级，以及劳动力、土地成本的逐渐上升，香港与珠江三角洲两地的比较优势在慢慢减弱。而由产业升级所带来的产业规模扩大，使得企业的前后向联系不断向生产地集中，加上交通运输成本的降低，规模报酬递增和低廉的交通成本成为粤港澳区域集聚的新内生动力，改变了原有以香港为龙头，一枝独秀的空间格局。港珠澳在这种集聚的过程中以中国加入 WTO、CEPA 及其补充协议的签订为契机，从以跨地区生产贸易为主的区域联系转向以服务贸易为主的区域合作，将粤港澳合作推向更高层次。

进入21世纪以后，粤港澳一体化程度更高。CEPA从官方层面直接促进了三地间商品贸易的一体化，其通过制度性整合为粤港澳间更自由化的贸易建立运营平台，逐步减少或取消三地间货物贸易的关税与非关税壁垒，其目标在于实现三地贸易自由化和一体化。前期CEPA以货物贸易为实施主要抓手，第一批对原产港澳的273个项目从2004年1月1日起开始享受零关税进入内地，而在此之前这273种产品过去的税率高达23%—35%。关税清零的措施比中国加入WTO承诺的关税更加优惠，一步到位的零关税使香港即刻获得极大的价格优势，抢先占据珠江三角洲的商品市场（表2）。据香港总商会估计，零关税政策将每年为香港节省约7.5亿港元（常智峰 等，2004）。而澳门在2004年1—9月份有51宗货物零关税进入内地市场，货物值达到139.1万澳元。CEPA及其一系列条款的签订，催化了三地间贸易流通，拓展了三地贸易空间。粤港澳间贸易关系得到极大的加强。2011年，珠江三角洲对港澳地区出口流量最大的城市是深圳，其对港澳地区的出口贸易量为809.35亿元，占珠江三角洲对港澳总出口贸易量的31%；其次是东莞和广州，分别占珠江三角洲对港澳总出口贸易量的8.17%和5.19%。

表2 CEPA下第一批零关税商品类别与中国加入WTO承诺关税率比较

CEPA签署后零关税商品种类（2004年1月1日起实施）	中国加入WTO承诺的关税率/%（2004年）	2004年实际关税率/%
电机及电子产品	5—30	5—30
塑胶产品	8.4—12.7	6.5—10.8
纸制品	5—13.3	5—10.4
纺织成衣	5—21.3	5—19.4
化学制品	5.5—20.7	5.5—15.8
药物	3—6	3—6
钟表	14—23	12.5—25
首饰	26.7—35	23.8—35
化妆品	18.3—22.3	14.2—19.2
金属制品	4—10.5	4—10.5
其他	5—24.2	5—25

资料来源：《内地与香港关于建立更紧密经贸关系的安排》及其附件《内地对原产香港的进口货物实行零关税的产品清单》。

除了商品贸易的直接联系增强，以生产性服务业为代表的服务贸易开始由香港逐渐转移到三角洲地区。这是由内外背景两个方面决定的。外部背景是，中国加入 WTO，融入世界贸易网络的中国对生产性服务业的需求量大增；内部因素是，随着珠江三角洲产业规模的扩大，刺激产业前后向联系的逐利本能，促使其逐渐向生产地靠拢。香港的部分服务业随着珠江三角洲专业镇规模的扩大而内移，珠江三角洲生产性服务业得以发展。2000 年，珠江三角洲约有 15 000 家具有一定规模的企业，港澳台企业占到其 40%。香港的生产性服务业在珠江三角洲中占有一定比例。据叶嘉安（2002）调查显示：生产性服务业的发展与工业化程度密切相关；而珠江三角洲的生产企业所需要的生产性服务业有 81%使用香港及境外的与贸易相关的服务业，是外向程度最高的一类生产性服务业。2008 年国际金融危机爆发后，珠江三角洲外向型制造业受到严重冲击，企业面临转型升级，以高新技术、先进适用技术改造升级传统产业，运用工业设计提升传统产业产品的附加值成为珠江三角洲产业转型的新需求。而香港由于其具有的可靠、高效及国际通用的专业服务，使得珠江三角洲的企业就近吸收。珠江三角洲已经形成以广州、深圳为企业和就业人口的集聚中心，且呈现由 2 个中心向外辐射并形成交汇。深圳借力香港，已经发展成为区域的第二中心。

此外，服务贸易一体化后带来区域创新与产业结构的变化。2000 年，中山具有出口优势的产品中，劳动密集型产品占到 47.12%，其次是机械装置，占到了 17.80%；到了 2011 年，劳动密集型产品的出口下降了约 7 个百分点，与此同时，机械装置产品增长了约 10 个百分点（图 3）。这说明了加入 WTO 以来，中山出口优势产品慢慢从劳动密集型产品向机械装置转变。由于珠江三角洲地区生产性服务业的发展，刺激了企业生产技术与科技研发。深圳与香港的协同关系随着 CEPA 的签署、中国加入 WTO 等变得更为紧密。2010 年深圳科学研究与试验发展（R&D）经费占其 GDP 比重高达 3.84%，而广州为 1.79%，深圳约为广州的 2 倍[①]。根据 2017 年全球创新指数报告，港深联合体位居全球科创聚落第二名。这说明了深圳与香港的创新一体化发展初具成效，在创新驱动上的联动强化了。以深圳为创新龙头，珠江三角洲的其他中小城镇也纷纷开始了创新尝试，如佛山也正逐步追求产业的技术创新。珠江三角洲一体化的创新氛围逐步形成。

① 数据来源：中国科技发展战略研究小组，《中国区域创新能力报告 2010——珠三角区域创新体系研究》。

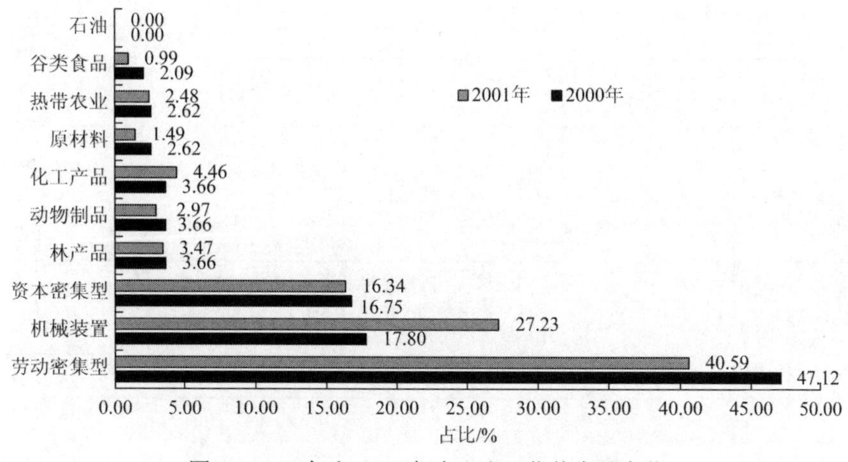

图 3 2000 年和 2001 年中山出口优势产品变化

此外，服务贸易一体化形成的基础是交通一体化。交通基础设施的建设直接导致贸易成本的下降，减少了贸易阻力。从 2000 年起，为了促进区域合作，广东省与珠江三角洲地方政府推出一系列政策和配套项目，大规模修建基础设施来改善区域通达性（表 3）。此时，区域内部及之间的铁路交通覆盖里程数增加，区域交通网络日渐成形。其中，深圳－香港高铁、广州－深圳－香港客运专线、港深西部快速轨道等轨道交通将珠江三角洲的主要城市与香港连接起来，加深两地的沟通，对两地的发展产生深远影响。此外，在航空运输方向，香港国际机场在粤港澳地区担当主要的区域枢纽角色，香港机场无论在客流还是货运水平上均占了珠江三角洲航空总额的大部分（表 4）。目前香港国际机场有超过 100 家国际航空公司为其提供大约 140 条国际航线，同期广州白云国际机场和深圳宝安国际机场分别拥有 63 条和 9 条国际航线。在港口发展中，广州港口与深圳港口共占珠江三角洲集装箱吞吐量超过 80%，其中深圳占到了 49%，深圳集装箱处理量高于广州①。2012 年，深圳港口以微小差距位于香港港口之后。港口与机场的发展为粤港澳大湾区与世界接轨奠定了基础。

表 3 粤港澳地区交通基础设施建设项目

连接地区	基础设施类型	具体项目
珠江三角洲内部	轨道交通	广佛地铁（里程数 32.16 km）； 广珠城际铁路（线路总长 177.3 km）； 惠莞深城际铁路（全长 116.62 km）；

① 数据来源：香港贸发局（http://info.hktdc.com/shippers/vol29_6/vol29_6_chi_logistic.htm）。

续表

连接地区	基础设施类型	具体项目
珠江三角洲内部	高速公路	广佛环线（佛山西站至广州南站段长 34.971 km，其中广州市境内 3.9 km，佛山市境内 31.071 km）； 惠莞深延线；
珠江三角洲与港澳	轨道交通	广州－深圳－香港客运专线（全长 142 km）； 深圳－香港高铁（全长 26 km）； 港深西部快速轨道（全长 42 km）；
	高速公路	港珠澳大桥（全长 22 900 m）

表 4　2008－2012 年粤港澳航空港客流量与货运量

年份	客流量/百万人次						货运量/百万 t					
	香港	澳门	广州	深圳	珠海	香港机场占比/%	香港	澳门	广州	深圳	珠海	香港机场占比/%
2008	48.59	5.1	33.44	21.4	1.12	44.77	3.63	0.17	0.69	0.6	0.01	71.18
2009	46.17	4.25	37.05	24.49	1.39	41.24	3.35	0.05	0.96	0.61	0.01	67.27
2010	50.92	2.08	40.98	26.71	1.82	42.19	4.13	0.05	1.14	0.81	0.02	67.15
2011	53.9	2.05	45.04	28.25	1.8	41.71	3.94	0.04	1.18	0.83	0.02	65.56
2012	56.47	2.29	48.31	29.57	2.09	41.33	4.03	0.03	1.25	0.85	0.02	65.21

服务贸易一体化极大加深了粤港澳区域一体化的进程。同时一体化也提高了粤港澳大湾区作为整体区域在“一带一路”倡议中的地位。2011 年，珠江三角洲各个城市对香港出口总额达到 148.81 亿元，占珠江三角洲对外贸易出口总量的 29.37%。由于数据原因，只统计了珠江三角洲 6 个城市的出口总额的比例，尽管缺少了 3 个城市，但其比重仍然达到了 75%以上（表 5），其中深圳的贡献很大。广东省与“一带一路”倡议沿线国家出口贸易保持持续上升的趋势，出口贸易格局发生较大变化（梁育填 等，2015）。广东省与港澳台地区的出口商品类型主要为装备制造业和纺织品，且比例从 2000 年的 42.6%和 9.8%上升到 2014 年的 57.8%

和17.6%[①]；而“一带一路”倡议促进了粤港澳间以装备制造业和纺织品为主的贸易迅速扩大。广东省通过“一带一路”倡议主要出口到港澳台，其次是东南亚地区，是珠江三角洲联系这些地区的主要通道。因此，“一带一路”倡议也帮助珠江三角洲拓宽了其对外贸易联系，刺激了珠江三角洲的出口贸易。

表5 2006－2015年珠江三角洲6个城市及广东省对港澳地区的进出口总值

年份	进出口总值/万美元								占比/%	
	肇庆	惠州	珠海	深圳	中山	东莞	六市总额	广东省	六市总额	深圳
2006	54 884	459 507	72 543	5 997 700	605 950	1 397 600	8 588 184	10 899 700	78.79	55.03
2007	68 267	570 906	82 953	7 138 744	560 041	1 911 000	10 331 911	13 205 100	78.24	54.06
2008	0	559 848	927 836	7 214 354	591 164	2 020 100	11 313 302	14 218 900	79.57	50.74
2009	53 743	487 013	681 436	6 237 731	609 729	1 794 400	9 864 052	12 151 700	81.17	51.33
2010	17 303.46	626 353	724 028	8 606 141	766 619	2 267 800	13 008 244	16 038 000	81.11	53.66
2011	132 888	706 586	750 052	11 392 901	776 873	2 418 700	16 178 000	19 503 900	82.95	58.41
2012	232 216	791 514	618 718	14 807 143	1 870 283	2 290 400	20 610 274	22 953 000	89.79	64.51
2013	164 225	879 399	657 135	18 352 873	1 939 843	2 659 800	24 653 275	27 090 700	91.00	67.75
2014	278 878	996 272	1 281 497	14 495 727	679 408	2 698 200	20 430 382	23 747 700	86.03	61.04
2015	241 005	1 084 435	1 048 052	12 424 676	595 250	2 639 200	18 032 618	21 210 400	85.02	58.58

注：根据各个城市统计年鉴整理计算获得。

基于商品贸易规模的扩大、产业规模扩张、运输成本的下降，服务贸易的兴起，粤港澳三地出现了以贸易为主的生产性服务业在地区间的转移与扩散，其结果是知识与技术溢出促进了区域创新的形成，同时也推动交通基础设施的一体化过程。粤港澳地区正在形成多个地区性的大枢纽：深圳与香港协同关系增强，形成“港深都市区”；而依靠交通一体与网络化先行的广州与佛山地区，通过产业与经济活动的地域再分工形成“广佛都市区”“珠澳”等。大珠江三角洲形成节点互通互联的网络化发展格局。

3. 粤港澳未来发展走向分析

通过对粤港澳大湾区发展历史的回顾和相关数据的整理，结合贸易对区域一体化作用的理论，认为贸易对粤港澳大湾区一体化的过程起到了促进作用。从商

① 数据来源：中国海关信息网（http://www.haiguan.info/onlinesearch/TradeStat/StatFroSub.aspx？TID=3）。

品贸易的出现打破隔离发展，到跨境生产贸易的兴起极大促进一体化进程，到服务贸易成为深化一体化进程的关键，贸易的变化影响着粤港澳一体化关系的走向。未来，服务贸易依旧是粤港澳大湾区的主要发展主线。因此，对粤港澳大湾区未来发展走向做出以下三点预判。

1）湾区陆地轨道交通网络的进一步完善，促进港口群和机场群交通体系的建立。为了促进一体化程度的深入，加强要素在湾区充分自由的流动，必须加强基础设施建设，这是区域一体化的物理基础。依托现有的广州南站、广州东站、白云机场、佛山西站、广州站等站点，形成"广佛"轨道交通枢纽，承接珠江三角洲区内及通向区外的主要交通枢纽；而将港珠澳大桥、深中通道为主要连接通道，连通珠江三角洲与港澳，进一步拓宽三地交往，随着未来大田国际铁路枢纽、万顷沙货运枢纽、石龙集装箱枢纽的成熟，粤港澳大湾区的货运枢纽地位将会得到巩固提升；重点提升西南向、东北向铁路货运能力，加快接入"泛亚"货运网络，提升大湾区在"一带一路"倡议中的地位。而在港口群与机场群建设方面，粤港澳应进一步加强交通运输协作，取代盲目新建、扩建的思想，深化粤港澳高效顺畅的综合交通网络发展。

2）依托通达的交通综合运输体系，形成湾区两大枢纽："深港"与"广佛"，作为推动区域一体化的主导力量。以广州站、广州南站、广州东站、广州北站和佛山西站为主形成综合枢纽，形成广佛联合枢纽；深港则以深圳北为依托，与香港对接形成深港枢纽，粤港澳地区今后将会形成面向世界的两大枢纽格局。深圳北综合交通枢纽和广佛交通枢纽群两个大型区域枢纽将会成为粤港澳结合"一带一路"倡议，走向东盟各国参与贸易的区域性枢纽站。大型枢纽在区域中的形成，表明区域一体化已经达到一定的深度，在枢纽等级之下的地方节点也逐渐形成，区域间要素流动与集聚自由，大型枢纽的外溢效应扩散速度加快，成为推动粤港澳区域一体化进程的重要力量。

3）形成以"广州－深圳－香港"为主要节点的区域创新走廊是未来大湾区区域的创新增长点。广州和深圳一直以来都是珠江三角洲的两个重要城市。如今，创新已经成为区域是否能够领跑全球的一个重要能力指标。作为珠江三角洲创新龙头城市的深圳，毗邻香港，更容易与香港的科创基础和科研氛围对接使其独占优势。相比深圳，依托琶洲互联网创新集聚区、大学城、广州科学城等的广州仍然具有一定的创新基础。未来，将广州、深圳与香港作为粤港澳大湾区创新发展走廊的主要节点城市，以广深铁路、广深高速公路为依托，通过技术创新、产业升级，打造全国创新驱动发展的支撑，形成全球知名的科技创新走廊。

4. 结论

从贸易规模和体量的提升、从商品贸易到生产性贸易的转变，珠江三角洲地区与港澳之间的贸易联系不曾间断，反而历久弥坚。通过对理论及历史事件的研究发现，每一次重大事件的发生都导致了贸易规模及内容的提升，而贸易每一次的变动都配合以区域一体化尺度的上移，从村镇到城市再到城市区域，最终塑造了以“深港”、“广佛”和“珠澳”等城市区域为主体向外辐射的一体化格局。通过梳理贸易与区域一体化相关文献和实证研究，本文总结出贸易对一体化影响的长期动态理论，认为贸易对粤港澳大湾区一体化的过程起到了促进作用；且通过贸易对象从商品到生产过程，最后到服务的转变，贸易主体从以有形的商品为主到无形服务为主的这种变化，是促进粤港澳大湾区由初级的一体化向更高级的一体化迈进的主要过程；此外，贸易的一体化过程有着极大的外溢效应，它完善了地区基础路网的建设，推动了产业集群的产生，带动区域创新。随着国家“一带一路”倡议的提出，粤港澳地区处在连接与辐射东南亚地区乃至中东、西欧地区的重要战略节点，其出口创新能力必须紧跟时代步伐，这将一体化区域推向一个新的合作平台和战略高点。

贸易是珠江三角洲一体化过程中促进产业分工和地区专业化，改变产业地理分布，塑造珠江三角洲空间结构的强大力量。在当今全球化趋势时有逆转波浪的形势下，珠江三角洲的重要城市节点如何充分发展港澳地区服务贸易，发挥自身制造业传统优势，积极发展创新，结合国家“一带一路”倡议，最终推动区域产业、经济和空间的深度整合与再次腾飞，是今后一体化发展需要更深入讨论的主题。

参 考 文 献

常智峰，汪小勤，2004．CEPA 对珠三角及内地经济的影响．市场周刊：财经论坛，(8)：1-2.

陈广汉，等，2006．粤港澳经济关系走向研究．广州：广东人民出版社.

黄永智，2003．粤港经贸合作新机遇——简析《内地与香港关于建立更紧密经贸关系的安排》．广州：中山大学出版社.

李郇，2000．港澳直接投资企业在广东的发展与影响．广东经济，(6)：35-37.

梁育填，刘鲁论，柳林，等，2015．广东省与“一带一路”沿线国家（地区）出口贸易格局的时空变化．热带地理，35（5)：664-670.

刘炜，李郇，欧俏珊，2013．产业集群的非正式联系及其对技术创新的影响——以顺德家电产业集群为例．地理研究，32（3）：518-530．

邢志红，1996．香港的第三产业——《第三产业国际比较》分报告之三．北京统计，（8）：33．

许学强，李郇，2009．改革开放30年珠江三角洲城镇化的回顾与展望．经济地理，29（1）：13-18．

叶嘉安，2002．香港珠江三角洲生产性服务之联系．香港：提升珠江三角洲竞争力——社会、经济与基础设施发展研讨会，20．

喻季欣，2014．逐梦世界：广交会启示录．广州：南方日报出版社．

Brülhart M，1995．Scale Economies，Intra-Industry Trade and Industry Location in the “New Trade Theory”．Department of Economics，Trinity College．

Kim S，1995．Expansion of markets and the geographic distribution of economic activities：The Trends in US regional manufacturing structure，1860–1987．The Quarterly Journal of Economics，110（4）：881-908．

Krugman P R，1991a．Geography and Trade．Cambridge：MIT Press．

Krugman P，1991b．Increasing returns and economic geography．Journal of political economy，99（3）：483-499．

粤港澳大湾区经济发展时空演变特征及其影响因素

周春山，罗利佳，史晨怡，王珏晗

（中山大学 地理科学与规划学院，广东省城市化与地理环境空间模拟重点实验室，广州 510275）

摘　要：以粤港澳大湾区各地域单元1995—2015年21年经济数据为基础构建指标体系，采用熵值法确定指标权重，对经济发展综合水平进行综合测度，并借助标准差、变异系数与GIS空间分析等方法分析粤港澳大湾区的时空演变特征。研究发现：①粤港澳大湾区整体经济综合发展水平呈波动式快速增长，经济指数港澳总体上最高，广深增加速度较快；②区域经济绝对差异总体上在扩大，相对差异在缩小；③经济空间格局由港澳两极中心变化为广州、深圳、香港、澳门多极中心，呈现出沿内湾倒U形分布趋势；④外部环境、区位特征、区域发展政策等是区域经济发展时空差异的主要影响因素。

关键词：经济发展；区域发展政策；外部环境；粤港澳大湾区

湾区是一个以海湾为依托的城市密集区，由强大的都市群与港口群，以及相互连接的高效交通系统等空间要素构成（张锐，2017）。该区域往往具有优良的自然生态环境与优越的经济地理区位，人口密集、经济发达且开放程度高、创新资源集聚，是带动全球经济发展的增长极和技术变革的领头羊，由此衍生出的经济效应称之为“湾区经济”（邓志新，2017）。湾区经济因湾而聚、依港而生、靠海而兴，是国际经济版图的重要构成（单菁菁，2017）。粤港澳大湾区以珠江口为依托，聚集了珠江三角洲9个城市和2个特别行政区，在2015年国家发改委、外交部和商务部联合发布的《推动共建丝绸之路经济带和21世纪海上丝绸之路的愿景与行动》中首次被明确提出；2017年的政府工作报告提出“研究制定粤港澳大湾区城市群发展规划”，标志着粤港澳大湾区的发展作为国家战略被纳入顶层设计（张日新 等，2017），粤港澳三地合作发展将进入新阶段。

目前对粤港澳大湾区的研究主要围绕功能定位、内部区域关系和发展策略探索等方面展开。基于亚欧大陆地理上和经济上重要节点的区位优势及自身的发展基础，粤港澳大湾区在国际经济格局中的发展定位为第三条亚欧大陆桥的桥头堡。在国家战略中，粤港澳大湾区一方面是对接国家“一带一路”倡议、构建国际化双向平台的重要支点，另一方面也发挥引领区域高端发展、辐射带动泛珠江三角洲地区发展的作用（蔡赤萌，2017）。粤港澳内部区域的经济关系经历了“前店后厂跨地域分工”、“厂店结合等多种模式并举”和“以金融业合作为重点”等 3 个发展阶段；空间格局由“小集聚、大分散”转向“小分散、大集聚”，从“中心—腹地”模式走向“枢纽—网络”模式（任思儒 等，2017）。新时期粤港澳大湾区以“同城化”为突破口改善珠江三角洲内部各市之间的无序竞争问题，以构建香港为龙头的地域经济体系为着力点减少珠江三角洲与港澳之间的制度障碍，在体制改革和构建合作平台的基础上处理自由贸易试验区与粤港澳全域的关系，以形成内部区域合理高效的分工协作关系（杨英，2016）。对于粤港澳大湾区的未来发展方向，有学者提出不同的见解。在空间结构上，粤港澳大湾区经济将以近域拓展、远域拓展与泛域拓展等方式进行外向拓展，并以产业链网络、基础设施网络、城镇网络和创新网络等空间系统进行支持（林先扬，2017）。在合作机制上，将粤港澳大湾区的发展置于“一带一路”倡议背景下，提出粤港澳大湾区应在产业链重构合作、区域海洋经济合作和文化创意合作及传播交流等方面加强区域协同发展的机制创新（左晓安，2017）。

在研究方法上，区域经济发展分析方法包括传统的统计方法，如利用标准差、变异系数、基尼系数、泰尔系数和经济区位熵等指标或通过层次分析法、主成分分析法、熵值法和 TOPSIS 方法等构建指标体系，衡量区域经济的差异及其时间演变；同时也有大量文献利用核密度估计、空间探索性分析和空间回归等空间分析手段研究区域经济的空间异质性、空间相关性和空间溢出效应等。综合水平评价模型常应用于城市旅游竞争力（安传艳，2014）与生态化综合水平（张建军 等，2011）的测度上，在经济领域应用较少，经济发展指标体系比较多地应用于循环经济指标体系的构建中，目前构建经济发展综合水平的评价指标体系主要集中于经济总量、经济结构与经济效益等方面（管永芬 等，2013）。本文在参考相关研究的基础上，根据大湾区的外向经济特征重新设计综合水平评价模型的指标体系，增加了经济外向型与经济速度 2 个变量。在使用模型中采用熵值法确定指标权重，测算经济发展综合水平（以下简称“经济指数”），在此基础上利用相对发展率、标准差、变异系数和 GIS 空间分析方法对 1995 年以来粤港澳大湾区的经济发展时空演变特征进行分析，以期为“一国两制”背景下粤港澳大湾区的进一步规划与发展提供科学依据。

1. 研究区域、方法与数据来源

1.1 研究区域

对粤港澳大湾区的区域界定说法不一，本文将粤港澳大湾区研究范围定义为珠江三角洲与港澳，即广州、佛山、肇庆、珠海、中山、江门、深圳、东莞、惠州 9 个地级市与香港、澳门 2 个特别行政区，区域面积共计约 5.6 万 km^2，2016 年人口约为 6 765 万人。

1.2 研究方法

首先构建经济发展综合水平评价指标体系，采用熵值法确定各指标权重，并利用经济发展综合水平评价模型，测算出粤港澳区域 21 年的经济指数，然后在此基础上采用相对发展率、标准差、变异系数与 GIS 空间分析等方法对粤港澳大湾区经济发展时空演变特征进行分析。

1.2.1 经济发展综合水平评价指标体系构建

在参考相关文献的基础上，从经济总量、经济结构、经济效益、经济外向性与经济速度 5 个方面构建经济发展综合水平评价指标体系，来衡量地区的经济发展综合水平（表 1）。

表 1 区域经济发展综合水平评价指标体系

目标层	要素层	指标层
经济发展综合水平	经济总量 *A*	*A*1 地方财政收入
		*A*2 地方财政支出
		*A*3 GDP
		*A*4 人均 GDP
	经济结构 *B*	*B*1 第二产业占 GDP 比重
		*B*2 第三产业占 GDP 比重
	经济效益 *C*	*C*1 在岗职工平均工资

续表

目标层	要素层	指标层
经济发展综合水平	经济效益 *C*	*C*2 地均第二产业产值
		*C*3 地均第三产业产值
	经济外向性 *D*	*D*1 外贸进出口总额
		*D*2 外贸依存度
	经济速度 *E*	*E*1 地区生产总值增长速度
		*E*2 外商直接投资

1.2.2 熵值法

熵值反映信息的无序化程度，可以度量信息量的大小。熵值法是一种客观的赋权方法，它是利用各指标的熵值所提供的信息量的大小来决定指标权重的方法（章穗 等，2010）。此种方法利用原始数据之间的关系来确定权重，有效地避免了人为因素产生的主观偏差，使评价结果更符合实际情况。信息论认为若系统处于多种不同的状态，而每种状态出现的概率为 p_i（i=1，2，…，m）时，则该系统的熵就定义为（安传艳，2014）

$$e = \sum_{i=1}^{m} p_i \ln p_i \tag{1}$$

本文利用熵值法对以上评价指标权重进行确定的主要步骤如下（张建军 等，2011）。

1）原始数据变换：如果有 m 个待评项目，n 个评价指标，形成原始数据矩阵 R=（R_{ij}）$_{m\times n}$，R_{ij} 为 m 年粤港澳区域整体或 m 个地域单元与 n 个评价指标的初始样本矩阵。由于本次指标为正向指标，所以采用以下公式进行无量纲化，形成矩阵 Y_{ij}。

$$Y_{ij} = \frac{R_{ij} - \min{}_j R_{ij}}{\max{}_j R_{ij} - \min{}_j R_{ij}} \tag{2}$$

2）求指标 j 的熵值：按下列公式计算每个指标的熵值。

$$e_j = -k\sum_{i=1}^{m} p_{ij} \ln p_{ij} \tag{3}$$

式中，k=1/ln$m$；p_{ij} 为 j 指标下第 i 个项目的指标值的比重，$p_{ij} = Y_{ij} / \sum_{i=1}^{m} Y_{ij}$；为使 ln p_{ij} 有意义，当 p_{ij}=0 时，根据经济指数的实际意义，可理解为 ln p_{ij} 为一较大的

数值，与 $\ln p_{ij}$ 相乘趋于 0，可认为 $p_{ij}\ln p_{ij}=0$，但当 $p_{ij}=1$ 时，$p_{ij}\ln p_{ij}=0$，这与熵反映的信息无序化程度相违背，故需要修正（胡晓辉 等，2008），计算公式为

$$p_{ij} = \frac{1+Y_{ij}}{\sum_{i=1}^{m}(1+Y_{ij})} \tag{4}$$

3）计算 j 指标的熵值 w_j：

$$w_j = (1-e_j) / \sum_{j=1}^{n}(1-e_j) \tag{5}$$

1.2.3 经济发展综合水平评价模型

由熵值法对区域地域单元经济指标体系权重客观确定后，运用经济发展综合水平评价模型，对经济指数进行测度，评价模型为（李帅 等，2014）

$$S_i = \sum_{j=1}^{n} w_j Y_{ij} \tag{6}$$

式中，S_i 为第 i 个项目的经济指数；w_j 为以上熵值法确定的熵值矩阵；Y_{ij} 为原始数据无量纲化后的矩阵。S_i 的值越大，反映该区域的经济发展综合水平越高，反之亦然。

1.2.4 相对发展率

为了测定粤港澳大湾区各地域单元在某一时期内经济指数与同一时期内全区经济指数的变化的关系，引入相对发展率（*Nich* 值）的概念，计算公式为（红梅，2016）

$$Nich=(Y_{2i}-Y_{1i})/(Y_2-Y_1) \tag{7}$$

式中，Y_{2i}、Y_{1i} 分别代表第 i 个区域在时间 2 和时间 1 的经济指数；Y_2、Y_1 分别代表全区在时间 2 和时间 1 的经济指数。*Nich* 值越大，经济发展相对速度越快，反之亦然。

1.2.5 标准差与变异系数

标准差和变异系数分别是研究区域绝对差异和相对差异最常用的方法，能够客观反映一组数据的离散程度或相互之间的差异程度（郭源园 等，2017）。一般标准差越大，区域绝对差异就越大；变异系数越大，区域相对差异就越大。

1.2.6 全局趋势分析

全局趋势反映了物体在空间区域上变化的主体特征，主要揭示了空间物体的

总体规律而忽略局部的变异。趋势分析图中每一根竖棒代表了一个数据点的值（高度）和位置。这些点被投影到一个东西向、一个南北向的正交平面上，透过投影点绘制出一条最佳拟合线，用以模拟特定方向上的变化趋势（刘彦随 等，2012）。本文采用该方法分析粤港澳经济发展空间方向特征。

1.3 数据来源

数据主要来源于《广东统计年鉴》（1996－2016 年）、《香港统计年刊》（1996－2016 年）、《澳门统计年鉴》（1996－2016 年）、香港特别行政区政府统计处网站①、澳门特别行政区政府统计暨普查局网站②及中华人民共和国国家统计局网站③等，部分年份数据缺失采用邻近内插值法处理。

2. 粤港澳大湾区经济发展时空演变特征

2.1 整体经济综合发展水平呈波动性快速增长

采用熵值法确定权重，计算粤港澳 21 年的区域经济指数，发现该区域经济总体上呈现波动式快速增长，并可分为 4 个阶段（图 1）。

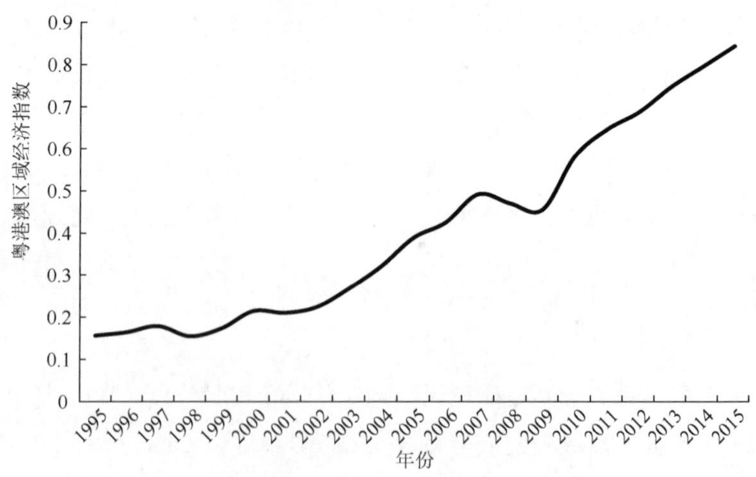

图 1 粤港澳大湾区区域经济发展水平变化

① http://www.censtatd.gov.hk/home.html。
② http://www.dsec.gov.mo/home_zhmo.aspx。
③ http://www.stats.gov.cn/。

1）经济缓慢增长阶段（1995－2000 年）。该阶段经济指数由 0.157 上升至 0.215，年均增长 0.012。自改革开放以来珠江三角洲利用廉价劳动力与土地，吸引包括港澳地区的外来技术、投资，粤港澳合作关系密切，该区域经济增长快速，但 1997 年出现的亚洲金融危机对粤港澳大湾区的经济造成巨大冲击，造成该阶段经济增长缓慢，甚至下降。

2）经济加速增长阶段（2001－2007 年）。该阶段经济指数由 0.211 上升至 0.492，年均增长 0.047。在度过亚洲金融危机之后，经济开始恢复，同时一系列利好政策刺激了经济增长。2001 年中国正式加入 WTO，2003 年港澳与内地签订 CEPA。同年，中央政府决定逐步开放内地城市赴港澳个人游，澳门也获得了内地巨大的博彩旅游市场资源（杨正浒 等，2011），澳门经济由此发展较快。粤港澳的合作模式已由“前店后厂”模式逐渐转型，区域之间联系逐渐加强。

3）经济剧烈震荡阶段（2008－2010 年）。该阶段经济指数由 0.470 下降到 0.455，后上升至 0.582。2008 年开始的全球金融危机，以出口为主的珠江三角洲及以金融业为优势产业的香港经济发展受损，经济进入一个短期大幅度动荡的时期。

4）经济快速发展阶段（2011－2015 年）。该阶段经济指数由 0.646 上升至 0.843，年均增长 0.049。全球金融危机后，国家出台了一系列战略与政策，如“一带一路”倡议、“中国制造 2025”国家战略及“国家战略性新兴产业发展”政策等，经济总体上发展较快。同时粤港澳合作进一步加深，中央发布了一系列粤港、粤澳合作框架协议等，粤港澳的合作进入新阶段，促进了三地经济、文化、社会与生活等方面融合发展。

2.2　经济总量快速增长、经济的外向性不断增强，但产业结构调整缓慢

基于以上测算数据，计算指标要素层的经济综合值（图 2），发现研究区域的经济效益（在岗职工平均工资、地均第二产业产值、地均第三产业产值）与经济总量（地方财政收入、地方财政支出、GDP、人均 GDP）发展较为迅猛，年均增长经济综合值分别为 0.011 与 0.016；经济外向性（外贸进出口总额、外贸依存度）与经济速度（地区生产总值增长速度、外商直接投资）发展速度次于经济总量与经济效益，年均增长都达到 0.003，经济结构（第二产业占 GDP 比重、第三

产业占 GDP 比重）的变化较小，综合值由 1995 年 0.089 提高到 2015 年的 0.108，增长缓慢。上述表明：粤港澳 20 多年的发展，经济总量在快速增长，对外开放不断扩大，但产业结构调整缓慢。

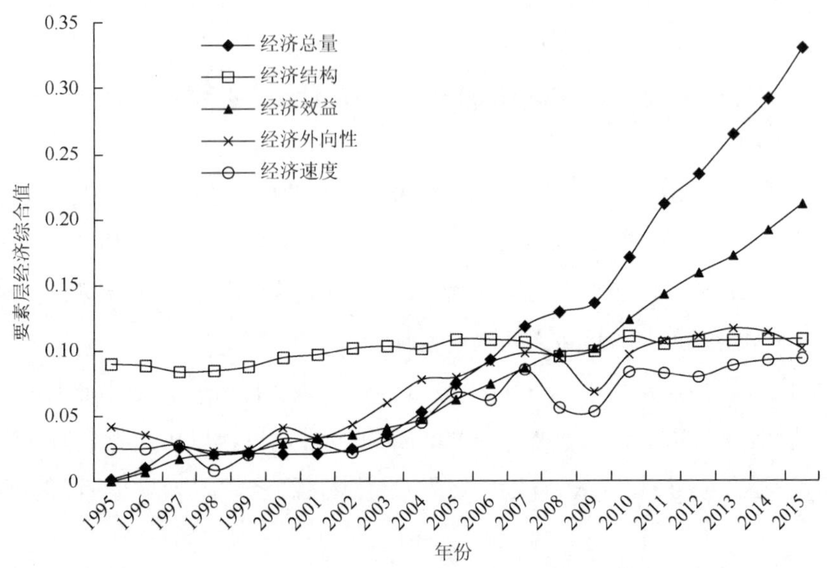

图 2　粤港澳大湾区指标要素层发展水平变化

2.3　经济指数港澳总体上一直是湾区内最高值，广深增加速度较快

利用各地域单元面板基础数据，计算粤港澳大湾区 11 个城市的经济指数（图 3）。香港的经济指数远高于其他地域单元，始终保持大于 0.700，位于区域经济指数最高值。澳门与香港相比差距较大，但经济指数始终保持大于 0.350，在 2013 年之前高于珠江三角洲各市。港澳一直处于优势地位，虽有所波动，但基本未改变其经济地位。深圳与广州发展较快，深圳的经济指数从 1995 年的 0.217 发展到 2015 年的 0.518，年均增加 0.015，在 2013 年已超过澳门，广州也从 1995 年的 0.151 增长到 2015 年的 0.352，年均增加 0.010。佛山、珠海也在缓慢增长，其余城市则停滞不前。珠江三角洲各城市经济指数排名发生变化，1995 年，珠江三角洲 9 个城市经济指数从高到低依次为：深圳、东莞、广州、珠海、佛山、惠州、中山、江门、肇庆。到 2015 年从高到低依次为：

深圳、广州、东莞、佛山、珠海、中山、惠州、江门、肇庆。广州、佛山与中山的排名有所提前。

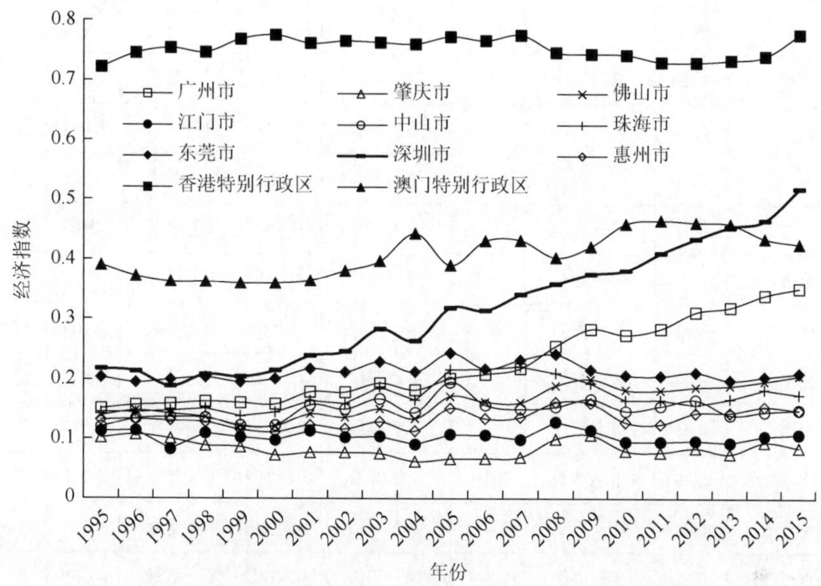

图 3　粤港澳大湾区各地域单元经济发展水平变化

为进一步探究粤港澳各地域单元经济发展差异，采用相对发展率测算不同时期各地域单元的发展速度。按照粤港澳大湾区经济发展历程划分为 4 个阶段，即 1995－2000 年、2001－2007 年、2008－2010 年与 2011－2015 年。运用公式（7）计算各阶段 *Nich* 值（表 2），以 0.05、0.10、0.15、0.2（*Nich* 值）为分界点划分 5 个等级。其中数值大于 0.2 为第一等级（相对发展速度最快），数值小于 0.05 为第五等级（相对发展速度最慢），数值越大，表示相对发展速度越快。

各地域单元的发展速度随着时间的推进逐渐往高等级分布。1995－2000 年，相对发展速度分布在第一、三和五等级，且有 9 个地域单元位于第五等级。2001－2007 年，增加了第四等级，第五等级地域单元数量减少了 4 个，2008－2010 年，相对发展速度分布在第一、二、五等级，第一和第二等级数量有所增加。2011－2015 年，相对发展速度相比以前大大增加，第五等级城市数量减少至 3 个，区域的发展速度由之前的整体缓慢发展到当前的整体加速阶段。其中，广州、深圳相对发展速度较快，长期持续的高速发展使广州、深圳经济地位高于珠江三角洲其他城市。

表 2　相对发展率和等级

地域单元	1995－2000 年		2001－2007 年		2008－2010 年		2011－2015 年	
	相对发展率	等级	相对发展率	等级	相对发展率	等级	相对发展率	等级
广州市	0.124	第三等级	0.139	第三等级	0.166	第二等级	0.344	第一等级
肇庆市	–0.498	第五等级	–0.027	第五等级	–0.179	第五等级	0.041	第五等级
佛山市	–0.314	第五等级	0.068	第四等级	–0.064	第五等级	0.126	第三等级
江门市	–0.257	第五等级	–0.051	第五等级	–0.294	第五等级	0.063	第四等级
中山市	0.041	第五等级	–0.026	第五等级	–0.065	第五等级	–0.031	第五等级
珠海市	–0.010	第五等级	0.204	第一等级	–0.405	第五等级	0.047	第五等级
东莞市	–0.044	第五等级	0.053	第四等级	–0.314	第五等级	0.025	第五等级
深圳市	–0.050	第五等级	0.364	第一等级	0.203	第一等级	0.547	第一等级
惠州市	–0.361	第五等级	0.046	第五等级	–0.301	第五等级	0.118	第三等级
香港特别行政区	0.925	第一等级	0.049	第五等级	–0.038	第五等级	0.237	第一等级
澳门特别行政区	–0.528	第五等级	0.241	第一等级	0.503	第一等级	–0.199	第五等级

2.4　区域经济绝对差异总体上在扩大，相对差异在缩小

绝对差异是区域的总量差异，由于绝对差异的大小不仅受物价水平的影响，且与地区发展基数密切相关，为了能够全面准确地反映出区域差异变化情况，需要考虑相对差异的变化。计算 1995－2015 年各年的标准差和变异系数，发现标准差的值较低，说明绝对差异不太明显；各年份变异系数较大，说明相对差异显著。

从整体来看，绝对差异呈扩大趋势，相对差异呈缩小趋势，两者变化方向相反，说明总量差异虽然有所扩大，但各市发展速度不同，落后的城市发展速度逐渐加快，区域差异在不断缩小，这实质上是粤港澳区域经济在整体向前的一种表现。区域差异几次波动出现在 1997 年、2001 年、2003 年、2005 年、2008 年与 2012 年，均与外部环境有密切关系（图 4）。1997 年亚洲金融危机与 2008 年全球金融危机出现之后的头两年区域差异均减少，之后回升。中国加入 WTO、签订 CEPA 等利好消息的当年区域差异均扩大，之后回落。

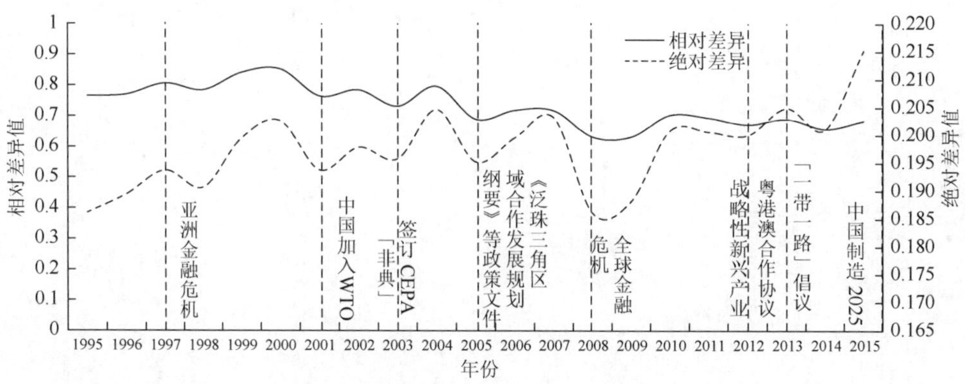

图4 粤港澳大湾区区域经济差异变化情况

2.5 经济空间格局由港澳两极中心变化为广州、深圳、香港、澳门多极中心，呈现出沿内湾倒U形分布趋势

按照区域经济指数均值的0.5、1、1.5倍，将区域各地域单元分为4种类型：发达地区（大于经济指数均值的1.5倍）、较发达地区（经济指数均值的1.0—1.5倍）、欠发达地区（经济指数均值的0.5—1.0倍）、落后地区（小于经济指数均值的一半），计算1995年、1998年、2000年、2003年、2006年、2008年、2012年和2015年时间截面的区域经济指数倍数。

可以看出，广州、深圳发展基本处于上升阶段，由1995年的欠发达地区发展为2015年的较发达与发达地区，澳门一直在发达地区与较发达地区之间波动，惠州也在欠发达与落后地区之间波动。佛山、东莞、珠海发展地位较为稳定，一直处于欠发达地区。大湾区的区域经济中心由香港、澳门演变为香港、深圳、广州、澳门4个中心（图5）。

选取截面年份地域单元测算出的经济指数作为基本数据，运用GIS趋势面分析，进一步探究区域经济空间趋势演变特点（图6）。

观察时间截面总体曲线变化，1995－2015年，东西向趋势曲线与南北向趋势曲线的波峰有明显的上升趋势，东西向波峰在中部，而南北向波峰在南部，从叠加曲线波峰对应到区域位置可知，高值区在粤港澳大湾区的中南部，即香港、澳门、深圳与广州围合的内湾区域，波峰的上升与香港、澳门的经济水平持续稳定上升和广州、深圳等城市的经济快速发展有很大的联系，倒U形的高经济水平城市分布格局逐步呈现。

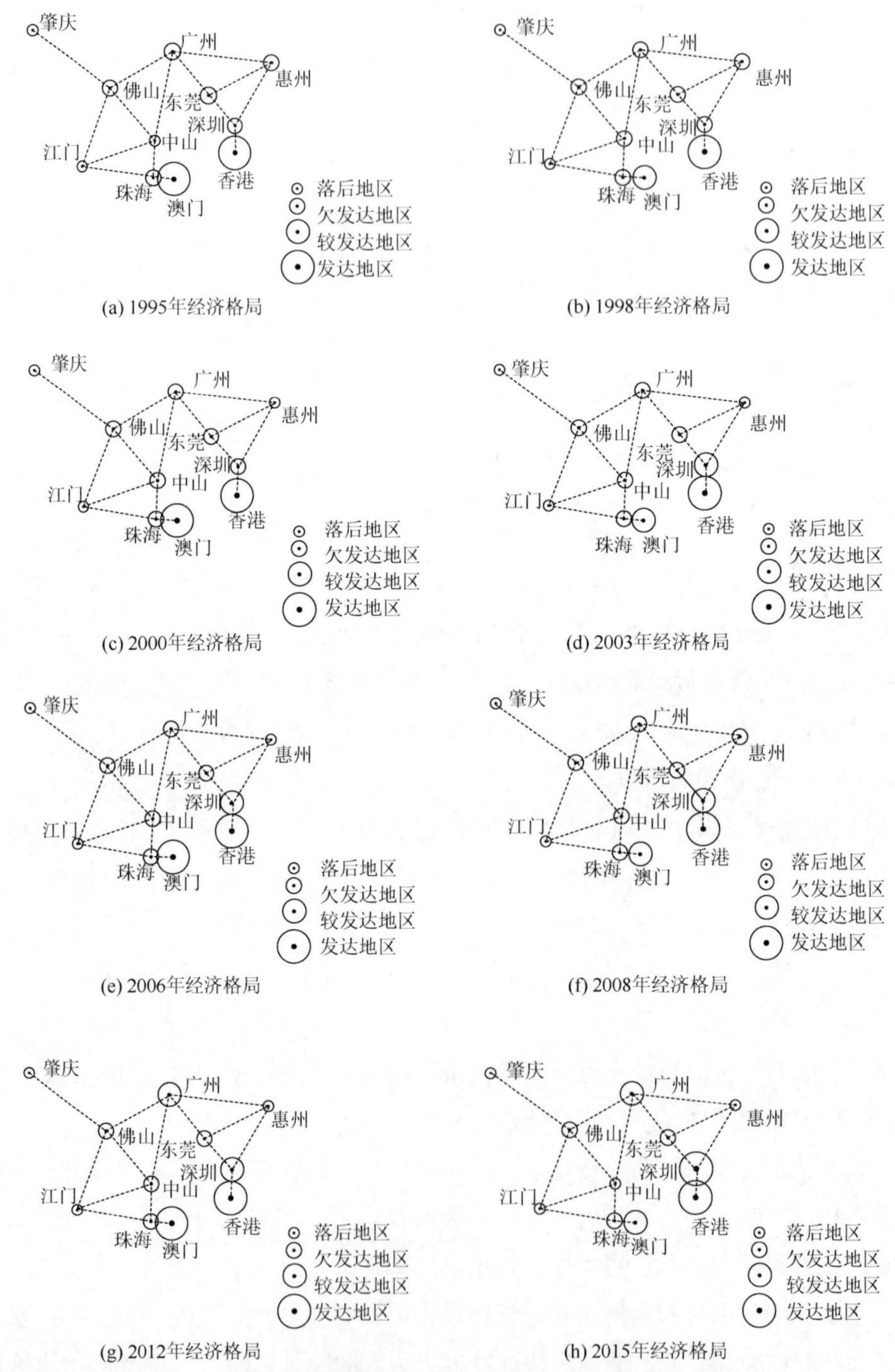

图 5　粤港澳大湾区区域经济格局演变

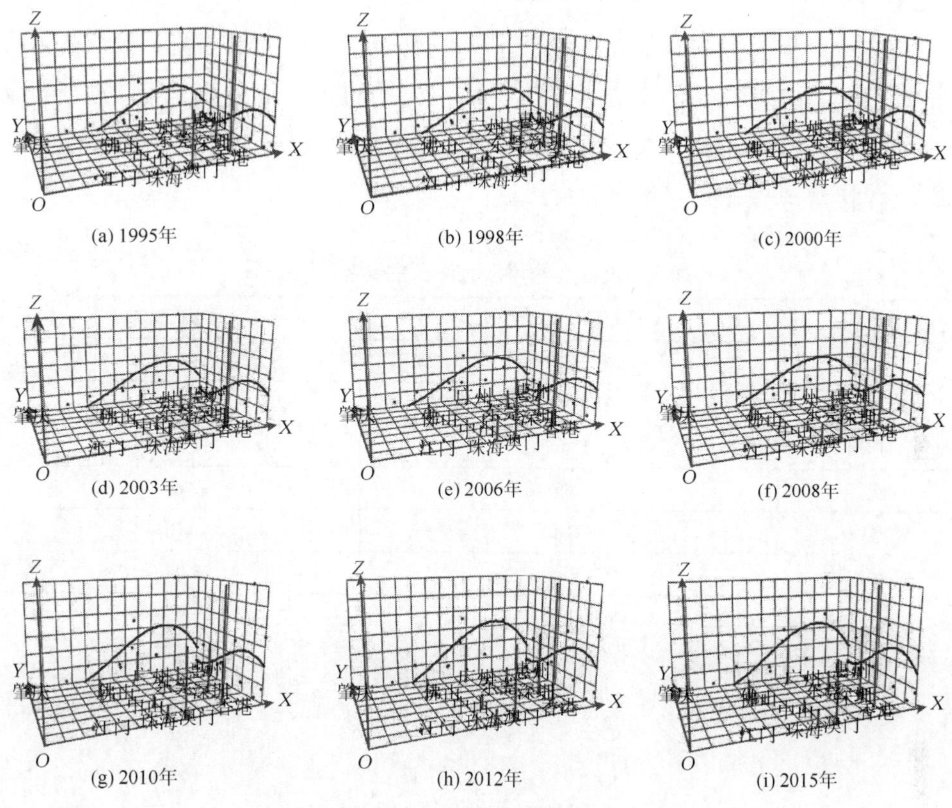

(a) 1995年 (b) 1998年 (c) 2000年

(d) 2003年 (e) 2006年 (f) 2008年

(g) 2010年 (h) 2012年 (i) 2015年

图 6 粤港澳区域经济指数趋势线

OX：东西方向；*OY*：南北方向；*OZ*：各地域单元经济指数

3. 粤港澳大湾区经济发展时空演变的影响因素

3.1 区位特征

粤港澳大湾区各城市的地理位置存在差异，其城市可分为临港型与非临港型，在外向型经济为主的区域，临港城市有很多发展的便利条件。即使是临港城市，港口条件也存在着较大的差异，这些差异加上其他因素的作用，致使大湾区各城市经济发展出现较大的差异。粤港澳港口群是世界上通过能力最大、水深条件最好的区域性港口群之一，按照业务能力可分为三等级（表 3），第一等级为深圳、香港港口，是世界航运中心，第二等级为广州港口，是综合性航运枢纽，第三等级为珠海、虎门与惠州等地区性港口，等级较高的港口均沿内湾分布，而珠江三角洲其他城市位置较边缘。

另外，大湾区各城市的经济地理区位也存在较大的差异，香港、澳门是国际性城市，广州是华南经济中心、省会城市、区域交通中心，深圳是中国创新型城市、金融中心，它们具有发展的竞争力优势。区位的差异导致大湾区各城市发展速度不同，最终导致区域地位的变化。

表 3　2014 年粤港澳大湾区主要港口数据

港口	集装箱吞吐量/万 TEU	货物吞吐量/万 t
香港	2 223	29 770
深圳	2 404	22 324
广州	1 663	36 949
虎门	289	12 899
珠海	118	10 703
惠州	22	6 486

3.2　区域发展政策

区域发展政策对大湾区经济格局演变起着决定性的作用。“七五”时期国土空间划分为东部、中部、西部三大经济带，国家优先支持东部地区的发展，并在东部沿海设立了一系列的特殊政策区，珠江三角洲由于紧接港澳等因素，被国家定位为改革开放“先行一步”的区域，获得对外开放的先发优势。1980 年深圳、珠海经济特区的设立，使珠江三角洲变成中国对外开放的前沿，深圳区域中心地位从此开始成长。珠江三角洲凭借其地理优势，抓住承接制造业转移的机会，大力发展加工贸易，吸引大量外资，成为中国最发达地区之一（周春山 等，2013，2015）。邓小平同志在 1992 年视察南方的谈话中，要求广东省用 20 年时间赶上亚洲“四小龙”，为此，省委省政府于 1994 年开始编制《珠江三角洲经济区城市群规划——协调与持续发展》。1997 年之后，粤港澳合作逐渐转向制度化。CEPA 的签订，逐步实现服务贸易自由化，提高内地与香港、澳门之间的经贸合作水平。2000 年广州制定了《广州城市建设总体战略概念规划纲要》，明确提出把广州建设成一个繁荣、高效和舒适的国际化中心城市，一个适宜创业发展又适宜居住生活的城市，在新的战略方针下，广州在大湾区的地位不断提升。2008 年广东省委、省政府推出了产业与劳动力“双转移”战略，推动经济发展方式转变，实现新一轮大发展和经济社会转型。2012 年印发《广东省战略性新兴产业发展“十二五”规划》的通知，是对国家战略性新兴产业的回应，珠江三角洲战略性新兴产业发展迅猛，经济得到提升。2013 年习近平提出“一带一路”倡议，提到应充分发挥深圳前海、广州南沙、珠海横琴等开放合作区的作用，深化与港澳台合作，打造粤港澳大湾区。2015 年提出“中国制造 2025”以推动产业结构性改革。

3.3　外部环境变化

大湾区各城市 GDP 增长率变化均与外部环境密切关联。1997 年亚洲金融危机对港澳的经济造成巨大冲击，其中香港是亚太区的一个主要国际金融中心，澳门也是自由港和离岸金融中心，经济虚拟化程度高，这 2 个城市受危机影响最为严重。相对而说，1997 年亚洲金融危机对中国内地冲击较小。2001 年中国加入 WTO 之后，整体上与国际经济联系更加密切，港澳桥头堡的地位下降，内地和香港之间的经贸关系发生了新的变化，港澳的 GDP 增长率比珠江三角洲各城市低（图 7）。2008 年开始的全球金融危机导致以外向型经济为特征的大湾区受到极大的影响，由于各城市产业结构的原因，港澳受影响最大，东莞、深圳、广州次之，其他城市所受影响相对较小。

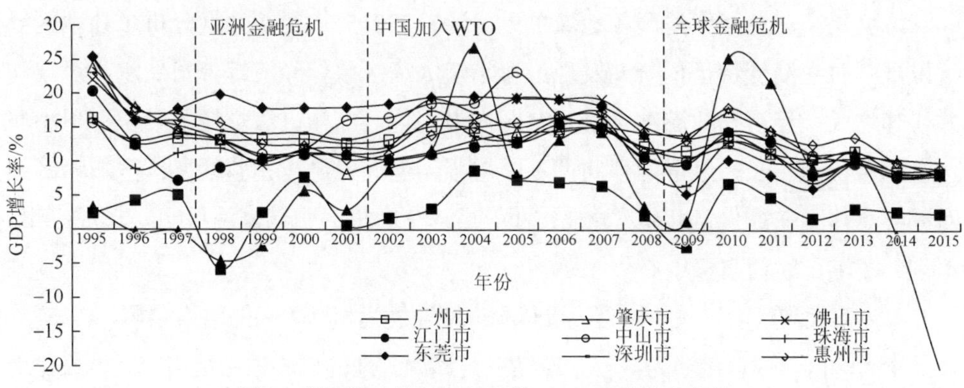

图 7　粤港澳大湾区各地域单元 GDP 增长率变化

3.4　其他因素

大湾区各城市其他方面也存在较大的差异。广州历史悠久，商贸发达，作为广东省的省会，产业体系完善，人才密集。毗邻港澳的深圳与珠海作为国家经济特区，享受政策的优势。佛山地域广阔，传统制造业发展充分。东莞靠近香港，土地资源丰厚，充分吸收外资，制造业快速崛起。各城市的发展路径、经济基础、产业结构、人才与技术水平、土地资源等都不相同，特别是内地与港澳的社会制度也不同，这些都会影响大湾区经济发展时空特征的演变（图 8）。

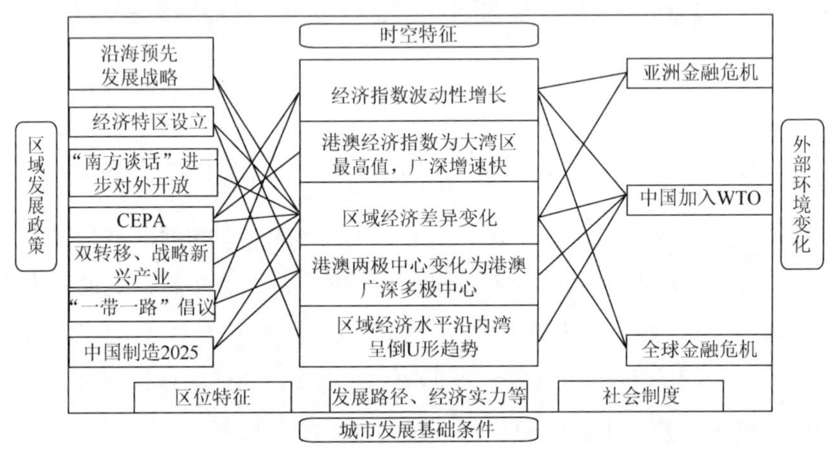

图 8　粤港澳大湾区经济发展时空特征及影响因素

4. 结论

本文采用粤港澳大湾区各地域单元 1995－2015 年经济数据分析了该地区经济发展的时空演变特征，研究发现：粤港澳大湾区整体经济综合发展水平呈波动式快速增长，经济指数港澳一直是湾区内最高值，广州、深圳增加较快；粤港澳经济总量快速增长、经济的外向型不断增强，但产业结构调整缓慢；区域经济绝对差异总体上在扩大，相对差异在缩小，经济空间格局由港澳两极中心形成广州、深圳、香港、澳门多极中心。

粤港澳大湾区由原来的核心边缘结构逐渐发展为相互关联的网络结构。1995 年粤港澳大湾区形成以港澳为核心，珠江三角洲为腹地的核心边缘结构，区域极化现象突出，核心区域与边缘区域发展不平衡明显。经过 20 多年的核心边缘模式的发展，区域扩散作用不断增强，广州、深圳等中心的壮大，区域的核心边缘模式逐渐向多核心网络结构演变。

目前已有粤港澳大湾区的研究，多集中于概念界定、功能定位、内部区域关系和发展策略等定性描述，定量研究相对较少。以上通过对 21 年粤港澳大湾区时空演变的研究，从定量方面对大湾区的经济格局演变进行了实证，综合已有文献研究成果，总结得出粤港澳大湾区经济发展时空特征演变与区位特征、区域发展政策与外部环境等方面有一定的相关性，为区域发展策略的制定提供参考。

中国 GDP 目前仅次于美国，全球排第二，面对竞争日益加剧的全球化，中国提出了“一带一路”倡议。粤港澳大湾区作为中国经济最发达的地区之一，在全球竞争中应该发挥更大的作用。为提高粤港澳大湾区的竞争力，本文建议：第一，进一步发挥区域经济优势，吸引人才、推动创新，加快产业升级，珠江三角洲应引导“产、学、研”相结合，提高产业的层次与附加值，促使产业转型，同时制定粤港澳三地创新政策，发展香港中介桥梁作用，把粤港澳大湾区建设为全球区域创新中心。第二，加强大湾区的生态与环境保护，优化沿海地区人居和发展环境，打造粤港澳特色生态宜居休闲湾区。第三，发挥“一国两制”的制度优势，消除影响要素便利流动、产业合理分工的制度性障碍，打破区域壁垒，推动粤港澳的合作模式不断更新，以港澳服务业与广东制造业的双重优势积极参与全球竞争。第四，发挥大湾区的岭南文化、侨乡文化、英语和葡语文化的区域文化软实力优势，提高区域发展的吸引力与竞争力。

参 考 文 献

安传艳，2014．基于熵权法的河南省城市旅游竞争力分析．重庆师范大学学报（自然科学版），31（1）：102-108．

蔡赤萌，2017．粤港澳大湾区城市群建设的战略意义和现实挑战．广东社会科学，（4）：5-14．

邓志新，2017．粤港澳大湾区：珠三角发展的新引擎．广东经济，（9）：32-35．

管永芬，包悦，古昌银，2013．基于熵值法的江西省 11 市经济发展综合评价研究．老区建设，（6）：16-21．

郭源园，李莉，2017．西部内陆省区区域经济差异影响因素——以重庆为例．地理研究，36（5）：926-944．

红梅，2016．内蒙古区域经济发展时空特征及其地理学解析．呼和浩特：内蒙古师范大学．

胡晓辉，黄民生，林李月，2008．福州市城市生态系统健康动态评价．亚热带资源与环境学报，3（2）：74-80．

李帅，魏虹，倪细炉，顾艳文，李昌晓，2014．基于层次分析法和熵权法的宁夏城市人居环境质量评价．应用生态学报，25（9）：2700-2708．

林先扬，2017．粤港澳大湾区城市群经济外向拓展及其空间支持系统构建．岭南学刊，（4）：25-32．

刘彦随，杨忍，2012．中国县域城镇化的空间特征与形成机理．地理学报，67（8）：1011-1020．

任思儒，李郇，陈婷婷，2017．改革开放以来粤港澳经济关系的回顾与展望．国际城市规划，32（3）：21-27．

单菁菁，2017．粤港澳大湾区：中国经济新引擎．环境经济，（7）：44-47．

杨英，2016．新时期粤港澳经济更紧密合作的基本趋向．华南师范大学学报（社会科学版），（4）：97-101．

杨正浒，汪占熬，2011．要素禀赋、市场结构视角下澳门经济发展研究——澳门经济发展回顾、分析和展望．商业时代，(3)：144- 145.
张建军，罗静，2011. 基于熵权法的武汉生态城市建设评价. 资源开发与市场，27 (10)：887-889.
张日新，谷卓桐，2017. 粤港澳大湾区的来龙去脉与下一步. 改革，(5)：64-73.
张锐，2017. 世界湾区经济的建设经验与启示. 中国国情国力，(5)：31-34.
章穗，张梅，迟国泰，2010. 基于熵权法的科学技术评价模型及其实证研究. 管理学报，7 (1)：34-42.
周春山，金万富，史晨怡，2015. 新时期珠江三角洲城市群发展战略的思考. 地理科学进展，34 (3)：302-312.
周春山，林赛南，代丹丹，2013. 改革开放以来珠江三角洲区域投资环境变化. 热带地理，33 (5)：511-517，541.
左晓安，2017. 与“一带一路”战略协调发展的粤港澳合作机制创新. 特区经济，(1)：11-14.

粤港澳大湾区土地利用效率的时空特征及其影响机制

朱孟珏，傅晓婷

（广东财经大学 公共管理学院，广州 510320）

摘　要：采用 SBM 超效率模型和 Tobit 回归分析模型，构建了土地利用的投入—产出指标体系，分析了 2000—2015 年粤港澳大湾区城市土地利用效率的时空演化特征，探讨其影响机制并提出相关建议。结果表明：①粤港澳大湾区土地利用效率整体处于较高水平，2015 年分区域效率由高到低依次为广佛肇地区、港澳地区、深莞惠地区和珠中江地区，广州、深圳和珠海土地利用效率明显高于其他城市。②土地利用效率水平由纯技术效率和规模效率共同作用，但纯技术效率贡献作用大于规模效率。其中，2000 年小型城市纯技术效率较高，大部分城市规模效率普遍不高；2005 年后土地扩张速度加剧，规模效率普遍达到较高水平，纯技术效率成为核心因素。③经济水平、产业结构、科技水平、政策制度、政府作用是影响粤港澳大湾区土地效率的主要驱动力。基于驱动力的差异性，需要从严控土地面积过度投入、提升技术创新能力、提升环境效益、加强区域空间整合等方面制定不同的优化调整策略。

关键词：土地利用效率；SBM 超效率模型；Tobit 回归模型；粤港澳大湾区

近年来，世界城市化与全球化进程加快，以东京湾区、纽约湾区和旧金山湾区为代表的沿海湾区，因其得天独厚的地理禀赋使得区域内的城市群高速发展，对带动经济发展与科技创新起到十分重要的作用。由此衍生的湾区经济逐渐成为国家经济发展的重要组成部分。中国在 2015 年首次提出“粤港澳大湾区”概念，并于 2017 年政府工作报告中正式将“粤港澳大湾区”提升为国家战略，粤港澳大湾区正朝着打造世界级城市群迈进。然而，由于粤港澳三地政治、经济、文化差异较大，区域内部发展不平衡，土地城市化现象仍然存在，这为粤港澳大湾区的持续发展带来挑战。据统计，2000—2015 年，中国、粤港澳地区、粤港澳大湾区的建成区土地面积增长量分别为 29 706.03、3 912.21 和 3 066.46 km^2，年均增长率分别为 5.74%、7.45%、8.70%，每增加 1 000 亿元 GDP 需要的土地面积依次为 49.82km^2、53.47km^2 和 56.95 km^{2}①，粤港澳大湾区在土地增长总量和增速上都显著高于其他地区，并且呈现相对粗放式扩张的态势。为此，评价粤港澳大湾区的城市土地利用效率，对于制定宏观调控政策，加强转型内生动力，建立高效、集约、协调的资源可持续开发模式都具有重要意义。

国外土地利用效率研究起源于 20 世纪 20 年代的生态区位理论研究，近年来的研究视角包括：①基于环境约束和生态安全的土地利用效率评价模型研究。如 Miao 等（2013）运用环境生产技术和方向性距离函数构建了土地利用模型；Irwin（2010）基于分析土地利用空间与环境、政策的相互作用，探讨了城市土地利用变化经济模型的新方向；Rinanti 等（2014）、Deilman 等（2016）、Wanke 等（2016）利用随机前沿模型或超数据包络分析（data envelopment analysis，DEA）模型等评价了土地利用碳排放效率。②土地利用效率的驱动机制研究。如 Su（1998）探讨了价值观等社会因素、政治与政策因素对城市土地利用效率的驱动。③土地利用效率的管控政策研究。如 Langpap 等（2008）等探讨了土地利用效率与政府土地激励政策的关联性；Verburg 等（2010）利用全球贸易分析模型和综合评估模型研究了生态和社会环境政策对欧洲城市土地利用效率的影响性。国内研究起步较晚，包括以下视角：①土地利用综合效率、碳排放效率等的评价及测度研究。学者们广泛运用 DEA 模型（吴得文 等，2011；梁流涛 等，2013）、熵值法和协调度模型（王雨晴 等，2006）、土地税法模型（孟成 等，2016）、脱钩模型（黄和平 等，2016）、Malmquist 指数（崔玮 等，2013）等对土地利用效率进行了特征评价。②土地利用结构/类型的效率研究。如宋吉涛等（2006）探讨了不同土地利用类型对土地利用效率的影响。③土地利用效率与劳动力、城市化的协调性研究。如周来友等（2015）采用随机前沿生产函数实证分析了老龄化对土地利用效率的影响；张明斗等（2014）研究了城市化与土地利用效率的耦合度。④土地利用的管控策略研究。如对增量供给、存量挖潜、门槛约束、市场交易机制等的探讨（冯广京 等，2017）。此外，还有部分学者专门对典型城市群土地利用效率展开了研究（杨清可 等，2014；杨海泉 等，2015）。

① 相关数据根据 2000 年和 2005 年的《中国统计年鉴》《广东统计年鉴》《香港统计年刊》《澳门统计年鉴》《中国城市建设统计年鉴》整理。

总体来看，国外土地利用效率研究较关注土地生态保护政策与管理机制，国内研究偏重效率评价的计量模型研究。同时，有关粤港澳大湾区的探讨在经济发展、交通联系、政策体制方面的研究较多，但对于粤港澳大湾区土地利用效率尤其是在时间序列上的空间演化特征研究相对较少。另外，在具体的土地利用效率研究方法上，大体可以分为几类：①单项指标模型，这类模型往往仅从投入或产出的一方面加以考虑，没有全面反映投入成本、产生效益的关联性；②综合评估模型，这类方法可以弥补单项指标模型的不足，但往往在确定指标之间权属的时候较难把握，存在主观性；③投入－产出指标体系模型，这类方法以 DEA 模型为主，且在土地利用效率评估中使用较多，可以不需要假设具体的生产函数形式，规避权重确定时的主观性。但 DEA 模型种类较多，适用性差别较大。有鉴于此，本文拟采用规模可变报酬（variable return to scale，VRS）的基于松弛变量测度（slacks-based measure，SBM）超效率模型（特殊型的 DEA 模型）构建土地利用“投入－产出”的评价体系，以 2000－2015 年粤港澳大湾区 11 个城市为研究对象，探讨其土地利用效率的时空演化特征，并采用 Tobit 回归模型分析其影响机制，以期对粤港澳大湾区的土地利用现状进行评估，并为该区域的资源优化布局和土地利用效率持续提升提供决策参考和建议。

1. 研究方法与数据来源

1.1 研究方法

1.1.1 基于 VRS 的 SBM 超效率模型

基于 VRS 的 SBM 超效率模型是 DEA 模型的一种。DEA 模型以生产函数理论为基础，是对具有相同类型“多投入－多产出”的决策单元（data management unit，DMU）进行有效性判定的一种评价分析方法。标准的 DEA 模型效率值一般介于 0—1，属于截尾数据，对于有效 DMU 则无法进一步分析。SBM 超效率模型可以将被评价的 DMU 从参考集中剔除，使得有效 DMU 的超效率值可以大于 1，便于进一步比较。同时，考虑需要进一步对评价单元规模和技术进行差异性分析，故选取规模收益可变（VRS）的模型进行评价。该方法假设有 n 个决策

单元 $DMU_j(j=1,2,\cdots,n)$，每个 DMU 单元都有 p 个投入要素 $x_i(i=1,2,\cdots,p)$，q 个产出要素 $y_r(r=1,2,\cdots,q)$，当前要评价的 DMU 记为 DMU_k，则基于 VRS 的超效率模型计算公式（成刚，2014）为：

$$\begin{cases}\min\left[\theta-\varepsilon(s^-+s^+)\right] \\ \text{s.t.}\sum_{j=1,\ j\neq k}^{n}\lambda_j x_{ij}+s_i^-\leqslant\theta x_{ik} \\ \sum_{j=1,j\neq \mathrm{k}}^{n}\lambda_j y_{rj}+s_r^+\geqslant y_{rk} \\ \sum_{j=1,j\neq \mathrm{k}}^{n}\lambda_j=1 \\ (i=1,2,\cdots,\ p;\ r=1,2,\cdots,\ q;\ j=1,2,\cdots,\ n)\end{cases} \tag{1}$$

式中，θ 计算取得的最优解 θ^* 即为效率值，$0\leqslant\theta^*\leqslant1$；$\varepsilon$ 为非阿基米德无穷小；s_i^- 和 s_r^+ 都为松弛变量（冗余值），分别为第 i 种要素的无效投入量和第 r 种要素的产出不足量；s.t.为限制性条件；λ_j 为权重向量；x_{ij} 和 y_{rj} 分别表示投入向量和产出向量；x_{ik} 和 y_{rk} 为当前正测量的决策单元；$\sum_{j=1,j\neq \mathrm{k}}^{n}\lambda_j=1$ 表示在规模报酬不变（constant return to scale，CRS）模型基础上增加的约束性条件，该约束可将公式转化为 VRS 模型；$j\neq k$ 的限制条件可从参考集中剔除将评价的 DMU_k，使得有效 DMU 效率值可以大于 1，成为 SBM 超效率模型。

一般认为，综合效率是对决策单元资源优化配置等综合能力的评估，其又可以由规模效率、纯技术效率两方面构成。其中，规模效率是指被评价单元由于实际生产的大规模投入或减少带来的生产效率变化，具体体现在投入要素数量上；纯技术效率是指被评价单元由于管理和技术上的改变所带来的生产效率变化，具体体现在投入要素结构上。综合效率值一般是规模效率值与纯技术效率值的乘积。具体模型计算公式（成刚，2014）为

$$\theta=\theta_{\mathrm{TE}}\times\theta_{\mathrm{SE}} \tag{2}$$

式中，θ 为土地利用效率；θ_{TE} 为纯技术效率；θ_{SE} 为规模效率；若设 $k=\sum\lambda_j/\theta$，当 $k=1$ 时，该 DMU 单元规模效益不变，规模效率值达最优；当 $k<1$ 或 $k>1$ 时，则该 DMU 单元分别处于规模效益递增或递减阶段。

通过测算土地利用效率、纯技术效率、规模效率和松弛变量来评估粤港澳大湾区各城市的土地利用经济效率。为增强数据的纵向对比性，将 2000 年、2005 年、

2010年和2015年4个年份各11个城市的数据全部当成DMU单元（共44个）代入同一模型进行计算。

1.1.2 Tobit 回归模型

Tobit回归模型是1958年由经济学家James Tobin最早提出并不断发展形成的一种基于因变量受限的回归分析方法。基于DEA类别的效率模型估计效率时，会使得样本在特定范围内变成某个极限值水平，常规的回归方法不能解释其中极限值和其他值的差异性。因此，遵循最大似然法的 Tobit 回归模型能够更为完整地展现数据规律，适合分析各因素对土地利用效率的影响性。该模型计算公式（马慧慧，2016）为

$$Y=\begin{cases}Y^{*}=\beta B+\mu & （Y^{*}>0）\\ 0 & （Y^{*}\leqslant 0）\end{cases} \tag{3}$$

式中，Y 是效率值向量；Y^{*}是截断因变量向量；B 是自变量向量；β 是回归相关系数；μ 是误差项。

1.2 研究区域与数据来源

以2000年、2005年、2010年和2015年4个年份粤港澳大湾区所有城市作为研究区域。粤港澳大湾区由“9+2”城市组成，是由广州、深圳、珠海、佛山、惠州、东莞、中山、江门、肇庆9个市和香港、澳门2个特别行政区形成的城市群。其中，广东9个市（即“小珠江三角洲”）又由广佛肇、深莞惠（珠江东岸）与珠中江（珠江西岸）3个次级城市组团构成。

在土地利用效率评价指标上，基于 SBM 超效率模型是“多投入－多产出”的模型体系，故采用投入型和产出型两类指标分别构建。综合考虑城市是各种要素汇聚流入的空间载体，而土地、劳动力、资本是推动城市发展的核心要素，因此，投入型指标从土地、劳动力、资本3个方面构建，城市土地利用的产出效益应该体现为对城市自然、经济、社会多发面的影响，因此，产出型指标从经济、社会、环境3个方面构建（表1）。数据来源见表1，均以市辖区为统计范围。同时，为了统一口径和消除价格因素，广东省各城市的价格指标统一换算成2000年不变价，香港、澳门的经济相关数据根据《香港统计年刊》、《澳门统计年鉴》

内的“消费物价指数”和“年内平均汇率”换算成2000年不变人民币价格，以剔除通货膨胀的影响。

表 1　土地利用效率评价指标

指标类型		具体指标	数据来源及说明
投入型	土地	x_1：建成区土地面积/km^2	2000 年、2005 年、2010 年和 2015 年《中国城市建设统计年鉴》； 2001 年、2006 年、2011 年和 2016 年《香港统计年刊》《澳门统计年鉴》
	劳动力	x_2：第二产业从业人员数/万人	2000 年、2010 年《广东省人口普查资料》，2005 和 2015 年《广东省 1%人口抽样调查资料》； 广东各市数据根据长表抽样比进行换算； 2001 年、2006 年、2011 年、2016 年《香港统计年刊》《澳门统计年鉴》
		x_3：第三产业从业人员数/万人	2000 年、2010 年《广东省人口普查资料》，2005、2015 年《广东省 1%人口抽样调查资料》； 广东各市数据根据长表抽样比进行换算； 2001 年、2006 年、2011 年、2016 年《香港统计年刊》《澳门统计年鉴》
	资本	x_4：固定资本形成总额/亿元	2001 年、2006 年、2011 年、2016 年广东省各市统计年鉴、《香港统计年刊》《澳门统计年鉴》 均采用市辖区数据
产出型	经济	y_1：第二产业增加值/亿元	2001 年、2006 年、2011 年、2016 年广东省各市统计年鉴及《香港统计年刊》《澳门统计年鉴》； 均采用市辖区数据
		y_2：第三产业增加值/亿元	
	社会	y_3：职工平均工资/元	2001 年、2006 年、2011 年和 2016 年广东省各市统计年鉴及《香港收入及工时按年统计调查报告》《澳门统计年鉴》。其中，广东各市采用市辖区职工月工资平均数，香港、澳门数据采用全部雇员月薪金中位数
	环境	y_4：公园绿地面积/km^2	2000 年、2005 年、2010 年和 2015 年《中国城市建设统计年鉴》； 2001 年、2006 年、2011 年和 2016 年《香港统计年刊》《澳门统计年鉴》。其中，香港数据包括公园绿地、运动场、娱乐场和康健设施

在影响机制指标构建上，为了能够反映各影响要素与土地综合效率之间的关系，从人口利用强度、经济发展水平、产业结构水平、科技水平、政策制度、政府作用等方面分别选取了人口密度（b_1）、人均 GDP（b_2）、第二产业占 GDP 比重（b_3）、第三产业占 GDP 比重（b_4）、R&D 投入占 GDP 比重（b_5）、外商直接投资占 GDP 比重（b_6）、政府财政支出占 GDP 比重（b_7）7 个指标。数据来源于 2000 年、2005 年、2010 年和 2015 年《中国城市建设统计年鉴》，2001 年、2006 年、2011 年和 2016 年《广东统计年鉴》《香港统计年刊》《澳门统计年鉴》，2000 年和 2010 年《广东省人口普查资料》，2005 年和 2015 年《广东省 1%人口抽样调查资料》等。

2. 粤港澳大湾区土地利用效率及分解指标的演化特征

2.1 土地利用效率的时空演化差异

2000年、2005年、2010年和2015年粤港澳大湾区城市土地利用效率均值依次为0.947、0.914、1.086、1.268，年均增长率达到1.96%，说明该区域土地利用效率整体处于较高水平，且处于不断调整优化中。其中，2000年和2005年粤港澳大湾区土地利用实际状况占最理想状况的94.7%和91.4%，接近相对有效；2010年和2015年粤港澳大湾区土地利用高效率超过1.00，处于相对有效且在不断优化改进。2000—2015年粤港澳大湾区土地利用效率值的时空特征（表2、表3）表明：① 2000年港澳地区土地利用效率相对较高，珠中江地区其次，广佛肇地区相对最低。除澳门、珠海和惠州外，其余城市均未达到相对有效（土地利用效率值达到1.00为有效）。② 2005年，除香港、广佛肇地区外，粤港澳大湾区大部分地区土地利用效率出现下调；同时，除澳门外，各城市均未实现相对有效。澳门虽然仍是最高土地利用效率城市但也出现下降趋势。可能的解释是，2000—2005年，粤港澳大湾区各城市行政区划调整剧烈，珠海斗门县、惠州惠阳市、江门新会市、佛山顺德市、南海市、三水市、高明市等先后撤县设区，建成区土地面积迅速扩张，土地要素投入过多超过了城市自身的消化能力，土地转化能力减弱，导致土地利用效率下滑。此阶段，澳门、香港土地利用效率最高，其余依次是广佛肇地区、珠中江地区、深莞惠地区。③2010年，香港、澳门、深圳、东莞、佛山、江门土地利用结构得到优化调整，土地利用效率值快速提升。此时，港澳地区和深莞惠地区都达到土地利用相对有效，珠江东岸（深莞惠）地区土地利用效率值开始超越珠江西岸（珠中江）地区。④到2015年，粤港澳大湾区土地利用效率持续升高，空间分布特征继续优化调整。区域层面上看，土地利用效率值从高到低依次为广佛肇地区、澳门、香港、深莞惠地区、珠中江地区，小珠江三角洲地区土地利用效率与港澳地区差距缩小，尤其是广佛肇一体化发展带来土地利用效率的快速提升，甚至超过了港澳地区。城市层面看，大致可以分为以下层级：第一层级（土地利用效率值＞1.4）包括广州、深圳、珠海；第二层级（土地利用效率值1.2—1.4）包括香港、澳门、佛山；第三层级（土地利用效率值＜1.2）包括东莞、肇庆、江门、惠州、中山。广州、深圳、珠海作为广佛肇、深莞惠、珠中江三大城市圈的中心城市地位凸显。

表 2　2000—2015 年粤港澳大湾区分区域土地利用效率

地区	2000 年	2005 年	2010 年	2015 年	城市平均值	年均增长率/%
香港	0.914	0.949	1.076	1.210	1.037	1.89
澳门	1.432	1.067	1.871	1.256	1.407	–0.87
广佛肇地区	0.741	0.929	0.982	1.457	1.028	4.61
深莞惠地区	0.912	0.830	1.022	1.205	0.992	1.88
珠中江地区	1.038	0.920	0.996	1.164	1.030	0.77
粤港澳大湾区	0.947	0.914	1.086	1.268	1.054	1.96

表 3　2000—2015 年粤港澳大湾区土地利用效率

土地利用效率	2000 年	2005 年	2010 年	2015 年
＜0.8	肇庆、广州、中山、深圳	惠州	—	惠州、中山
0.8—1.0	佛山、江门、东莞、香港	肇庆、佛山、广州、江门、珠海、中山、东莞、深圳、香港	肇庆、广州、惠州、中山、珠海	—
1.0—1.2	—	澳门	江门、东莞、香港	肇庆、江门、东莞
1.2—1.4	惠州	—	佛山、深圳	佛山、香港、澳门
＞1.4	珠海、澳门	—	澳门	广州、深圳、珠海

2.2　土地利用效率的指标分解及时空演化

土地利用效率能大致反映土地利用的整体时空演化，但较难解析其演化原因。基于 SBM 超效率模型可将土地利用效率分解为纯技术效率和规模效率，纯技术效率能反映生产技术与城市管理对土地综合效率的贡献，规模效率能反映投入要素配置结构对土地利用效率的影响。

基于纯技术效率分析（表 4），4 个年份粤港澳大湾区纯技术效率值依次为 1.165、1.056、1.131 和 1.347，整体处于较高水平并且略大于土地利用效率。2000 年，纯技术效率由高到低依次是澳门、珠中江地区、香港、广佛肇地区、深莞惠地区。其后，珠中江地区纯技术效率持续下降，香港、广佛肇和深莞惠地区整体呈上升趋势，澳门呈现波动下降趋势但仍维持较高水平。至 2015 年，纯技术效率由高到低依次调整为广佛肇地区、澳门、香港、深莞惠地区、珠中江地区。分城市来看，2000 年纯技术效率达到相对有效（纯技术效率值＞1）的城市只有澳门、珠海、惠州、肇庆、江门、香港。当中仅有香港是大城市，其余都是小型城市。到2015年，大致可以分为以下层级：第一层级（纯技术效率值＞1.4）包括广州、珠海、深圳、佛山、澳门；第二层级（纯技术效率值 1.2—1.4）只有香港；第三层级（纯技术效率值 1.0—1.2）包括东莞、肇庆、江门；第四层级（纯技术效率值＜1.0）包括惠州、中山。

基于规模效率分析（表 4），4 个年份粤港澳大湾区规模效率值依次为 0.837、0.899、0.969 和 0.947，规模效率不断优化调整。2000 年，广州、东莞、深圳、佛山、惠州、珠海处于较高规模效率，其余城市相对较低。其中香港、深圳、东莞处于规模报酬递减，其余 8 个城市均为规模报酬递增，即大部分城市可以通过扩大城市规模来提升城市效率值。2005 年和 2010 年，各城市规模效率值不断提升，规模报酬递增的城市分别降至 5 个和 3 个。到 2015 年，绝大多数城市规模效率均接近 1.000 的相对有效值，均已处于规模报酬递减阶段，说明基于规模效率的考虑，再通过扩大城市规模来提升城市效率会导致土地利用不经济。

进一步计算综合效率（θ）与纯技术效率（θ_{TE}）、规模效率（θ_{SE}）的相关系数，如果相关系数越高，说明分解效率对综合效率的解释度越强。结果表明：4 个年份 θ_{TE} 与 θ 的相关系数依次为 0.533、0.483、0.981 和 0.951，θ_{SE} 与 θ 的相关系数依次为 0.095、0.079、0.358 和 0.044，说明纯技术效率对土地利用效率的影响力较大且不断攀升，尤其是 2010 年和 2015 年；规模效率对土地利用效率的影响较低且不断下滑；纯技术效率的影响力远大于规模效率，说明规模效率并不是影响粤港澳大湾区土地利用效率的决定性因素，土地利用效率很大程度上受纯技术效率的影响；要提高粤港澳大湾区土地利用效率，必须要优化调整土地利用的结构，加强提升生产技术与城市管理，实现由土地和劳动力等的要素驱动向技术和创新驱动转变。

表 4 2000－2015 年粤港澳大湾区分城市土地利用分解效率

地区	2000 年			2005 年			2010 年			2015 年		
	纯技术效率	规模效率	规模报酬	纯技术效率	规模效率	规模报酬	纯技术效率	规模效率	规模报酬	纯技术效率	规模效率	规模报酬
广州	0.771	0.995	递增	0.961	0.996	递减	0.831	0.997	递减	2.199	0.934	递减
佛山	0.989	0.952	递增	0.843	0.999	递减	1.246	0.999	递减	1.452	0.837	递减

续表

地区	2000年			2005年			2010年			2015年		
	纯技术效率	规模效率	规模报酬	纯技术效率	规模效率	规模报酬	纯技术效率	规模效率	规模报酬	纯技术效率	规模效率	规模报酬
肇庆	1.263	0.407	递增	1.444	0.685	递增	0.946	0.924	递减	1.143	0.965	递减
深圳	0.618	0.977	递减	1.021	0.978	递增	1.269	0.964	递减	1.582	0.933	递减
东莞	0.892	0.980	递减	0.907	0.993	递减	1.033	0.994	递减	1.153	1.000	递减
惠州	1.295	0.971	递增	0.895	0.883	递增	0.855	0.954	递增	0.989	0.998	递减
珠海	1.469	0.997	递增	0.968	0.998	递减	0.940	0.970	递增	1.510	1.000	递减
中山	0.988	0.698	递增	1.255	0.758	递增	0.946	0.999	递减	0.970	0.993	递减
江门	1.397	0.687	递增	0.945	0.892	递减	1.135	0.997	递减	1.037	0.982	递减
香港	1.075	0.850	递减	1.058	0.897	递减	1.085	0.992	递减	1.335	0.906	递减
澳门	2.058	0.696	递增	1.316	0.811	递增	2.158	0.867	递增	1.442	0.871	递减
广佛肇地区	1.008	0.785	—	1.083	0.893	—	1.008	0.973	—	1.598	0.912	—
深莞惠地区	0.935	0.976	—	0.941	0.951	—	1.052	0.971	—	1.241	0.977	—
珠中江地区	1.285	0.794	—	1.056	0.883	—	1.007	0.989	—	1.172	0.992	—
粤港澳大湾区	1.165	0.837	—	1.056	0.899	—	1.131	0.969	—	1.347	0.947	—

3. 粤港澳大湾区土地利用效率的影响机制及优化策略

粤港澳大湾区土地利用效率整体水平较高且处于不断优化调整中，但其时空演化过程仍然具有较为明显的空间差异性，是多种影响因素综合驱动下的结果。为了反映各影响要素与土地综合效率之间的关系，采用基于极大似然法的 Tobit 回归模型对 4 个年份的土地利用效率进行回归分析（表 5）。结果表明：人均 GDP（b_2）、第三产业占 GDP 比重（b_4）、外商直接投资占 GDP 比重（b_6）、政府财政支出占 GDP 比重（b_7）在各年份均处于 1%或 5%的显著性水平上，与土地利用效率具有高度正相关性；第二产业占 GDP 比重（b_3）在早期、R&D 投入占 GDP 比重（b_5）在后期部分年份具有较高显著性；人口密度（b_1）整体上并不显著。具体从经济发展水平、产业结构水平、科技水平、政策制度、政府作用 5 个方面分析其对土地利用效率的影响。

表5 2000—2015年粤港澳大湾区土地利用效率影响因素回归分析

年份	指标	变量						
		b_1	b_2	b_3	b_4	b_5	b_6	b_7
2000	相关系数	0.003	0.067*	0.083**	0.073**	0.015	0.031**	0.044**
	标准误差	0.006	0.026	0.012	0.014	0.090	0.007	0.008
	Z统计量	0.508	2.555	6.821	5.024	0.166	4.330	5.702
	P值	0.612	0.011	0.000	0.000	0.868	0.000	0.000
2005	相关系数	0.025	0.054**	0.019	0.034*	0.059	0.016**	0.015**
	标准误差	0.013	0.013	0.011	0.013	0.042	0.006	0.005
	Z统计量	1.864	4.216	1.734	2.544	1.415	2.773	2.770
	P值	0.062	0.000	0.083	0.011	0.157	0.006	0.006
2010	相关系数	0.153	0.094*	0.078	0.097*	0.222*	0.040**	0.097*
	标准误差	0.093	0.111	0.054	0.068	0.099	0.011	0.049
	Z统计量	1.636	0.849	1.443	1.432	2.239	3.704	1.980
	P值	0.102	0.040	0.149	0.015	0.025	0.000	0.048
2015	相关系数	0.216	0.232*	0.017	0.049*	0.265*	0.024*	0.125**
	标准误差	0.150	0.116	0.063	0.047	0.112	0.016	0.047
	Z统计量	2.111	2.002	0.267	1.031	2.373	1.506	2.644
	P值	0.055	0.045	0.789	0.030	0.018	0.032	0.008

**、*分别表示变量在1%、5%水平上显著。

1）经济发展水平，以人均GDP（b_2）指标表征。城市土地利用效率与经济发展水平具有显著关联性。城市经济水平决定了单位土地面积上对资金、劳动力、技术等各种要素的投入可能性，从而影响城市土地效率。2000年和2005年，香港、澳门的经济发展水平和土地利用效率都显著高于珠江三角洲城市，到2010年，随着广州、深圳、佛山等经济快速发展和赶超，土地利用效率空间格局显著发生调整。

2）产业结构水平，以第二产业占GDP比重（b_3）、第三产业占GDP比重（b_4）表征。城市产业结构调整和演替尤其是第二产业、第三产业的发展对土地利用效率具有极大促进效应。2000年第二产业、第三产业占比与土地利用效率在1%的置信水平上具有显著性，共同推动影响土地利用效率。随后，第二产业占比的贡献作用减弱，在1%和5%置信水平上表现不显著，而第三产业占比始终在1%或5%的置信水平上具有显著性。尤其是当前粤港澳大湾区正从以传统纺织、家电等劳动密集型制造业为主体的产业体系向现代制造业、高端服务业转型，香港、澳门的第三产业比重仍旧持续上升，接近90%的水平，广州、深圳、东莞的第三产业比重已超过第二产业，珠海、中山、江门等城市第三产业比重也在不断升高，第三产业已发展成为影响该地区土地利用效率的重要驱动力。

3）科技水平，以 R&D 投入占 GDP 比重（b_5）指标表征。城市经济的发展需要科技投入来推动，从而推动城市产业结构的调整，推动资金、劳动力的精准投入，最终带来土地利用方式的调整、土地利用强度和效率的提升。从 Tobit 回归模型分析结果可知，R&D 投入占 GDP 比重在 2000 年和 2005 年显著性不大，到 2010 年和 2015 年在 5%置信水平具有显著性，相关系数也呈不断上升趋势。这与前文土地利用效率指数分解结论基本一致，即大湾区发展前期，除个别城市外大部分城市规模效率相对不高，可以通过扩大城市投入规模来提升效率，但随后规模上升空间有限，纯技术效率的影响力攀升，科学技术成为土地效率提升的核心力量。

4）政策制度（对外开放程度），以外商直接投资占 GDP 比重（b_6）指标表征。该指标在各研究年份一直在 1%或 5%置信水平上具有显著性，说明政策开发程度对于土地利用效率具有显著影响力。政策制度的开放能够加强资本、技术、劳动力的空间流动，加强区域的整合和分工合作，从而带来土地使用强度的不断加强。尤其在粤港澳地区存在政治、经济制度的差异，对外开放程度越高必然促进土地利用效率格局发生置换调整。

5）政府作用，以政府财政支出占 GDP 比重（b_7）指标表征。该指标在 2000 年、2005 年和 2015 年在 1%置信水平上具有显著性，2010 年在 5%置信水平上具有显著性，相关系数也处于上升趋势。政府对于城市发展的财政支出，可以反映政府对土地利用的宏观调控作用，对于优化资源配置，提升土地利用强度具有积极效果。

不同区域和城市的影响因子各有差异，需要通过制定不同的优化调整策略来提升土地利用效率。根据 SBM 超效率模型中的松弛变量的计算结果能有效地分析在产出量或投入量不变情况下各投入-产出指标的冗余状况，即各项实际投入量/产出量与理想前沿面的投入量/产出量之间的差距，从而便于研究影响各城市土地利用效率的主要因子，为土地利用效率的持续提升提供决策信息和优化方向。

首先，在投入要素上，至 2015 年，若及时调整要素结构，全区可节约的建成区土地面积为 795 km^2，第二产业和第三产业从业人员数分别为 278 万、428 万，固定资本形成总额为 5 668 亿元。其中，广佛肇地区在建成区土地面积、第三产业从业人员数、固定资本形成总额上投入过量，深莞惠地区在建成区土地面积、第二产业从业人员数上投入过量，珠中江地区、香港、澳门在固定资本形成总额上投入过量。因此，应该做好以下优化：①严格控制大湾区各城市建成区土地面积的过度投入。②适度调整广佛肇地区在第三产业从业人员、深莞惠地区在第二产业从业人员、珠中江地区在固定资本形成总额的投入量以及投入发展方向，促进珠江东岸地区的传统制造业转型升级，积极发展战略新兴产业、电子信息产业，进一步提升其创新驱动能力。积极调整珠江西岸地区的产业发展方向和投资重点，打造珠江西岸先进装备制造业产业带。

其次，在产出效益上，至 2015 年，第三产业增加值的冗余度增长较快（5 080 亿元），除中山、香港外，大湾区普遍产出效益不足，冗余度超过 500 亿元的城市包括深圳、广州、佛山、肇庆；职工平均工资产出效益不足较多的区域（冗余度＞501 亿元）包括广州、深圳，略有不足的区域（冗余度＞1 亿元）有东莞、香港；此外，第二产业增加值产出不足以广州为典型（冗余度＞501 亿元），公园绿地面积产出不足以深圳最为明显（冗余度＞51 km^2）。因此，要加强广州、东莞等城市传统制造业的工业生产效率，加强产品竞争力建设，提升技术创新能力，从要素（土地、劳动力）驱动、资本驱动向创新驱动转变；提升广州及深莞惠地区的职工平均工资水平，提升其社会效益；加大对深圳等城市公园绿地的建设力度，提升其环境效益。

最后，加强区域空间整合，保障要素的自由流通。具体来说：①基于小珠江三角洲九市与香港、澳门存在政治、经济制度的差异，需要解决粤港澳三地在劳动力流动、资本流动、技术传播、交通联系等方面的制度障碍，加强经济贸易联系与资源互补。②解决粤港澳三地，尤其是广州、深圳、香港 3 个中心城市在城市性质与产业发展方面的同质化竞争问题，如三者对于金融中心、港口航运中心的性质定位，避免资源浪费。③在小珠江三角洲内部，也要加强广佛肇、深莞惠、珠中江三大区域的内部整合。广佛肇地区内部，广佛同城化整合较好，但肇庆与广佛之间仍存在较大差距，肇庆需要进一步融入广佛肇一体化体系；地处珠江东岸的深莞惠地区经济实力较强，但包括公路、铁路、港口和机场等在内的基础设施的互联互通有待于加强；地处珠江西岸的珠中江地区整体经济实力最弱，未来需要加强珠海与港澳地区的联系，提升珠海中心城市地位。

4. 结论

基于 SBM 超效率模型和 Tobit 回归分析模型，构建了土地利用效率的投入－

产出指标体系，分析了 2000—2015 年粤港澳大湾区城市土地利用效率的时空演化特征，探讨其影响因素并提出相关建议。得出的主要结论有以下几个方面。

1）2000—2015 年粤港澳大湾区的土地利用效率整体处于较高水平；2000 年和 2005 年，港澳地区土地利用效率显著大于小珠江三角洲地区，随后差距逐渐缩小并反超；至 2015 年，土地利用效率由高到低依次为广佛肇地区、港澳地区、深莞惠地区和珠中江地区，广州、深圳和珠海土地利用效率明显大于其他城市，成为大湾区重要的中心城市。

2）土地利用效率水平由纯技术效率和规模效率共同作用，但纯技术效率贡献作用大于规模效率。其中，2000 年小型城市纯技术效率较高，大部分城市规模效率普遍不高；2005 年后土地扩张速度加剧，大部分城市规模效率普遍达到较高水平，纯技术效率成为影响土地利用效率的核心因素。

3）经济水平、产业结构、科技水平、政策制度、政府作用是影响粤港澳大湾区土地利用效率的主要驱动力。基于驱动力的差异性，需要从严控土地面积过度投入、提升技术创新能力、提升环境效益、加强区域空间整合等方面制定不同的优化调整策略。不同区域和城市土地利用效率的影响因子各有差异，需要通过制定不同的优化调整策略来提升粤港澳大湾区土地利用效率。在投入要素上，要严格控制各城市建成区土地面积的过度投入，适度调整广佛肇地区在第三产业从业人员、深莞惠地区在第二产业人员、珠中江地区在固定资本形成总额的投入量。在产出效益上，要加强广州、东莞等城市传统制造业的工业生产效率，加强产品竞争力建设，提升技术创新能力，从要素（土地、劳动力）驱动、资本驱动向创新驱动转变；提升广州及深莞惠地区的职工平均工资水平，提升其社会效益；加大深圳等城市公园绿地的建设力度，提升其环境效益。同时，加强区域空间整合，协调粤港澳地区的要素自由流通的制度障碍，化解土地利用结构的同质化竞争。

需要指出的是，SBM 超效率模型采用最优解方案确定了投入要素间的权重，有效地规避了主观因素的影响，对于土地利用效率评价具有独特优势，但本研究还存在一定局限性。在研究方法上，指标的选取往往存在争议，如不同城市具有不同的城市性质和职能，也具有不同的产业结构与发展模式，较难用有限的指标、相同的理想前沿面来衡量；技术性投入主要依托纯技术效率（模型中反映为投入产出要素的结构关系）来间接反映，缺少较为直接的衡量土地生产管理理念、方法与技术条件的相关指标，使得城市的土地投入产出有效性具有一定局限性，有待今后从指标构建、土地利用类型等方面进行优化完善；在研究内容上，粤港澳大湾区内部具有政治与经济体制差异，而制度障碍是影响城市之间在劳动力流动、资本流动、技术传播、交通联系等互联互通的重要因素，也是作为区域一体化整体性研究的重要内容，如何考虑这方面的指标选取，以及在区域一体化需求下提出更为有效的土地利用效率激励和约束机制，这都将是后续研究值得关注的领域。

参 考 文 献

成刚，2014．数据包络分析方法与 Max DEA 软件．北京：知识产权出版社．

崔玮，苗建军，杨晶，2013．基于碳排放约束的城市非农用地生态效率及影响因素分析．中国人口•资源与环境，23（7）：63-69．

冯广京，朱道林，林坚，等，2017．2016 年土地科学研究重点进展评述及 2017 年展望．中国土地科学，31（1）：3-20．

黄和平，彭小琳，2016．脱钩视角下城市土地利用效率变化与提升策略——以南昌市为例．资源科学，38（3）：493-500．

梁流涛，赵庆良，陈聪，2013．中国城市土地利用效率空间分异特征及优化路径分析——基于 287 个地级以上城市的实证研究．中国土地科学，27（7）：48-54．

马慧慧，2016．EViews 统计分析与应用．3 版．北京：电子工业出版社．

孟成，卢新海，彭明军，2016．基于土地税收的土地利用效率计算方法研究．中国土地科学，30（7）：56-63．

宋吉涛，宋吉强，宋敦江，2006．城市土地利用结构相对效率的判别性分析．中国土地科学，20（6）：9-15．

王雨晴，宋戈，2006．城市土地利用综合效益评价与案例研究．地理科学，26（6）：7143-7148．

吴得文，毛汉英，张小雷，等，2011．中国城市土地利用效率评价．地理学报，66（8）：1111-1121．

杨清可，段学军，叶磊，等，2014．基于 SBM-Undesirable 模型的城市土地利用效率评价——以长三角地区 16 城市为例．资源科学，36（4）：712-721．

张明斗，莫冬燕，2014．城市土地利用效益与城市化的耦合协调性分析——以东北三省 34 个地级市为例．资源科学，36（1）：8-16．

周来友，仇童伟，周冬，等，2015．丘陵山区劳动力老龄化对土地利用效率的影响——基于直接效应和间接效应的识别．中国土地科学，29（10）：35-41．

杨海泉，胡毅，王秋香，2015．2001－2012 年中国三大城市群土地利用效率评价研究．地理科学，35（9）：1095-1100．

Deilman C，Lehmann I，Reibmann D，2016．Data envelopment analysis of cities–investigation of the ecological and economic efficiency of cities using a benchmarking concept from production management．Ecological Indicators，67（1）：798-806．

Irwin E G，2010．New directions for urban economic models of land use change：Incorporating spatial dynamics and heterogeneity．Journal of Regional Science，50（1）：65-91．

Langpap C，Hascic I，Wu J J，2008．Protecting watershed ecosystems through targeted local land use policies．American Journal of Agricultural Economics，90（3）：684-700．

Miao J J，Zhu L，2013．Research on efficiency measurement of urban land-use in China．Academic Journal of

Interdisciplinary Studies，2（9）：248-254.

Rinanti A，Dewti K，Kardena E，et al.，2014. Biotechnology carbon capture and storage（CCS）by mix-culture green microalgae to enhancing carbon uptake rate and carbon dioxide removal efficiency with variation aeration rates in closed system photobioreactor. Jurnal Teknologi，69（6）：93-99.

Su D Z，1998. GIS-based urban modeling：Practices，problems and prospects. International Journal of Geographical Information Science，12（7）：651-671.

Verburg P H，Berkel D B V，Doorn A M V，et al，2010. Trajectories of land use change in Europe：A model-base exploration of rural futures. Landscape Ecology，25（2）：217-232.

Wanke P，Barros C P，Figueiredo O，2016. Efficiency and productive slacks in urban transportation modes：A two-stage SDEA- Beta Regression approach. Utilities Policy，41：31-39.

香港和内地的经济政策对香港航运业的影响

修清慧，陈东旭，杨忠振

（宁波大学 海运学院，宁波 315211）

摘　要：利用市场集中度中的 CR_n 和 *HHI* 指标、空间格局统计中的标准差椭圆及路径选择模型分析香港航运业的发展变化，结果发现：①香港的自由港政策间接增加了香港港货物运输量，促进其港口航运业的发展。②内地的改革开放政策使得香港的港航运输业比 20 世纪 80 年代有了进一步的提升，航运业的发展速度位居世界前列。③中国加入 WTO 促进了内地和香港航运业的共同发展，但香港的吞吐量增速远远低于上海、深圳等港口。④内地的保税港区与启运港退税政策使得内地的港口竞争力超越香港，香港的航运业进入缓慢发展期。香港航运业的发展主要历经 3 个阶段：20 世纪 70—90 年代的快速增长期、2000—2005 年的稳定发展期、2005—2015 年的速度放缓期。

关键词：航运业；市场集中度；集装箱吞吐量；经济政策；香港

香港的航运业起源于 19 世纪 40 年代，20 世纪 60 年代中期第一次在香港港出现箱式货，1972 年葵涌集装箱专用码头启用以来，香港的集装箱运输业务进入正式起步阶段，当时港口集装箱吞吐量只有 20 万 TEU。20 世纪 90 年代以来，香港的航运业进入快速发展阶段，1990 年集装箱吞吐量达到 510 万 TEU，1992 年香港港成为世界第一大集装箱港口（朱大绶，1992）。但是，进入 21 世纪后，香港的港口集装箱吞吐量的增速放缓，2005 年其世界第一大集装箱港口的地位被新加坡港所取代。香港航运业的发展经历波动过程。

航运业的发展问题是个热点性的学术议题，20 世纪 90 年代到 21 世纪，很多学者进行过相关研究。如 Chan（1997）根据当时香港航运业的发展情景分析了香港航运业的过去、现在和将来；王彦斌（2014）分析了 21 世纪香港航运业的发展前景，发现目前香港航运业的发展面临着多重的挑战，香港的航运力量逐渐分散；Zhang 等（2017）利用港口集装箱吞吐量分析香港港的变化历程、香港航运业的发展状况，以及香港港在世界港口群中的角色转变；之后，Fu 等（2010）也分析了香港航运业的发展，认为香港航运业目前正走下坡路，应该让港口资源合理化以便提供更为优良的港口服务。众多学者的研究结果表明：当前香港航运业发展缓慢，面临众多挑战。因此，分析过去几十年香港航运业的兴衰及其背后的政策要素十分必要，既可以解释过去香港航运业繁荣的原因，也可以为未来香港航运业的发展指明方向，提供促进香港航运业的政策建议。

随着时间的推进，影响香港航运业发展的主要原因日渐凸显。如 Wang（2014）提出，很多经济政策与运输政策影响了香港航运业的发展；Zhang 等（2015）发现全球制造业的发展趋势对香港航运业同样产生了影响；Cullinane 等（2004）发现内地集装箱港口的发展降低了香港港的竞争力，限制其航运业的发展；Tian 等（2015）以深圳港为例，分析比较香港与深圳的港口竞争力，发现香港港对深圳港并没有什么影响，反而深圳港相较于香港港来说具有更高的竞争力，影响了香港港的集装箱转运量。其中，很多研究还指出，产业经济政策是影响地区航运业发展的重要原因。如 Han（1999）预测了中国加入 WTO 后对香港航运业的影响，发现既有促进同时也有限制。但这些研究倾向于把香港作为唯一的主体，讨论香港航运业的发展轨迹及影响其发展的因素，缺少把香港放在一个整体环境中，分析香港的航运业作为局部的发展轨迹及影响其航运业快速发展的经济政策。

因此，本文针对由香港港、广州港、深圳港、上海港、宁波港、天津港、青岛港等组成的港口群体，拟利用行业集中率（CR_n）、赫希曼-赫芬达尔指数（HHI）和标准差椭圆，分析香港集装箱运输量市场份额的变化及集装箱吞吐量重心的迁移轨迹，揭示香港航运业的发展变化规律。同时，回顾香港和内地的经济发展政策，明确香港自身及内地的经济政策对香港的港航运输业的促进与抑制效果。通过研究以期明确香港航运业发展的具体影响要素，为香港航运业未来的发展提供方向。

1. 研究方法与数据

1.1 研究方法

1.1.1 市场集中度

市场集中度用来衡量企业的数目和相对规模的差异，是市场势力的重要量化指标。

CR_n 和 HHI 是衡量市场集中度的重要指标，其中，CR_n 表示该行业的相关市场内前 N 家最大的企业所占市场份额的总和；HHI 是一种测量产业集中度的综合指数，是指某行业中各市场竞争主体所占行业总收入的平方和，用来计量市场份额的变化，即市场中厂商规模的离散度。

为明确香港航运业的发展趋势，首先，把香港港和珠江三角洲的广州港、深圳港，长江三角洲的上海港、宁波港和环渤海的天津港、青岛港组成一港口群体，先用 CR_n 指标判断市场集中度，分析集装箱运输市场的集中与分散状态，以及香港港的地位（李丹 等，2015）；其次，利用 HHI 指标，进一步明确港口群体内集装箱市场的集中与分散情况，判断港口群内集装箱运输量分布是否均衡（Li et al., 2010）。CR_n 和 HHI 的计算方法分别为

$$CR_n = \sum_{i=1,\dots,n} X_i / \sum_{i\in I} X_i \tag{1}$$

$$HHI = \sum_{i\in I} (X_i / X)^2 \tag{2}$$

式中，CR_n 表示港口群中排名前 n 位的港口的垄断情况；HHI 表示港口群吞吐量的集中程度；X_i 为港口 i 的集装箱吞吐量；I 为港口群集合；X 为港口群的集装箱吞吐量。

1.1.2　空间格局统计——标准差椭圆

为观察港口群体内集装箱运输的空间移动情况，判断香港航运业的衰败情况，采用空间格局统计中的标准差椭圆判断上述港口群体内集装箱吞吐量重心的变化。标准差椭圆是用来度量一组数据的方向和分布的，结果会生成标准差椭圆（赵作权，2014）。标准差椭圆重心的变化代表数据方向的变化，重心计算公式如式（3）和式（4）所示。本文主要利用重心移动轨迹判断港口集装箱吞吐量重心的方向变化。

$$\mathrm{SDE}_x = \sqrt{\frac{\sum_{i=1}^{n}(x_i - \bar{X})^2}{n}} \tag{3}$$

$$\mathrm{SDE}_y = \sqrt{\frac{\sum_{i=1}^{n}(y_i - \bar{Y})^2}{n}} \tag{4}$$

式中，SDE_x、SDE_y 表示标准差椭圆的方差；x_i、y_i 表示每个要素的空间位置坐标；$\bar{X}$ 、$\bar{Y}$ 表示算数平均值。

1.1.3 出口货物路径选择模型

为分析启运港退税政策对香港航运业的影响，利用路径选择模型判断有无启运港退税时港口货物吞吐量的变化。选取深圳港作为香港港的对比对象，判断有无政策前后 2 个港口的变化情况，进而推断香港航运业的变化。

内地货物经深圳和香港的出口路径见图 1。在这个网络中，珠江三角洲的货物出口到海外有 4 条运输通道：①P1，出口地经深圳港到达目的地；②P2，出口地经干港，再在香港港中转到目的地；③P3，出口地经中小港口到深圳港，再中转到目的地；④P4，出口地经干港到深圳港，再中转到目的地。深圳保税港区是否实施启运港退税政策，会影响货物选择的路径，例如，无启运港退税政策时，为缩短退税时间货主倾向于 P2，反之倾向于 P3 或 P4。

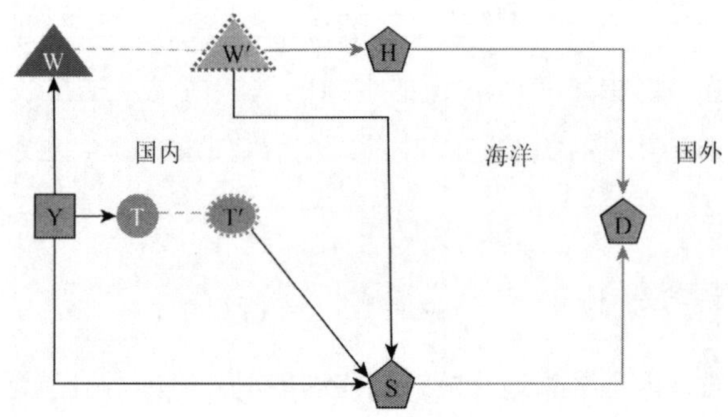

图 1 出口运输网络

Y——出口地；T——中小港口；T′——虚拟港；W——干港；W′——虚拟港；H——香港港；S——深圳港；D——海外目的地港

出口地 Y 的货主会根据路径的广义运输阻抗（包括运价成本、运输的时间成本、退税的时间成本等）选择运输路径，因此可以基于用户均衡原理分析货主在运输网络上的路径选择行为，得到均衡状态下通过门户港的货物流量。该分析模型的数学描述如下（陆化普，2006）：

$$\text{Min}: \sum_{a \in A} \int_0^{x_a} t_a(\omega) \mathrm{d}\omega \tag{5}$$

$$\text{s.t:} \quad q_{ij} = \sum_k f_{ijk} \qquad \forall i, j \tag{6}$$

$$f_{ijk} \geqslant 0 \qquad \forall i, j, k \tag{7}$$

$$x_a = \sum_i \sum_j \sum_k f_{ijk} \delta_{aijk} \qquad \forall a \in A \tag{8}$$

$$l_a = 1/(\mu_a - x_a) \tag{9}$$

式中，A 为路网的路段集合；x_a 为路段 a 上的流量；$t_a(\cdot)$为路阻函数；q_{ij} 为由出发地 i 到海国外 j 的出口货量；f_{ijk} 为 i—j 之间的路径 k 上的流量，I、J 分别表示始发地和目的地集合（i∈I，j∈J）；δ_{aijk} 为 0—1 变量，用于判断 i—j 之间的路径 k 上是否有路段 a；l_a 表示退税流程所需的时间；μ_a 表示海关办理退税的服务能力。式（5）为目标函数，式（6）—式（8）为流量约束，式（9）为排队时间。

同路段的阻抗函数如下：

（1）陆路路段运输阻抗

$$t_a = \alpha\left(\frac{d_a}{v_a}\right) + \gamma d_a \quad a \in A_1 \tag{10}$$

式中，A_1 为陆运路段集合，包括铁路路段和公路路段；d_a 为路段 a 的长度；v_a 为路段 a 上的车辆的运行速度；α 为时间价值；γ 为单位行程票价。

（2）海运路段阻抗

$$t_a = \alpha\left(\frac{d_a}{v_a}\right) + P_a \quad a \in A_2 \tag{11}$$

式中，A_2 为海运路段集合；P_a 为海运费。

（3）虚拟路段的阻抗

$$t_a = \beta \times m \times (l_a + \overline{l}_a) + r_a \quad a \in A_3 \tag{12}$$

式中，A_3 为虚拟路段集合；β 表示银行日均贷款利息；m 表示单位集装箱货物的价值；l_a 表示退税流程所需的时间；$\overline{l}_a$ 表示到达退税关口之前的总运输时间；r_a 表示干港处公路运输转换铁路运输的换装成本。将依据该模型分析启运港退税政策对香港及内地航运业的影响。

1.2 数据来源

为了界定香港航运业的发展历程，首先，根据香港船务统计及各港口官网，选取了 1990—2015 年港口群内的港口集装箱吞吐量，基于收集的数据计算市场集中度；其次，将收集到的数据进行预处理，将其放到 ArcGIS 软件中，利用软件得到标准差椭圆，进而收集每一年的集装箱吞吐量的标准差椭圆的重心坐标，判断港口运输的重心变化情况。

2. 香港航运业发展过程

香港航运业自其港口在20世纪60年代集装箱化后，开始进入发展起步阶段。但当时集装箱码头的专业化程度低，直到1969年香港全年的港口集装箱吞吐量仅为1.2万TEU。1972年香港葵涌集装箱专用码头启用后，其集装箱吞吐量实现突破，达到20万TEU。从此，香港的航运业进入蓬勃发展期，从整个发展历程可看出，香港的航运业经历了快速增长期、稳定发展期、速度放缓期（图2）。

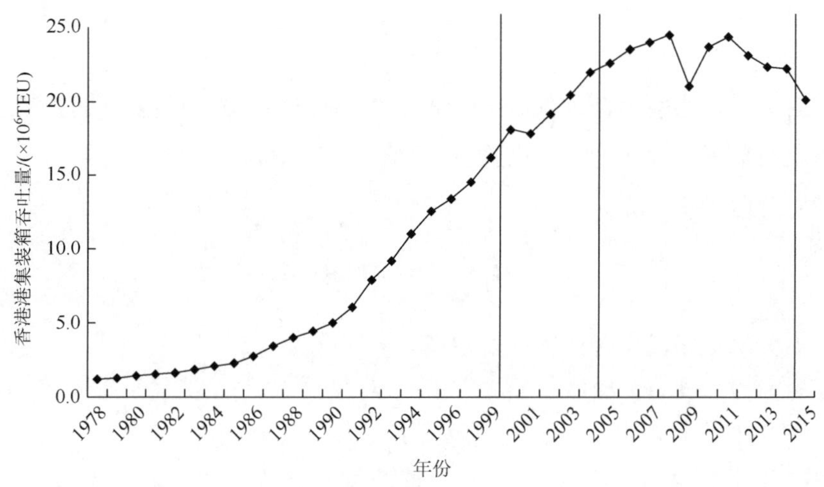

图2　香港港集装箱吞吐量

为明确香港航运业的发展趋势，计算了由香港港和珠江三角洲的广州港、深圳港，长江三角洲的上海港、宁波港和环渤海的天津港、青岛港组成一群体的 CR_n 指标。得出1990—2000年，在这个群体中香港港的集装箱吞吐量排名第一，因此计算了此阶段香港的 CR_1（表1）。可以看出，随着时间的推移，香港港的集装箱吞吐量集中率在降低，但直到2000年仍然保持＞50%。这说明2000年以前在该群体中，香港港处于寡占地位，就集装箱运输而言，香港的港航运输占据了领军位置。香港港的市场份额持续下降是因为随着改革开放的深入，内地的港口逐步发展，削弱了香港港的地位，2000年后这种现象尤为明显。尽管2001—2006年香港港的集装箱吞吐量仍然位居第一，但此阶段 CR_1 出现大幅度下降，到2006年已跌至25.84%，与20世纪90年代 CR_1＞50%形成鲜明的对比。2000年前 CR_1 的年均降速仅为4.23%，但2001－2006年的年均降速高达11.39%，表明进入21世纪后，相对内地港口集装箱运输量的高速增长，香港港的集装箱运输量和港航运输的发展速度逐渐减缓，香港港的寡占地位不复存在，集装箱运输市场逐渐趋向分散竞争状态。

表1 1990－2006年香港港集装箱吞吐量集中率（CR_1）

年份	CR_1/%	年份	CR_1/%	年份	CR_1/%
1990	82.84	1996	73.03	2002	41.41
1991	81.85	1997	68.77	2003	37.06
1992	82.66	1998	64.30	2004	33.42
1993	81.27	1999	57.81	2005	29.06
1994	79.36	2000	53.44	2006	25.84
1995	76.82	2001	48.40		

2007年上海港取代香港港位居这个群体的首位，香港港位居第二。为继续分析香港港的地位变化，计算了2007年后香港港集装箱吞吐量的占比（表2）。可以看到2007－2015年，香港港的集装箱吞吐量的份额逐渐下降，年均降速为6.31%，到2015年其市场份额已不足15%，低于上海港的24.25%和深圳港的16.07%。该时期香港港的集装箱吞吐量为负增长，年均降速为1.89%，而上海港的集装箱吞吐量的年均增速达到4.52%，说明2007－2015年期间香港的航运业的发展进入滞后状态。

表2 2007－2015年香港港集装箱吞吐量的占比

年份	份额/%	年份	份额/%	年份	份额/%
2007	22.55	2010	19.25	2013	15.96
2008	21.43	2011	18.49	2014	15.11
2009	20.25	2012	17.02	2015	13.35

为进一步明确市场的集中与分散情况，计算1990－2015年该港口群的*HHI*值（Le et al.，2010）（表3）。可看出1990－1996年*HHI*值大于0.5，说明此阶段港口群内集装箱运输量分布不均衡，较为集中。实际上，此阶段香港的港口集装箱吞吐量位居世界第一，承担了内地大部分的进出口运输任务，其集装箱的吞吐量远高于内地的港口。1997年起，*HHI*值开始走低，说明体系内集装箱吞吐量开始呈分散趋势。但是，此时香港的航运业依旧高速发展（图2），*HHI*值下降

体现了内地航运业的快速发展和港口集装箱吞吐量的持续增长。但是更明显的降低出现在 2001—2015 年，港口群内集装箱吞吐量呈完全分散的分布趋势，一家独大的市场格局不复存在，香港港的地位与作用甚至低于内地的港口。

表 3 1990—2015 年香港港及内地港口组成港口群体的 *HHI* 指数

年份	*HHI*	年份	*HHI*	年份	*HHI*	年份	*HHI*
1990	0.694 9	1997	0.495 9	2004	0.215 5	2011	0.162 4
1991	0.679 2	1998	0.443 0	2005	0.200 2	2012	0.159 6
1992	0.691 7	1999	0.375 6	2006	0.187 5	2013	0.158 2
1993	0.670 3	2000	0.335 9	2007	0.178 2	2014	0.157 2
1994	0.640 9	2001	0.294 3	2008	0.172 6	2015	0.157 1
1995	0.603 5	2002	0.252 9	2009	0.166 4		
1996	0.550 9	2003	0.230 4	2010	0.164 4		

从出口产业和出口门户港的空间移动情况也可以说明香港港口航运业衰败的状态。因此，利用标准差椭圆得出港口群体内港口集装箱吞吐量标准差椭圆的重心位移轨迹（赵璐 等，2014）。由此可知，2000 年前港口集装箱吞吐量的重心位于广东河源，靠近香港。2000 年后重心逐渐偏离香港，向东北方向移动，渐渐靠近上海，在 2015 年重心到达江西鹰潭。这与 2000 年前，内地出口产业和出口门户港位于珠江三角洲地区，当时广州港和深圳港发展滞后，大部分集装箱运输由香港港完成，香港港的集装箱吞吐量独占鳌头的现象相符合。进入 21 世纪后，不但广州港和深圳港承担了大量的珠江三角洲地区的外贸集装箱运输任务，集装箱运输的重心也逐渐向长江三角洲地区移动。在这种双重作用下，香港港的港航运输业的发展速度逐渐放缓，最终被内地各港口所超越是必然的。

综上所述，就集装箱运输而言，香港的航运业逐渐从高速发展走向稳定发展，再到发展滞后。这既与其自身的航运和产业政策有关，更与内地的改革开放等政策密不可分。

3. 经济政策对航运业的影响分析

3.1 自由港政策对香港航运业的影响

自由港是指某些特别经济区，全部或绝大多数外国商品可以免税进出。

1841 年 6 月香港成为自由港，根据海关条例，除酒、烟草、烃油和甲醇 4 种商品外，其他商品进出口香港豁免关税。自由港的关税政策对香港航运的影响主要体现在以下 2 个方面。

1）大量货物到香港中转。例如，越南出口到老挝很多货物选择在香港拆箱换装，即把“越南－老挝”的贸易流拆分成“越南－香港”“香港－老挝”2 个环节，这样可节省越南出口老挝货物的关税。关税节省是香港港成为重要中转港的主要原因，在自由港政策下全球大量货物在香港中转。内地改革开放初期，香港港凭借其关税和效率优势承担了大部分内地进出口货物的运输任务。

2）促使香港地区制造业的多元化发展。20 世纪 50 年代，美国及联合国对中国实行经济封锁及禁运，香港与内地的贸易中断。为发展对其他国家的贸易，利用自由港政策，香港为其制造业获取了充足而廉价的原材料，逐渐建立起了棉纺工业和以外销为主的轻工业。到 1959 年，香港本地制造的产品在出口贸易中的占比达到 69%。20 世纪 60 年代，集装箱化运输进一步促进了香港制造业的发展。到 1969 年，香港本地制造的产品在出口贸易中所占比例高达 80%。20 世纪 70 年代，香港自动化和机械化程度高的制造产业发达，其产品的出口量进一步增加。20 世纪 80 年代，香港制造的多种产品的出口量位居世界第一，与 20 世纪 60 年代相比，对外贸易额年均增长 19%，出口贸易的繁荣极大地促进了香港航运业的发展。

另外，自由港政策为香港发展金融业创造了条件，其外汇管制环境宽松，各种货币都可在香港自由买卖及汇兑。大量的国际资本的流动使得香港成为国际金融中心，造就了香港优越的贸易发展环境。这也间接增加了香港港的货物运输量，促进其港口航运业的发展。

3.2 内地的经济发展对香港航运业的影响

3.2.1 改革开放对香港航运业发展的影响

1978 年实行改革开放政策后，内地的对外开放实现了历史性的转变，制造业发展迅速，对外出口量大幅度增加。1979 年 6 月，中共广东省委提出办出口特区的设想：特区内允许华侨、港澳同胞、部分外国厂商投资设厂，或合资兴办企业、旅游业；外商须遵守中国的所有法律，在经济上实行开放政策。

1979 年选取深圳、珠海为试点，试办出口特区（后更名为经济特区）。1980 年国务院批准在深圳、珠海、汕头、厦门设置经济特区，之后深圳先后创立蛇口工业区，开放文锦渡、蛇口码头、梅沙、沙头角、赤湾和大亚湾等口岸。因此，深圳吸引了大量外资企业（尤其是港澳台的企业），到 1982 年深圳已与境外公司签署了 1 476 项投资协议，吸引外资总额超过 1 600 万美元，这一数额到 1993 年增加到 10 亿美元。随着大量外资工厂的落户，深圳的机械、纺织、技术、金融和服务业等各种经济活动逐渐多样化，出口额大幅度增加。1988 年深圳出口总额居全国各大城市第二位，到 1989 年出口额高达 21.7 亿美元，较 1980 年增长近 200 倍。

但是，20 世纪 80 年代深圳的港口根本无法满足如此大的出口运输需求，1989 年其集装箱吞吐量未及 3 万 TEU，1990 年才勉强超过 3 万 TEU，达到 3.4 万 TEU。因此，此阶段香港的港口承担了大量珠江三角洲地区的出口运输需求。由图 3a 可以看出：内地建立经济特区的前 10 年，香港港的集装箱吞吐量呈飞跃式增长态势，年均增长速度高达 13.8%。1990 年香港的集装箱吞吐量突破 500 万 TEU，以集装箱运输为主导的香港港口航运业得以高速发展。

1990 年后，内地对外开放的区域逐渐扩展到沿海、沿边等地区，经济发展的模式也逐渐由珠江三角洲一点突破变为珠江三角洲、长江三角洲两极集中。在此背景下，上海成立浦东新区，旨在将上海建成国际经济、金融、贸易、航运中心。为此上海积极探索外经贸发展的新路子，构筑对外开放的新格局。在扩大对外开放、深化外经贸企业改革、实施以质取胜、市场多元化和大外经贸战略下，上海的外经贸实现了快速发展。1992 年以来，上海外贸出口连续 8 年保持良好的增长势头。1998 年，尽管受到亚洲金融危机的不利影响，上海外贸出口仍达到 159.56 亿美元，增幅高于全国平均水平 5.4%。1999 年，上海外贸进出口额为 386.04 亿美元，是 1992 年的 3.96 倍，7 年间年均增长 21.7%。由于改革开发的全面实施，此阶段内地的出口都呈井喷式增长，1991－2000 年全国出口额由 620.9 亿美元增加到 2 492.0 亿美元，年均增速高达 16%。

此阶段内地加大了对港口的投资建设力度，例如，上海港务集团在 20 世纪 90 年代的 10 年里投资 100 多亿人民币建设港口，相继完成关港、宝山、外高桥等新港区的建设。到 2000 年，上海港共拥有生产性泊位 319 个，其中万吨级泊位 98 个，吞吐能力高达 17 981 万 t，集装箱吞吐能力更是由原来的 60 万 TEU 增加到 290 万 TEU。但是，此阶段内地的港口发展速度仍落后于其对外贸易的发展，港口的结构性能力不足问题在 2000 年前仍没有得到解决。内地周边地区和国家的港口，尤其是位于珠江三角洲的香港港仍然是内地的门户港，为大量内地出口的货物提供运输服务。这是香港的港口集装箱吞吐量在此阶段继续高速增加（年增速高达 15.5%）的主要原因。图 3b 显示了 1991－2000 年香港的港口集装箱吞吐量及增长状况，可以说明此期间香港的港航运输业比 20 世纪 80 年代有了进一步的提升，航运业的发展速度位居世界前列。

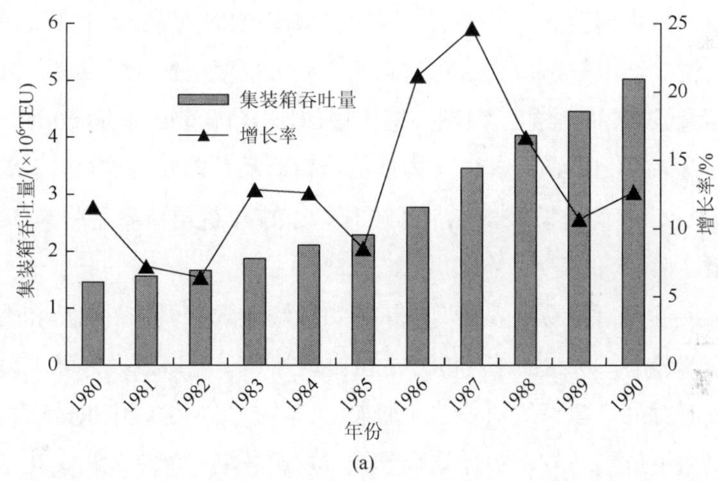

(a)

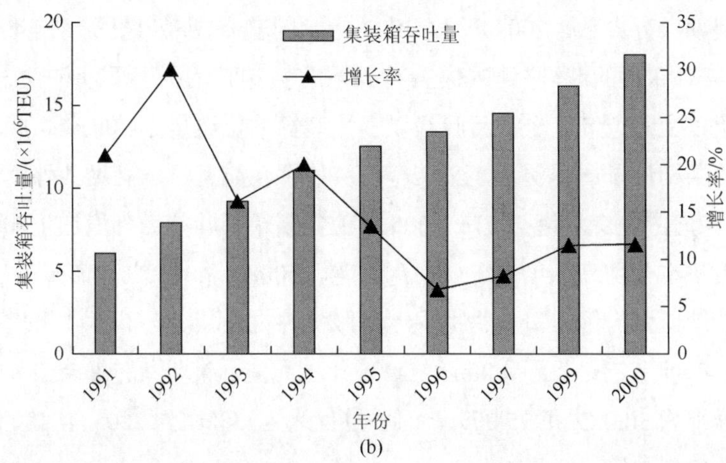

(b)

图 3 1980－1990 年（a）和 1991－2000 年（b）香港的港口集装箱吞吐量增长状况

3.2.2　中国加入 WTO 对香港航运业的影响

自 2001 年加入 WTO 以来，中国对外贸易环境进一步改善，一个从沿海到内地、由南向北、自东向西、全方位对外开放的区域格局基本形成。全面对外开放使得内地的平均关税率逐渐降低，据世界发展指数，2001 年内地的平均关税率保持在 12.91%，但是，到 2005 年，内地的关税率已低至 10.51%，低关税减少了中国制造业原材料的进口成本。例如，汽车零部件的关税下降到 10%，使得内地的汽车制造业快速发展，汽车贸易量迅速上升（金麒，2001）。与此同时，130 多个国家给予中国最惠国待遇，扩大了中国的出口国范围，降低了中国商品出口到这些国家的关税，结果是出口到这些国家的产品大幅度增加（陈秋良，2007）。

在上述背景下，内地的出口额大幅度增加，出口货物的运输需求进一步攀升。加入 WTO 之前的 1996—2000 年内地的出口商品总额从 1 510.5 亿美元上升到 2 492.0 亿美元，年均增长 13.8%；但 2001—2005 年进出口商品总额从 2 661.0 亿美元上升至 7 619.5 亿美元，年均增长 30.2%。

高速发展的出口贸易极大地增加了出口运输需求，促进了内地和香港航运业的发展。为改善港口供给的结构性矛盾，内地加大了港口建设力度。2001 年，为发挥地方政府对港口建设的积极性，增加港口的投资渠道，中央政府将港口的建设和管理权力下放到地方，实行政企分开。之后各港口城市为最大化本地利益，实现依托港口发展城市经济的目标，开始大规模投资建设港口，内地的港口进入了飞速发展期（苏含秋，2004），仅 2003 年全国就完成港口投资 294.4 亿元，是 20 世纪 90 年代末期的 5 倍。到 2003 年底，全国港口拥有生产用码头泊位 34 289 个，其中万吨级以上泊位 899 个、万吨级以上集装箱泊位数量近 500 个。此时，内地港口供需的结构性矛盾得解决，集装箱码头的吞吐能力可以满足其外贸发展的需求。例如，上海港与深圳港 2001—2005 年的集装箱吞吐能力都增加 1 000 万 TEU 以上，利用率也分别高达 161%（陈春芳 等，2008）和 155%（彭传圣，2009）。因此，香港港口为内地出口货物提供运输服务的机会减少，其吞吐量增速远远低于上海港和深圳港。图 4 显示 2001—2005 年上海港、深圳港的集装箱吞吐量的年均增长率分别为 30.02%和 35.00%，而香港仅为 6.13%。到 2005 年，上海、深圳和香港的港口集装箱吞吐量已相差无几，尽管香港暂时领先，但从发展态势来看被上海港和深圳港超越已成必然。

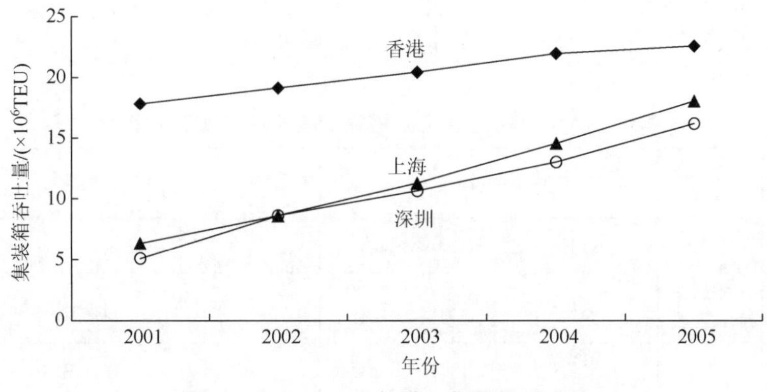

图 4　2001－2005 年港口集装箱吞吐量

2015 年，中国前十大集装箱港口的情况如图 5 所示。可以看出，上海的港口集装箱吞吐量远超香港，其他港口也与香港港相差甚微，香港港在上述港口群中的地位逐渐下降已成不争的事实。因此，可以说 2000 年以后香港的航运业发展速度放缓，2007 年第一大集装箱港的地位被上海港取代，之后香港的航运业发展萎靡乏力，而内地的航运业高速发展，港口航运市场由集中走向分散。

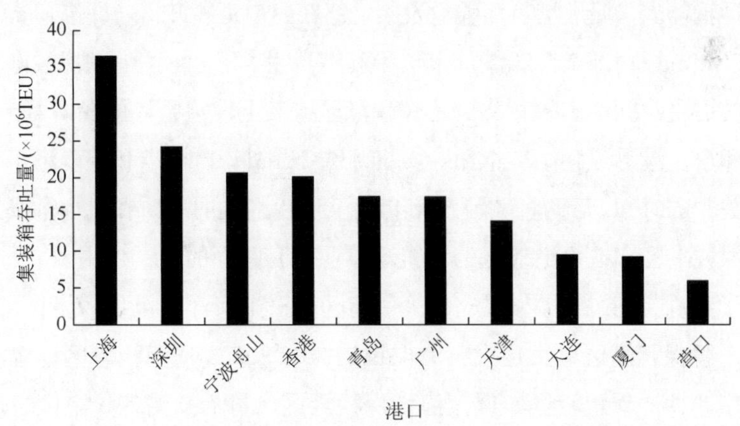

图 5　2015 年中国前十大港口集装箱吞吐量

3.2.3　内地保税港区政策对内地和香港航运业发展的影响

保税港区是指设立在国家对外开放的口岸港区和与之相连的特定区域，具有口岸、物流、加工等功能的海关特殊监管区域。国外货物入保税港区保税，货物离开保税港区进入国内销售时再办理进口的有关手续。保税港区政策与自由港政策在关税政策方面有很多相似之处（表 4）。

表 4 内地保税港区与香港自由港的税收政策对比

税 种	内地其他地区	内地保税港区	香港自由港
增值税	11%	区内企业之间的交易不征收	不征收
消费税	针对特定商品征收	区内企业间的交易不征收	酒、烟、燃料、饮料和化妆品等征收
出口退税	—	内地货物入港区视同出口，实行退税	内地货物装上发往香港的船则退税
关税	①针对 47 个税号的商品征收出口关税；②增收进口关税	①运往境外的货物，免征出口关税； ②针对境外进入区内的货物保税或免征关税和进口环节税； ③针对从区内进入国内的货物征收关税和进口环节税	除 4 类货品（酒类、烟草、碳氢油类、甲醇）外，其余商品进口出口均免税

保税港区政策与香港的自由港政策对航运业的影响在于：①通过完全或者部分减免增值税、消费税和出口关税促进制造业的发展，刺激直接腹地产品出口及原材料进口的运输需求，促进港航运输业发展。②在出口退税政策（即出口货物退还其在国内生产和流通环节实际缴纳的增值税和消费税）下，自由港和保税港均能缩短出口商品的退税时间，因为货物到达保税港区或装上发往香港的船即可申请退税。保税港区和自由港易成为中转枢纽。③除特殊商品外，自由港和保税港可延迟进口货物支付关税的时间。后两种关税政策有助于保税港区的港口和自由港成为枢纽门户港，对保税港区和自由港地区的港航运输业具有正面的促进作用。

中国于 2005 年设置国内第一个保税港区——上海洋山港保税港区，之后又设置了天津东疆保税港区、大连大窑湾保税港区、海南洋浦保税港区、宁波梅山保税港区、广西钦州保税港区、厦门海沧保税港区、青岛前湾保税港区、深圳前海湾保税港区、广州南沙保税港区、重庆两路寸滩保税港区、张家港保税区、烟台保税港区、福州保税港区等。由于具备了大部分自由港的功能，这些保税港区削弱香港自由港的政策优势，分流了在香港港中转的集装箱货物。

以上海为例，洋山港保税港区的成立意味着境外货物进入港区可保税，国内货物进入视同出口并实行退税。在洋山保税港区启用以前，中国北方拼拆箱货物仅能选择釜山港中转港出口。2005 年后部分转而选择洋山港出口（张中华 等，2006）。这也是 2005－2006 年上海港的集装箱吞吐量增加 370 万 TEU，2007 年超过香港成为第二大集装箱港口，与排名第一的新加坡港仅相差160万TEU的主要原因。可以说设立的当年，洋山港保税港区的政策效果就得以较好地显现，对上海的港航运输的发展起到了极大的促进作用。由图6可以看出，上海的港口集装箱吞吐量增长趋势明显（年均增速8.4%），而香港的为负增长（年均增速–0.6%）。

不仅如此，截至2005年底，毗邻香港的深圳港拥有集装箱专用泊位23个，港口基础设施不再是深圳港航业发展的瓶颈。2008年前海湾保税港区的设置同样削弱了香港自由港的政策优势，增加了深圳港的市场竞争力，因此深圳的港口集装箱吞吐量于2013年超过了香港港。在保税港区政策的影响下，内地的港口竞争力纷纷超越香港，从此香港的航运业进入缓慢发展期。

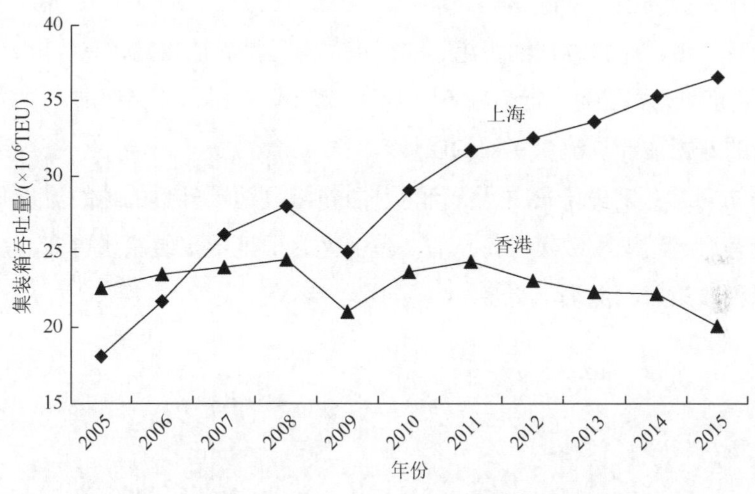

图6 2005－2015年上海港与香港港集装箱吞吐量

3.2.4 启运港退税对香港航运业的影响分析

出口退税政策对中国的对外贸易及周边港口的促进作用也不容忽视。出口退税是指对出口货物退还其在国内生产和流通环节实际缴纳的产品税、增值税、营业税和特别消费税。出口退税可以使产品不含税费成本进入国际市场，增强其在国际市场上的竞争能力。出口退税政策在增加外贸出口的同时，由于要求货物必须在门户港装载到国际航线的船舶上后才能启动退税申请，因此，很多中小型港口腹地的出口货物选择在本地港口装载到二程船上运往釜山港、香港港甚至新加坡港，然后再中转到干线航线上的运输模式，从而使得内地的这些中小港口成为香港港、釜山港和新加坡港的喂给港。为改变这种现象，强化内地门户港的枢纽地位，减少货物由中小港口起运的成本，2012 年 6 月依托洋山保税港区试行了启运港退税政策，为在其他中小港口口岸报关装运到洋山保税港区中转至境外的货物在报关地出具出口退税证，在启运时刻就可向本地申请退税。

如果依托深圳前海湾保税港区实施启运港退税政策，香港的港航集装箱运输业必将受到影响。为明确这种影响，针对 1.1.3 节提到的以香港港和深圳港为共同腹地的“出口货物路径选择模型”，通过研究有无启运港退税政策时货主的门户港和运输路径选择，计算香港港和深圳港的集中箱吞吐量的增减状况。

由于香港港和深圳港的腹地为泛珠江三角洲地区，因此把泛珠江三角洲地区的地级市作为货物出口的起运地，而把北美洲、亚洲、欧洲、南美洲、大洋洲、非洲作为目的地。计算时把汕头港、福州港、南昌港、钦州港、海口港、长沙港、泸州港等内河港与昆明港、贵阳港等中小港口和内陆干港作为启运港，根据 2015 年海关公布的数据估计货流量（即 OD 量）。

由图 7 可知：2 种场景中从深圳港和香港港到达国外目的地的流量是不一样的（在没有启运港退税政策时，从香港港到达目的地的集装箱量更多，反之，有启运港退税政策后，深圳港更多。

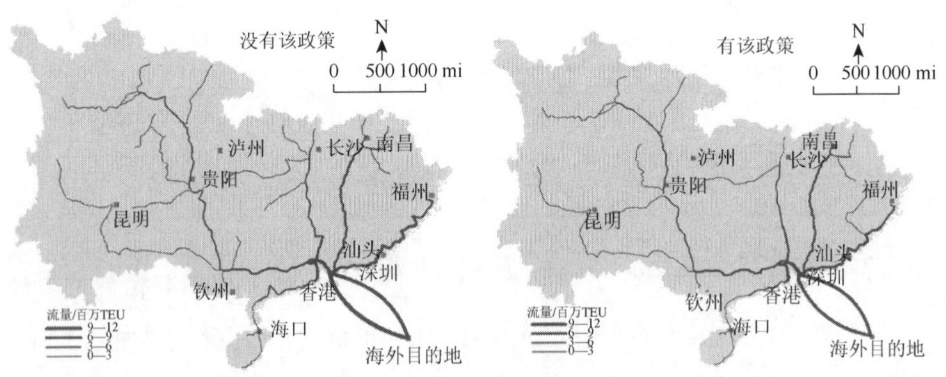

图 7　有无启运港退税时货物流向情况

1mi = 1.609344km

由图 8 可以看出，在没有启运港退税政策时，香港港承担了泛珠江三角洲地区大部分的集装箱的运输任务，深圳港的集装箱吞吐量仅为香港的 57%；有启运港退税时，香港港承担的泛珠江三角洲地区的集装箱运输任务下降，集装箱吞吐量由 1 063 万 TEU 减少到 700 万 TEU，而深圳港则增加到 978 万 TEU。

另外，不论是内陆干港还是中小海港，在实施启运港退税政策，被设定为启运港后，经深圳港进出的集装箱量有不同程度的提高，而通过香港港的数量相对减少，以贵阳内陆干港、汕头港、福州港为例，集装箱吞吐量变化如表 5 所示。这说明启运港退税政策对内地的港航运输具有正面的促进效果，而对香港具有负面的阻碍作用。

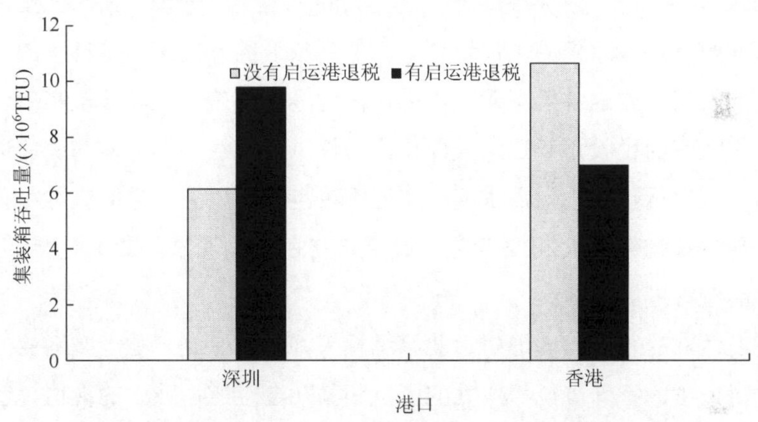

图 8　是否有启运港退税政策时香港港与深圳港集装箱吞吐量

表 5　经由内陆干港和内河港到深圳和香港的集装箱吞吐量（单位：万 TEU）

班列线路	无政策时	有政策时
贵阳干港—深圳港	7.28	20.48
贵阳干港—香港港	14.21	1.01
汕头港—深圳港	21.31	80.34
汕头港—香港港	71.32	12.29
福州港—深圳港	90.87	287.96
福州港—香港港	330.11	133.02

4. 结论与讨论

利用市场集中度中的 CR_n 和 HHI 指标、空间格局统计中的标准差椭圆及路径选择模型分析香港航运业的发展变化，结果发现：内地港口及香港港口运输重心逐渐从香港转移至深圳，从珠江三角洲北移至长江三角洲，香港航运业的发展变化经历了 3 个主要阶段，分别是快速增长期、稳定发展期、速度放缓期。经济政策在其中起决定性作用。首先，香港实施的自由港政策发挥了巨大作用，自由港政策带动香港港快速发展，促进香港的转口贸易。同时改革开放政策，增加了中国对外进出口需求，但是内地港口彼时正在建设阶段承担不了所有的出口需求，同时又在香港自由港政策的吸引下，内地大部分货物选择从香港港进出口。彼时香港航运业快速发展，一枝独秀。其次，出口需求的增加刺激内地港口快速发展，自中国加入 WTO 后，内地港口与香港港共同承担中国的出口需求，虽然香港自由港政策使得香港港承担的出口量更大，但是双方的发展速度是持平的，彼时香港航运业的发展与内地并驾齐驱。第三，内地港口实施保税港政策和启运港退税政策后，香港港的税收优势逐渐被弱化，内地港口节约运输成本的优势逐渐显露出来，内地港口承担的出口需求逐渐超过香港港，所以香港港的集装箱吞吐量不仅没有出现增长趋势，在 2012 年之后甚至出现逆增长现象。此时，内地航运业的发展速度超过香港航运业。

香港航运业的发展与内地航运业息息相关并相互牵制，香港航运业的发展依赖其作为自由港的特殊功能、所处的区位和其在全球航运业中的地位，但是香港的区位也限制了其发展，使其只能作为一个航运节点存在；反观内地，拥有广阔的腹地资源与发展潜力，既可发展成为航运节点，也可发展成为航运的原点。虽然内地因经济政策具有发展优势，但这并不是影响香港航运业发展的唯一原因，香港航运业的发展波动还与目前全球航运业的衰败，以及港口由集中走向均衡等趋势有很大的关系。

虽然，目前香港航运业的发展速度逐渐放缓，但是粤港澳大湾区战略的实施将会是香港航运业再发展的一个契机。该战略的实施是对包含港澳在内的珠江三角洲城市融合的加强，香港可以与湾区内的其他城市展开合作，深化投资贸易，加强对自由港政策的重新利用，基于香港国际航运中心的地位吸引货物经香港进入粤港澳大湾区，同时加强与“一带一路”沿线国家的合作，推进粤港澳服务贸易自由化，即加强香港的贸易自由，为恢复香港航运业的发展增加契机。

参考文献

陈春芳，宗蓓华，2008．上海港集装箱码头超能力运行．水运管理，30（5）：14-15．

陈秋良，2007．入世给中国带来的喜与忧．经济技术协作信息，（1）：4．

李丹，栾维新，片峰，2015．中国沿海集装箱港口集中度研究．大连海事大学学报，41（3）：82-86．

陆化普，2006．交通规划理论与方法．北京：清华大学出版社．

金麒，2001．加入WTO对中国汽车产业的影响．上海汽车，（7）：1-6.

彭传圣，2009．深圳港集装箱运输分析．港口装卸，（1）：44-47.

苏含秋，2004．港口管理体制改革中的过度投资趋势研究[D]．上海：上海海事大学．

王彦斌，2014．香港航运业发展现状与国际航运中心建设出路．世界海运，37（10）：19-24.

张中华，张贤文，2006．试谈洋山保税港的战略意义．港口经济，28（5）：37-39.

赵璐，赵作权，2014．中国沿海地区经济空间差异的动态演化．世界地理研究，23（1）：45-54.

赵作权，2014．空间格局统计与空间经济分析．北京：科学出版社．

朱大绶，1992．香港港口与航运业发展的简要情况//中国航海学会优秀论文文摘及学术会议论文目次汇编（1990-1991）．北京：中国航海学会．

Chan C W，1997．The Past，present and future of Hong Kong Shipping．HKIS Transactions，4（2/3）：57-59.

Cullinane K，Fei W T，Cullinane S，2004．Container Terminal Development in Mainland China and Its Impact on the Competitiveness of the Port of Hong Kong．Transport Reviews，24（1）：33-56.

Han C H，1999．An Impacts on the Shipping Industry of China's WTO Accession．Ocean Policy Research，14（2）：113-134.

Le Y，Ieda H，2010．Evolution dynamics of container port Systems with a Geo-Economic Concentration Index：A Comparison of Japan，China and Korea//Proceedings of the Eastern Asia Society for Transportation Studies Vol. 7. [S. l.：s. n.]：46-61.

Li J B，Oh Y S，2010．A research on competition and cooperation between Shanghai port and Ningbo-Zhoushan port．Asian Journal of Shipping & Logistics，26（1）：67-91.

Fu Q, Liu L, Xu Z, 2010. Port resources rationalization for better container barge services in Hong Kong. Maritime Policy & Management，37（6）：543-561.

Tian X，Liu L，Wang S，2015．Evolving competition between Hong Kong and Shenzhen ports．Maritime Policy & Management，42（8）：729-745.

Wang K，2014．Essays in transport economics and policy：Policy evaluations in the aviation and maritime sectors．Hong Kong：Hong Kong Polytechnic University.

Zhang A，Loh H S，van Thai V，2015．Impacts of global manufacturing trends on port development：The case of Hong Kong．The Asian Journal of Shipping & Logistics，31（1）：135-159.

Zhang W，Lam J S L，2017．An empirical analysis of maritime cluster evolution from the port development perspective：Cases of London and Hong Kong．Transportation Research Part A：Policy & Practice，105：219-232.